스타트업도
법 없이 살 수 없다

스타트업도 법 없이 살 수 없다
스타트업 창업자가 반드시 알아야 할 법률 실무

발행일	2016년 4월 10일		
지은이	양제민·신지웅·최영·채의준·송태민		
펴낸이	손형국		
펴낸곳	(주)북랩		
편집인	선일영	편집	김향인, 서대종, 권유선, 김예지
디자인	이현수, 신혜림, 윤미리내, 임혜수	제작	박기성, 황동현, 구성우
마케팅	김회란, 박진관, 김아름		
출판등록	2004. 12. 1(제2012-000051호)		
주소	서울시 금천구 가산디지털 1로 168, 우림라이온스밸리 B동 B113, 114호		
홈페이지	www.book.co.kr		
전화번호	(02)2026-5777	팩스	(02)2026-5747

ISBN   979-11-5585-997-1 13560(종이책)   979-11-5585-998-8 15560(전자책)

잘못된 책은 구입한 곳에서 교환해드립니다.
이 책은 저작권법에 따라 보호받는 저작물이므로 무단 전재와 복제를 금합니다.

이 도서의 국립중앙도서관 출판예정도서목록(CIP)은 서지정보유통지원시스템 홈페이지(http://seoji.nl.go.kr)와
국가자료공동목록시스템(http://www.nl.go.kr/kolisnet)에서 이용하실 수 있습니다.
(CIP제어번호 : CIP2016008797)

성공한 사람들은 예외없이 기개가 남다르다고 합니다.
어려움에도 꺾이지 않았던 당신의 의기를 책에 담아보지 않으시렵니까?
책으로 펴내고 싶은 원고를 메일(book@book.co.kr)로 보내주세요.
성공출판의 파트너 북랩이 함께하겠습니다.

FOR STARTUP

스타트업도 법 없이 살 수 없다

스타트업 창업자가 반드시 알아야 할 법률 실무

양제민·신지웅·최영·채의준·송태민 지음

법적인 허점을 막는 것부터 창업은 시작된다!

북랩 book Lab

추천의 글

대학교 산학협력단장을 역임하면서 창업을 준비하는 학생들과 만날 기회가 많았습니다. 그들의 꿈과 열정에 항상 박수를 보냈지만, 한편으로는 사업에서 발생할 수 있는 다양한 리스크에 대해서 생각하지 못하는 점은 걱정스러웠습니다. 업종에 따른 필수 인허가 사항, 사업 아이템에 대한 지적재산권 등록, 판매 및 용역 계약 등 다양한 이슈에 대해 철저하게 관리를 해야 하지만 한계가 있는 것 같았습니다.

스타트업에 관심이 있는 대학 또는 지자체는 창업지원센터를 설립하고 (예비)창업자를 대상으로 전담 컨설턴트, 변리사 등 창업 전문인력을 배치하고 있지만, 모든 이슈들을 해결해주기엔 여건이 부족한 것이 사실입니다. 특히 법적 이슈는 사안별로 다양하고 복잡한 변수들이 존재하기 때문에 창업지원센터가 직접 나서 해결책을 제시하기란 쉽지 않습니다. 그래서 이 책은 스타트업을 준비하는 사람들의 입장에서 간과하기 쉬운 법적 고려사항들을 알려주고 다양한 법적 문제들을 사례로 설명함으로써 매우 유용할 것이라고 생각합니다.

그리고 이 책의 발간을 계기로, 스타트업이 사업하기 좋은 법적 환경을 조성하기 위한 건전한 논의들이 많이 이루어졌으면 하는 바람입니다.

인하대학교 IT미디어융합전공 주임교수 **박재천**

스타트업 시장의 규모는 급속도로 팽창하고 있으나, 이에 관한 전문서적들은 시장의 속도를 따라가지 못하고 있습니다. 최근에 와서야 관련 서적들이 다소 출간되고는 있으나, 대부분의 책들은 법률, 회계와 같은 전문지식보다는 경험자의 관점에서 바라본 실무 지식만을 공유하고 있습니다.

그러나 스타트업 회사 역시 상법상 회사에 해당하고, 각종 사업 분야에 대한 특별법들이 제정되어 있어 법규의 적용을 피해갈 수 없습니다. 따라서 사업자는 사업을 시작하기에 앞서 관련 법규의 내용과 발생할 수 있는 법률 이슈들을 충분히 숙지할 필요가 있습니다. 이에 외국 스타트업계 역시 법률과 회계를 필수불가결한 요소 중 하나로 꼽고 있는 것입니다.

그렇다고 하여 초반부터 전문가의 자문을 구하는 것은 회사에 큰 부담이 될 수 있습니다. 비용을 줄이고자 나 홀로 법률 서적을 찾아 전문지식을 습득하는 것 역시 매우 비효율적입니다. 이 책은 스타트업 관련 법률들의 기초적인 지식을 알기 쉽게 기술해 놓아, 법을 전공하지 않은 사업자라 하더라도 쉽게 이해할 수 있습니다.

특히 3명의 변호사와 2명의 실무자가 공저하여 전문적인 법률지식과 실무지식을 적절히 다루고 있어, 스타트업을 준비하거나 운영하는 사업자가 알아야 할 전문지식과 경험지식의 기초를 골고루 익힐 수 있을 것입니다.

좋은 아이템은 있으나 방향을 잡지 못해 고민하는 스타트업 사업자가 옆에 두고 언제든 찾아볼 수 있는 유일무이한 스타트업 바이블이 될 것입니다.

법무법인 오현 변호사 **김성구**

창업가는 창업을 결심한 순간부터 매 순간 의사 결정의 연속입니다. 투자 대비 최대의 이득을 얻어내기 위해서는 항상 자신이 가용할 수 있는 자원을 판단하는 것이 무엇보다 중요합니다. 창업가의 회사는 종국에는 법인이 됩니다. 이 말은 회사가 가용할 수 있는 법률적 자원을 효득하는 것은 창업가의 의사 결정의 기본이 돼야 함을 뜻합니다.

개인 사업자 등록부터 주식회사를 설립하기 위한 절차, 필수적으로 취득해야 할 인증제도, 정부 지원 사업이나 정부 융자 사업 유치에 대한 실용적인 팁, 처음에는 간과하나 매번 맞닥뜨리게 되는 비즈니스 계약, 약관, 개인·위치 정보 활용의 이슈, 사업의 무기이자 방패가 되어 줄 지적 재산권 보호 등…. 이 책은 스타트업을 운영하면서 필수적으로 알아야 할 법률 정보를 IT 분야에 조예가 깊은 변호사들과 실무진들이 다양한 사례 연구를 들어 설명해 줍니다. 이 책의 용어나 설명이 일반인에게는 조금은 딱딱하게 읽힐지는 모르겠으나, 스타트업을 운영하는 본인의 경험을 들어 창업가라면 반드시 알아야 할 내용으로 채워졌다고 추천할 수 있습니다.

마지막으로 부디 이 책의 독자들께서 PART 9의 정보(스타트업의 청산)만큼은 이용하는 일이 없었으면 좋겠습니다.

토스랩(Toss Lab) 공동 창업자&최고기술책임자(CTO) **최영근**

사실 스타트업과 법률은 너무도 먼 이야기라 생각할지 모릅니다. 하지만 실제 현장에서 법은 스타트업을 보호할 수 있는 몇 안 되는 보호막이자 지속성을 영위할 수 있도록 해주는 마법의 물약 같은 존재이기에 이 책은 더없이 소중하게 느껴집니다.

저의 경우에는 실제 스타트업의 팀 수준을 넘어서 회사로 진입하는 순간 설립부터 모든 과정이 법과 연관되어 있었습니다. 회사를 설립할 때 법인을 만들 경우 정관에서부터 각 팀원과의 지분 계약을 시작으로 외부 파트너와의 계약을 비롯한 모든 과정에 법이 연관되어 있다는 것을 새삼 느끼게 되었습니다.

이 책은 다소 어려운 법률 용어들을 현장에서 활용할 수 있도록 도움을 줄 수 있을 것입니다. 물론 법률 용어는 아무리 봐도 어려운 영역이지만, 무언가 프로젝트를 진행할 때 최우선으로 항상 고려하고 있어야 하는 요소임을 깨닫게 하기에는 충분한 귀감이 될 수 있는 책입니다.

두비 한국지사장 **이길성**

머리말

처음 이 책을 기획했을 때, 스타트업을 경영하는 입장에서 필요한 정보가 무엇일까 고민하였고, 다양한 분야의 스타트업 창업자와 예비 창업자들과 인터뷰를 하면서 그들의 의견을 들어보았습니다.

그중 한 젊은 창업자는 이런 말을 하였습니다.

"세금에 관련된 문제는 처음부터 세무사 사무소에서 맡기면 더 이상 신경 쓸 일이 없는데, 법과 관련된 문제가 생길 때는 당장 변호사를 찾아가기도 애매하고 비용도 걱정되어서 대책이 없어요."

사업자등록이나 법인 개설을 시작으로 스타트업을 항해하는 동안 예상하지 못하였던 문제에 직면하거나 예상을 하였더라도 답을 찾지 못한 법적 문제가 생길 때 발만 동동 굴러야 하는 스타트업의 현실을 잘 보여주는 듯하였습니다.

이에 스타트업들이 흔하게 생길 수 있는 법적 문제들을 설명하고 사안별로 대처해 나갈 수 있는 정보들을 전달할 수 있다면 그들에게 도움이 되리라 생각을 했습니다.

이 책을 서술하면서 느낀 점이지만, 처음에는 사소해 보였던 문제가 사실은 사업의 성패와 존망을 결정하는 씨앗이 될 수 있습니다. 예를 들어, 본인이 생각한 사업 아이템이 참신하기 때문에, 빨리 사업화를 해야겠다는 생각으로 무작정 개발을 서두르는 경우가 있습니다. 하지만 기획한 아이템의 특허 침해 가능성, 인증 문제, 비즈니스모델의 합법성 등에 대한 법적 검토 없이 진행한다면 나중에 통째로 아이템을 버려야 하는 등의 리스크가 발생할 수 있습니다.

또한 스타트업이 성과물을 유통, 판매할 때, 상대방이 제시한 계약서에 관하여 면밀한 검토 없이 일방적인 제안을 수용하여 그대로 계약을 체결하게 되는 경우도 다수 있습니다. 계약사항에 대해 의문점이 있더라도 그냥 받아들여야만 회사의 이익이 될 것이라는 판단 때문입니다. 하지만 스타트업에게 가장 흔하게 나타날 수 있는 이와 같은 계약형태는 이른바 죽 쑤어서 남 주는 격이 될 수 있습니다.

이 책은 스타트업을 경영하시는 분은 물론이거니와, 스타트업 창업에 관심이 있는 모든 분을 위한 것입니다. 스타트업이 가지고 있는 제품과 아이디어에만 집중할 수 있는 환경을 만들기 위해서는 최소한의 법적 이슈에 관심이 필요하며, 본 책이 조금이나마 도움이 되고자 합니다.

저자 일동

이 책의 차례

추천의 글 ··· 005
머리말 ··· 009

PART 1 스타트업 이해하기

Chapter 1 왜 스타트업과 법률인가 ··· 023
Chapter 2 스타트업은 무엇이 다른가 ··· 025
Chapter 3 대표적인 스타트업 업종은 무엇이 있는가 ··· 027
  : : 시각적 가치를 창조하는 UI/UX ··· 027
  : : 스타트업의 전통적 강자 모바일 애플리케이션 ··· 029
  : : 무시하기 어려운 콘텐츠 공룡, 인터넷 콘텐츠 ··· 030
  : : 미래의 가치를 분석하는 빅데이터 분야 ··· 032
  : : 기계가 스스로 학습하는 세상, 딥러닝이 연다 ··· 033

PART 2 스타트업 준비하기

Chapter 1 스타트업 설립을 위한 요소는 무엇이 있을까 ··· 037
  : : 물리적 공간 ··· 040
  : : 인적 자원 ··· 042
  : : 금융 재원 ··· 043
  : : 취업 규칙 ··· 045
  : : 기타 고려사항 ··· 047
Chapter 2 개인사업자와 법인사업자의
         차이점은 무엇이며 장단점은 무엇인가 ··· 054
Chapter 3 1인 창업과 공동 창업의 절차와 운영방법은 어떻게 다른가 ··· 059

PART 3 스타트업 동업하기

Chapter 1 들어가며 ··· 065
　　∷ 스타트업에서 동업과 동업계약서는 왜 필요한가 ··· 065
　　∷ 스타트업에 관련된 동업계약은 어떤 유형이 있는가 ··· 066

Chapter 2 동업계약의 체결 ··· 072
　　∷ 동업계약의 권리규정 개관 ··· 072
　　∷ 동업계약서의 기재 내용 ··· 073
　　∷ 동업계약서의 진정성 확보 방안 ··· 077
　　∷ 동업계약의 중도 파기 ··· 078

Chapter 3 동업계약에 따른 사업 준비 ··· 079
　　∷ 출자의무의 이행 ··· 079
　　∷ 출자재산의 소유형태 및 관리 ··· 081
　　∷ 영업준비 - 영업신고 및 사업자등록 등 ··· 083

Chapter 4 동업계약에 따른 동업체의 운영 ··· 086
　　∷ 운영의 원칙 ··· 086
　　∷ 민법상 조합 형태의 경우 ··· 087
　　∷ 상법상 익명조합 형태의 경우 ··· 095
　　∷ 상법상 합자조합 형태의 경우 ··· 100

Chapter 5 동업계약의 종료 ··· 107
　　∷ 민법상 조합의 종료 ··· 107
　　∷ 익명조합의 종료 ··· 109
　　∷ 합자조합의 종료 ··· 110
　　∷ 조합의 청산 ··· 111

Chapter 6 분쟁의 해결 … 112
: : 분쟁의 발생 원인 … 112
: : 분쟁의 해결 방법 … 112

Chapter 7 동업계약서 기재례 … 116

Chapter 8 동업계약서 작성 시 체크사항 … 123

PART 4 스타트업 설립하기

Chapter 1 어떻게 개인사업자를 등록할 것인가 … 130
: : 등록 절차와 방법 … 131
: : 권리와 의무 … 132

Chapter 2 어떻게 주식회사를 설립할 것인가 … 133
: : 사전 절차 … 133
: : 설립 절차 … 134
: : 정관 작성례 … 139

Chapter 3 대외 공신력을 얻을 수 있는 방법은 무엇인가 … 148
: : 스타트업에게 필요한 등록·신고제도 … 150
: : 중소기업도 등록해야 진짜 중소기업 … 150
: : IT 기업임을 증명하는 소프트웨어사업자 신고 … 155
: : G2B 사업 참여의 기본 조건, 직접생산확인 증명 … 157
: : 스타트업에게 필요한 인증제도 … 162
: : 혁신은 무엇으로 증명하나, 메인비즈 인증 … 175
: : 정말 좋은데 제품 설명이 어렵다면 GS 인증제도 … 178
: : 많을수록 좋다. 그 밖의 인증제도 … 182

PART 5 정부 지원·융자 확보하기

Chapter 1 어떻게 정부 지원을 받을 것인가 … 188
: : 정부 지원 사업의 종류와 지원 방법 … 189
: : 정부 지원 확률을 높이는 방법 … 205

Chapter 2 **어떻게 정부 융자를 받을 것인가** ··· 215
  : : 정부 융자 사업의 종류와 지원 방법 ··· 216
  : : 정부 융자 사업의 득과 실 ··· 220

PART 6 비즈니스 계약 체결하기

Chapter 1 **들어가며** ··· 225
  : : 누구와 계약을 할 것인가 ··· 225
  : : 어떠한 형식으로 계약을 해야 하는가 ··· 226

Chapter 2 **소비자와 약관을 통해 계약하기** ··· 228
  : : 약관에 어떠한 내용이 들어가야 하는가 ··· 228
  : : 계약 전 소비자에게 모든 약관의 내용을 설명해야 하는가 ··· 232
  : : 약관을 위반한 경우 어떠한 책임을 지게 되는가 ··· 238
  : : 소비자보다 사업자에게 유리한 약관도 유효한가 ··· 241
  : : 소비자가 요구하면 환불할 의무가 있는가 ··· 245

Chapter 3 **기업과 표준계약서를 통하여 계약하기** ··· 255
  : : 표준계약서에 어떠한 내용이 들어가야 하는가 ··· 255
  : : 실무상 계약에서 심사숙고해야 할 조항이 있는가 ··· 260
  : : 계약서의 서명 날인은 누가 해야 하는가 ··· 261
  : : 계약서를 체결한 이후 오탈자를 수정할 수 있는가 ··· 265
  : : 계약서상 의무를 위반한 경우 어떠한 책임을 지게 되는가 ··· 268

Chapter 4 **제조물의 결함에 의해
         소비자의 재산·신체에 발생한 손해에 대한 책임** ··· 273

PART 7 개인정보·위치정보 활용하기

Chapter 1 **들어가며** ··· 281
  : : 개인정보와 위치정보란 무엇인가 ··· 281
  : : 개인정보 및 위치정보는 자유롭게 수집할 수 있는가 ··· 284
  : : 스타트업 사업자에게 개인정보, 위치정보는 어떠한 의미인가 ··· 285

Chapter 2 개인정보의 활용 ⋯ 287
: : 스타트업 사업자에게 어떠한 법률이 적용되는가 ⋯ 287
: : 주민등록번호를 수집·이용할 수 있는가 ⋯ 289
: : 개인정보를 어떻게 수집·이용할 수 있는가 ⋯ 291
: : 개인정보 수집·이용 후 사업자가 부담할 의무는 무엇인가 ⋯ 297
: : 자신이 수집한 개인정보를 어떻게 제3자에게 넘길 수 있는가 ⋯ 300
: : 개인정보를 파기할 의무 ⋯ 302
: : M&A 등 영업 양도·양수시 개인정보 처리 방안 ⋯ 303

Chapter 3 위치정보의 활용 ⋯ 305
: : 위치정보란 무엇인가 ⋯ 305
: : 위치기반서비스사업 신고 ⋯ 306
: : 개인위치정보의 이용 ⋯ 308

Chapter 4 영상정보처리기기(CCTV 등) 설치 및 운영 ⋯ 310

Chapter 5 전자적 전송매체를 이용한 마케팅 활동시 유의사항 ⋯ 314

PART 8 지식재산권 보호하기

Chapter 1 들어가며 ⋯ 321
: : 스타트업에서 지식재산권 보호가 왜 필요한가 ⋯ 321
: : 스타트업에 관련된 지식재산권으로 어떤 종류가 있는가 ⋯ 322

Chapter 2 특허권 보호하기 ⋯ 326
: : 스타트업에서 특허권을 취득해야 하는 이유가 무엇인가 ⋯ 326
: : 스타트업에서 가능한 발명은 어떤 종류가 있는가 ⋯ 329
: : 특허권 침해기준과 구제적 수단은 무엇인가 ⋯ 330
: : 모든 발명에 대해 특허권을 부여할 수 있는가 ⋯ 333
: : 서로 다른 사람이 동일한 발명을 한 경우 누가 특허권을 갖는가 ⋯ 340
: : 회사 종업원이 발명한 경우 누가 그 특허권을 소유하는가 ⋯ 342
: : 특허권은 이전 또는 대여할 수 있는가 ⋯ 351

Chapter 3 실용신안권 보호하기 ⋯ 353
: : 스타트업에서 실용신안권을 취득해야 하는 이유는 무엇인가 ⋯ 353
: : 실용신안법과 특허법의 공통점과 차이점 ⋯ 355

Chapter 4 상표권 보호하기 ⋯ 360
  :: 상표와 상호는 어떻게 다른가 ⋯ 360
  :: 스타트업에서 상표권을 취득해야 하는 이유가 무엇인가 ⋯ 363
  :: 상표권의 침해 여부를 판단하는 기준과 구제수단은 무엇인가 ⋯ 364
  :: 스타트업에서 어떤 상품(서비스)에
     상표(서비스표)를 등록할 수 있는가 ⋯ 368
  :: 상표는 어떻게 구성되어야 하는가 ⋯ 370
  :: 상표등록을 출원하면 무조건 상표권을 취득할 수 있는가 ⋯ 371
  :: 서로 다른 사람이 동일한 상표등록을 출원한 경우
     누가 상표권을 갖는가 ⋯ 375
  :: 상표권을 이전 또는 대여할 수 있는가 ⋯ 375

PART 9 스타트업 청산하기

Chapter 1 들어가며 ⋯ 379

Chapter 2 개인·법인 회생절차 ⋯ 382
  :: 회생절차란 무엇인가 ⋯ 382
  :: 회생절차 신청요건 ⋯ 383
  :: 회생절차의 흐름 ⋯ 385
  :: 회생절차의 실익 ⋯ 387
  :: 회생절차개시의 신청과 절차 ⋯ 387
  :: 개인회생절차 신청 방법 ⋯ 389
  :: 회생개시결정의 효과 ⋯ 396

Chapter 3 개인·법인 파산절차 ⋯ 397
  :: 파산절차 ⋯ 397
  :: 파산절차 흐름도 ⋯ 399
  :: 파산선고의 효과 ⋯ 401

PART 10 스타트업 선험자의 조언

사례 연구 차례

PART 3 스타트업 동업하기

사례 연구 | 동업계약의 내용은 동업 당사자가 아닌 제3자에게도 무조건 적용되는가? ··· 067

사례 연구 | 동업체와 관련하여 필수적인 기술이나 노하우를 가지고 있는 동업자가 경쟁업체를 운영하고자 하거나 탈퇴를 원할 경우에 대비한 계약조항은 무엇인가? ··· 076

사례 연구 | 전문경영인과 동업을 할 경우 필요한 계약조항에는 어떤 것이 있는가? ··· 076

사례 연구 | 동업자 중 1인의 명의로 대출을 받아 사업자금으로 사용한 경우, 원리금 부담의무는 어떻게 분담해야 하는가? ··· 080

사례 연구 | 익명조합의 영업조합원이 조합재산 처분으로 얻은 대금을 임의로 소비한 경우 횡령죄가 성립하는가? ··· 082

사례 연구 | 동업계약에서 업무집행자의 권한을 제한한 경우 제3자에 대한 책임은? ··· 090

사례 연구 | 2인으로 구성된 조합에서 1인이 탈퇴한 경우, 조합채권자가 잔존 조합원에 대하여 조합채무 전부의 이행을 청구할 수 있는가? ··· 094

사례 연구 | 조합원 일부가 무능력자이거나 의사표시에 하자가 있는 경우 합자조합의 성립에는 어떤 영향이 있는가? ··· 101

사례 연구 | 조합원 중 일방이 사망한 경우 조합원의 지위가 상속인에게 승계되는가? ··· 108

사례 연구 | 조합원의 횡령 및 배임에 관한 판결 예시 ··· 113

PART 6 비즈니스 계약 체결하기

사례 연구 | 무료체험 기간 후 자동결제 유료회원으로 전환된다는 약관도 설명의무 대상이 되는가? ··· 234

사례 연구 | 마일리지 적립 기준을 회사 사정에 따라 변경할 수 있다는 약관이 있다면 추후 회사가 마일리지 기준을 마음대로 변경할 수 있는가? ··· 235

사례 연구 | 월정액 상품의 경우 소비자의 해지 신청이 없는 한 매월 자동결제된다고 규정한 약관은 유효한가? ··· 242

사례 연구 | 사업자가 실제 판매 가격보다 낮은 가격으로 광고를 하는 경우 위법한가? ··· 244

사례 연구 | 프로모션 기간에 저렴하게 판매한 상품이라면 소비자가 환불을 요구해도 사업자는 환불해줄 의무가 없는가? ··· 250

사례 연구 | 소비자가 통신판매로 구입한 MP3 플레이어의 포장을 개봉하였음에도 환불을 요구한다면 사업자는 환불해줄 의무가 없는가? ··· 252

사례 연구 | 사업자는 할부판매 후 소비자의 환불 요구가 있으면 환불을 해줄 의무가 있는가? ··· 253

| 사례 연구 | 대리인이 대리할 수 있는 권한을 넘어 계약을 체결한 경우 계약상 책임은 누가 져야 하는가? … 263
| 사례 연구 | 계약서상 매매하려는 상품이 잘못 표기된 경우 계약의 효력은 유효한가? … 265
| 사례 연구 | 계약 체결 후 상대방 동의 없이 마음대로 계약서를 수정하면 처벌을 받는가? … 267
| 사례 연구 | 매매계약에서 계약금을 지급한 후 계약을 해제할 수 있는가? … 271
| 사례 연구 | 스마트 TV의 발열반응이 심하여 사용하기 어려운 경우에도 제조물책임법에 의거 보상받을 수 있는가? … 276

| 사례 연구 | 졸업앨범, 동창회 명부 등에 기재된 정보를 이용한 마케팅이 가능한가? … 296
| 사례 연구 | 위치기반서비스사업자는 어떤 사업자를 의미하는가? … 307
| 사례 연구 | 휴대폰 단말기의 위치정보를 개인위치정보로 볼 수 있는가? … 307
| 사례 연구 | 차량용 블랙박스가 개인정보보호법상 영상정보처리기기에 해당하는가? … 310
| 사례 연구 | 사무실은 개인정보법상 '공개된 장소'에 해당하는가? … 312
| 사례 연구 | 영상정보의 보관기간을 반드시 30일 이내로 정하여야 하는가? … 313

PART 7 개인정보·위치정보 활용하기

| 사례 연구 | 회사 내 직원들의 주민등록번호를 수집하여도 무방한가? … 290
| 사례 연구 | 생년월일(주민등록번호 앞자리)는 수집할 수 있는가? … 291
| 사례 연구 | 수집할 개인정보 항목에 '성명, 연락처, 주소 등'으로 기재하여 향후 필요 시 별도의 동의절차 없이 추가정보 수집이 가능한가? … 293
| 사례 연구 | 블로그 등 홈페이지에 게시된 개인정보를 수집하여 마케팅에 활용할 수 있는가? … 294
| 사례 연구 | 상품배송 목적으로 수집한 개인정보를 마케팅에 활용할 수 있는가? … 296

PART 8 지식재산권 보호하기

| 사례 연구 | 유사한 게임 방식도 지식재산권(저작권)을 침해하는가? … 324
| 사례 연구 | 특허 등록을 하지 않은 회사의 영업비밀을 그 직원이 빼돌리면 무조건 처벌을 받는가? … 328
| 사례 연구 | 종업원이 업무를 하던 중 다른 회사의 특허권을 침해하였다면 그가 소속된 회사도 처벌을 받게 되는가? … 332
| 사례 연구 | 인체가 아닌 동물을 대상으로 한 치료 방법은 특허등록이 가능한가? … 336
| 사례 연구 | 대학(원) 졸업논문에 기술한 발명도 특허등록이 가능한가? … 337

사례 연구 | 웨어러블 디바이스 제조 현장을 제3자에게 공개한 경우 관련 발명에 대한 특허를 포기한 것으로 볼 수 있는가? … 339

사례 연구 | A사가 한국에서 특허출원을 한 후, 동일한 발명에 대해 B가 미국에서 특허출원을 하였다면 A사는 미국에서 특허권을 취득할 수 있는가? … 340

사례 연구 | 종업원이 자신의 직무발명 이외의 발명도 회사에 넘기기로 한 약정은 유효한가? … 345

사례 연구 | 팀원에게 아이디어를 주지 않았지만, 개발과정에서 보고를 받고 일반적인 지적을 해준 팀장도 직무발명자인가? … 347

사례 연구 | A사의 직원인 김영재가 B사에 파견되어 근무하던 중 직무발명을 한 경우 그 발명은 어느 회사의 직무발명으로 보아야 하는가? … 348

사례 연구 | 회사 이직 전후에 거쳐 발명이 이루어진 경우, 어떤 회사에 대한 직무발명이 인정되는가? … 349

사례 연구 | 회사에 특허권을 승계하기로 계약한 종업원이 회사 명의가 아닌 자기 명의로 특허를 출원한 경우 범죄행위가 되는가? … 350

사례 연구 | 이미 특허권을 양도하였으면서 이를 속이고 다른 사람에게 다시 양도한 경우 누가 특허권을 소유하는가? … 351

사례 연구 | 컴퓨터 프로그램에 대하여 실용신안 등록이 가능한가? … 358

사례 연구 | 실용신안권을 위해 고안한 사항과 특허권을 위해 발명한 사항이 동일한 경우 누가 그 권리를 갖게 되는가? … 359

사례 연구 | A사의 비콘 단말기는 '어비콘'이란 상표로 대중에 널리 알려졌으나 상표를 미등록한 상황이라면, A사와 관계없는 B사가 어비콘이란 상표로 스마트 워치를 판매할 수 있는가? … 361

사례 연구 | 특정 사이트에서 원래 보여야 하는 광고를 가리고 무단으로 자신의 광고가 보이도록 하는 애플리케이션은 서비스표를 침해하는가? … 362

사례 연구 | A사가 제작 및 수출한 비콘 단말기를 B사가 다시 국내로 수입하여 판매하였다면 상표권 침해로 볼 수 있는가? … 366

사례 연구 | 삼성의 갤럭시S 케이스를 제작하여 판매하는 A사가 광고를 위해 인터넷 포털에서 '갤럭시S'를 검색 키워드로 사용한 경우 상표권 침해에 해당하는가? … 367

사례 연구 | A사가 '어비'라는 상표로 사업을 하는 상황에서, A사와 전혀 관계없는 C가 uhbee.com이란 도메인을 등록 및 사용할 수 있는가? … 369

사례 연구 | 일인칭 대명사인 '우리'라는 단어를 상표로 사용할 수 있는가? … 373

사례 연구 | 이미 등록된 상표라도 다른 종류의 상품에 대해 동일한 상표를 등록할 수 있는가? … 374

PART 9 스타트업 청산하기

사례 연구 | 스타트업 개인사업자가 자금난에 허덕일 경우 어떠한 회생절차를 이용할 수 있는가? … 383

사례 연구 | 스타트업을 운영하는 법인도 개인회생절차로 구제받을 수 있는가? … 384

사례 연구 | 회생절차와 파산절차 중 어떠한 절차를 이용하는 것이 좋은가? … 401

PART 1

스타트업 이해하기

— Chapter 1 —
왜 스타트업과 법률인가

스타트업에게는 무서울 것이 하나도 없다. 하지만 몰라서 무서운 것이 없다면 곤란하다. 사업 중 문제 상황이 발생하였고, 그러한 문제가 발생할 것조차 몰랐다면 당연히 대응전략이 없는 상태에 놓이는바, 비록 문제 상황이 간단한 것이었음에도 스타트업을 주저앉게 할 수 있다.

사실 스타트업은 이미 완성된 사업 형태라기보다는 초기 시작이라고 할 수 있기에 사업자 자신이 계획한 아이디어만큼은 자신이 있을지 모르나 그 밖의 부분에서는 모르는 것이 많을 수밖에 없다. 특히 법적 문제로 발전되는 것들을 보면, 사업자 자신만의 문제여서 스스로 해결할 수 있다기보다는 다른 기업이나 사업자 또는 소비자와의 관계에서 발생하는 대외적인 문제이기 때문에 더욱 조심해야 할 필요가 있다. 물론 사업과정에서 법적인 문제에 직면하는 것은 마치 감기처럼 흔한 일이라고 할 수도 있지만, 법은 미리 발생할 수 있는 문제를 예측하고 이에 해법을 마련하고 있기 때문에, 조금만 관심을 갖는다면 감기만큼이나 간단하게 문제를 방지하고 해결할 수 있는 경우가 많다.

이 책은 단지 열정과 신뢰로만 뭐든지 다 해결할 수 있다고 믿는 스타트업들에게 사업과정에서 수반될 수 있는 다양한 법적 문제점들을 알리고 그에 대한 최소한의 안전장치를 제공하는 데 초점을 두고자 하였다.

— Chapter 2 —
스타트업은 무엇이 다른가

'스타트업(Startup)'의 정확한 의미를 알기 위해서는 먼저 어원의 발생지인 미국의 사례를 찾아볼 필요가 있다. 실리콘밸리 사업가인 에릭 리스의 책 『린 스타트업』에서 소규모로 비즈니스모델을 테스트하고 이를 지속적으로 개선하여 사업을 확장할 수 있는 형태의 사업을 스타트업이라고 정의하였다. 또한 대표적인 스타트업 인큐베이터 및 액셀러레이터 회사인 '와이 콤비네이터(Y-Combinator)'의 창업자 폴 그레이엄은 "스타트업은 지속적으로 성장하는 기업이다"라고 언급하였다. 이를 종합하여 스타트업을 정의하자면 '성장잠재성이 있는 시장에서 적응과 진화를 거쳐 차별성을 가지는 사업군'이라고 말할 수 있다. 또한 서비스 제공 대상이 기업과 정부 중심보다는 소비자 지향적이다. 스타트업의 대표적 사업군인 3D 프린터 비즈니스를 예를 들면, 과거 기업을 대상(B2B)으로 영위하는 사업이었다면, 근래는 소비자의 니즈에 따라 제품 기능 및 디자인을 고려하는 B2C 형태로 바뀌었다.

스타트업은 과거 벤처기업과 비슷하면서도 다른 성향을 가지고 있다. 닷컴 버블로 불행한 시기를 거쳤던 2000년대 초반 벤처기업들은 새로운 서비스 창출보다는 패스트 팔로어의 성향이 짙었다. 물론 프론티어적 성격을 가진 기업들도 존재했지만, 대다수의 기업들은 혁신성 부족으로 소비자의 외면을 받고 씁쓸한 내리막으로 향했다. 특히, 인터넷 서비스 기반 벤처기업의 경우, 콘텐츠의 개별성보다는 대중성을 추구했기 때문에 경쟁사 간의 차별성이 크지 않았다. 이런 이유로 벤처기업은 쇠퇴했고, 스타트업의 시대가 도래했다고 평가하는 것은 결과론적인 해석이지만, 스타트업의 본질을 파악하는 데 도움이 되지 않을까 싶다.

하지만 척박한 창업환경을 개척했던 벤처 정신과 끊임없는 적응과 변화를 바탕으로 한 스타트업 정신은 창업을 결심하는 모든 사람에게 필요하다. 뚝심을 가지고 처음 가졌던 아이템을 꿋꿋하게 추진하는 벤처 정신, 그리고 서비스 개선을 위해 지속적으로 수정해 나가는 스타트업 정신의 우위를 판단하기 이전에 사업가들이 기본적으로 가져야 할 덕목이다.

스타트업은 시장이 확정되지 않은 분야에서 사업을 영위하는 경우가 많기 때문에, 안정적 성장을 기대하기 어렵다. 그리고 그 서비스가 인정받더라도 비슷한 사업을 추진하는 또 다른 추격 기업이 빠르게 출현함에 따라, 끊임없이 발전해야 한다. 그런 의미에서 과거 벤처기업보다도 훨씬 더 치열한 경쟁하고 스마트해야 살아남을 수 있는 장인 것이다.

— Chapter 3 —

대표적인 스타트업 업종은 무엇이 있는가

시각적 가치를 창조하는 UI/UX

메리어트, 하얏트 호텔 체인보다 높은 기업가치를 가진 만 10년이 안 된 숙박 정보업체가 있다. 2013년 한국에도 진출한 '에어비앤비(Airbnb)'는 공유경제 모델을 바탕으로 200억 달러의 기업가치를 가지고 있는 대표적인 스타트업이다. 이 기업을 창업한 브라이언 체스크(Brian Chesky)와 조 게비아(Joe Gebbia)는 로드아일랜드 디자인스쿨(RISD)을 졸업한 디자이너 출신이다. 이 외에도 '플리커(Flicker)', '인스타그램(Instagram)' 등도 디자이너 출신 CEO가 창립한 대표적인 스타트업이다. 디자인은 스타트업 창업의 부수적인 역할을 차지할 것 같지만, 최근 스타트업 창업 열기와 함께 그 가치가 더 높아지고 있다.

UI/UX는 많은 의미가 있다. 협의적인 의미로는 웹사이트 및 제품이 이루는 모양, 형태라고 할 수 있으며, 광의적인 의미는 사용자가 접하는 서비스의 시각적 요소 및 상호작용 기능 등을 통합하는 개념이다. 이런 의미에서 UI/UX는 사용자들의 서비스 매력도를 높이는 가장 중요한 요소라 할 수 있다. 사업의 소재가 UI/UX가 아니더라도 모든 서비스에서 고려해야 할 사항이다.

IT 분야의 서비스 가치는 하드웨어와 소프트웨어 인프라 개발을 통해 사용자 편의성과 만족도를 향상시킴으로써 상승될 수 있다. 특히 사용자의 감성을 자극하는 인터페이스의 중요성은 매우 높아지고 있는데, 이를 구현할 수 있는 기술적 요소가 바로 UI/UX이다. 연평균 30% 이상 고속으로 성장하는 UI/UX 산업과 관련하여 포털사, 이통사, 게임업체 등은 전담조직을 구성하고 있으며 단순한 시각적 이미지에서 탈피하여, 음성, 동작, 터치·촉각, 증강현실, 홀로그램 등 다양한 형태로 진화하고 있다.

UI/UX는 사용자의 개별적 특성과 감성적 접근이 필요한 분야로 스타트업이 접근하기 좋은 분야 중 하나이다. 하지만 UI/UX는 주관적인 요소에 의해 평가받고 빠르게 변화하는 영역으로 개발 제품에 대한 차별성과 독점적 지위를 가지기 어렵다. 이를 위해 디자인보호법에 의거하여 디자인등록을 할 수 있으나, 여타 산업의 독점적 권리(특허, 실용신안 등)에 비해 그 권리의 장벽이 낮은 편이다. 하지만 인터넷을 통해 수집 배포가 쉬운 제품인 만큼 다양한 방법을 통해 권리를 보호할 경우 매력있는 분야 중 하나이다.

스타트업의 전통적 강자 모바일 애플리케이션

스타트업 기업 다수가 진출을 시도하는 분야가 모바일 애플리케이션 분야이다. 그 이유는 아이디어만 확실하다면 다른 사업 아이템보다 빠르게 사업화할 수 있다는 장점이 있기 때문이다. 하지만 트렌드에 따라 생명주기도 짧은 편이다. 정보제공, 소셜네트워크, 메신저, 게임 등 다양한 형태를 가지고 있는 모바일 애플리케이션은 하루에도 수없이 탄생하고 또 없어지기를 반복한다. 그렇다면, 모바일 애플리케이션을 영위하는 사업자가 가져야 하는 마인드는 어떤 것이 있을까? 이 책의 서두에서 설명했듯이 스타트업 정신을 가지고 지금의 성공 혹은 실패에 안주하거나 좌절하지 않고 개선해 나가야 한다. 이를 대표적으로 보여주는 기업이 있다. 2003년 핀란드의 대학생 3명은 게임업체를 설립하고 실패를 거듭하다가 2009년 52번째 작품 '앵그리 버드'를 탄생시켰다. 그 회사의 이름은 '로비오(Rovio)'이며, 현재 20억여 건의 다운로드를 기록하고 있다. 이는 전 세계 인구(약 72억)의 3분의 1에 달하는 숫자로써, 모바일을 사용하는 전 세계 인구 중에 앵그리버드를 모르는 사람이 없을 정도이다.

하지만 이렇게 큰 성공을 거둔 '로비오'의 앵그리 버드도 꾸준하게 버전을 업그레이드하여 사용자를 유인하고 있지만, 과거만큼 많은 사용자들이 이용하지는 않는다. 이는 모바일 애플리케이션이 가진 짧은 생명주기를 대변하는 현상이다. 앞으로 나오는 많은 프로그램은 더 짧은 주기를 가질지도 모른다. 이러한 단점에도 불구하고 스타트업은 낮은 비용과 아이디어로 승부를 볼 수 있는 매력적인 분야로, 여전히 새로운 도전자들이 늘어나고 있다. 특히 이들은 사업모델 발굴과 경영까지 함께하는 스타트업 엑셀러레이터의 출현과 함께 그 수가 급증하고 있는데, 제2의 '로비오'나 '카카오톡'이 될 기업의 옥석을 가리고 투자하고 있다. 이외에도 '킥스타터(Kick Starter)', '인디고고(Indiegogo)' 등과 같은 소셜 펀딩 등을 통해 새로운 모바일 애플리케이션 개발을 위한 투자 기반이 활성화되고 있다.

무시하기 어려운 콘텐츠 공룡, 인터넷 콘텐츠

최근 TV나 PC 등 부착형 기기를 통해 동영상을 시청하는 경우보다 스마트폰과 같은 모바일 기기 등을 통해 접하는 경우가 많다. 최근 자료에 따르면 일반인을 대상으로 필수매체 인식 조사를 한 결과, 2014년부터 스마트폰의 중요성이 TV보다 높은 비중을 차지하기 시작하였다. 아직 고령층은 TV 이용 빈도가 높지만, 20대를 중심으로 중년층까지 스마트 기기를 통한 동영상 시청 비중이 높아지고 있다. 이와 같은 현상은 모바일 기기에 최적화된 콘텐츠의 대량 생산을 유도하고 있으며, 그 양이 기하급수적으로 늘어나고 있다. 세계 최대의 동영상 플랫폼인 '유튜브'는 2005년 창립 이래로 10억만 명 이상의 사용자를 보유하고 있으며, 작년 기준으로 매분 300시간 분량의 동영상이 업로드되고 있다.

하지만 이와 같은 폭발적인 양적 성장 이면에는 콘텐츠 완성도 부족이라는 숙제를 낳고 있으며, 고급 콘텐츠에 대한 소비자의 요구도 증대되고 있다. 이에 세계적인 기업들은 잠재성이 높은 인터넷 동영상 생산시장에 뛰어들며 다채널 네트워크사업(MCN, Muti-Channel Network)에 진출하고 있다. MCN은 동영상 제작자에게 콘텐츠를 제작, 유통, 관리, 홍보, 고객 발굴 등에 필요한 인프라를 제공하는 사업을 말하며, MCN 사업자는 잠재성 높은 동영상 제작자를 발굴·지원함으로써 고품질의 콘텐츠를 생산한다. 2007년 이래로, 미국에는 다양한 MCN 스타트업들이 등장하였으며 시장 잠재력을 인정받아 미국의 유수 콘텐츠 회사의 투자를 받고 있다. '메이커 스튜디오(Maker Studio)'는 '월트디즈니'로부터 5억 달러를, '풀스크린(Fullscreen)'은 'AT&T'로부터 2~3억 달러를 투자받았다. 한국에서도 미국 시장에 비해 규모는 작지만, 스타트업들이 다수 MCN 시장에 진입하고 있으며 대표적인 기업으로 '트레져헌터', '레페리' 등이 있다. MCN 사업은 '유튜브' 및 '아프리카TV' 등 동영상 플랫폼에서 많은 시청자를 확보한 콘텐츠 제작자들의 연합을 통해 시작이 되는 경우가 많다. '트레져헌터'의 경우 유명 게임 관련 동영상 제작자를 중심으로 설립된 기업이며, '레페리'는 화장 관련 동영상을 전문으로 하는 MCN 스타트업이다.

기존 수익모델은 유튜브와 같은 동영상 플랫폼에서 사용자들의 시청에 따른 비용 정산을 통해 얻는 단순한 방법이었으나, 현재는 자체 광고방송, 외주제작 용역, 제품 판매, 교육사업 등 다양한 방법을 통해 수익을 창출하고 그 모델도 다양화되고 있다. 높은 사업성을 인정받으며 CJ와 같은 대기업에서도 '다이아TV'라는 MCN 사업체를 설립하여 시장에 진출하였다.

미래의 가치를 분석하는 빅데이터 분야

2012년 다보스 포럼에서 '올해 가장 주목해야 할 과학기술' 1위로 '빅데이터' 처리 기술을 선정되었다. 미국의 경우 모바일 앱 서비스 분야의 스타트업과 빅데이터 분야의 스타트업의 수가 비슷할 정도로 많은 기업들이 생겨나고 있으며 성장을 거듭하고 있다. 이들의 특징이 있다면, 하둡(Hadoop)과 같이 대용량의 자료를 분산 저장·처리하는 오픈소스 플랫폼을 활용한다는 것이다. 빅데이터 스타트업이 많은 수로 늘어나게 된 배경 중 하나가 오픈소스 기반으로 누구나 무료로 개발하고 이를 상품화시킬 수 있기 때문이다. 또한 공공정보를 필두로 데이터의 개방화가 가속화되고 있으며 민간분야의 유용한 정보들도 점진적으로 공개되고 있다. 아직은 비즈니스적 접근보다는 기술적 접근이 강한 분야로 사업화보다는 기술개발에 초점이 맞춰져 있지만, 데이터의 홍수에 살아가는 현대인들의 니즈에 따라 맞춤형 정보를 제공할 수 있는 빅데이터 분야는 성장 가능성이 크다. 개인정보보호라는 이슈로 빅데이터 산업 성장의 한계를 지적하는 이도 있지만, 이 또한 기술적으로 극복해 나가는 중이다.

위에서 서술했듯이, 빅데이터 산업은 오픈소스 플랫폼에 의해 활성화되었다면, 그 성장의 기폭제가 된 주요 원인은 데이터의 개방화이다. 공개되는 데이터의 양이 많아지는 만큼 자료 수집 및 분석 관련 기술 등 다양한 분야에서 빅데이터 환경에 맞게 발전하고 있다. 특히 빅데이터 시각화는 정보를 효율적이고 직관적으로 표출하기 위한 중요한 기술인데, 많은 글로벌 IT기업 및 스타트업들이 진출하고 있다. 최근 '오라클', 'SAP' 등 대형 IT 기업들이 다양한 빅데이터 시각화 솔루션을 출시하고 있으며, 한국의 '뉴스젤리'는 빅데이터 시각화를 통해 뉴스를 제공하는 등 시장이 활성화되고 있다.

기계가 스스로 학습하는 세상, 딥러닝이 연다

2014년 가트너는 주목해야 할 기술로 '딥러닝'을 선정하였다. 또한 구글은 딥러닝 기술을 가진 '딥마인드'라는 회사를 6억 5천만 달러(약 7,500억 원)에 인수하며 큰 화제가 되었다. 창업한 지 3년밖에 되지 않은 회사에 거금을 투자한 구글은 '딥러닝' 사업의 본격적인 진출을 예고하였다. 딥러닝이라는 개념은 다른 스타트업 창업 분야와는 다르게 오랫동안 고민되었던 주제이다. 딥러닝의 선구자인 토론토대학교의 제프리 힌튼 교수는 1940년대부터 이어져 온 인공신경망이라는 개념을 2006년 그의 논문을 통해 비지도 학습이라는 방법을 통해 데이터 최적화의 방법을 제시하였고, 이와 같은 개념은 빅데이터라는 소재와 맞물려 딥러닝의 사업화 기반을 마련하였다. 딥러닝의 대표적인 사례로 스탠퍼드대학교 앤드류 응의 프로젝트가 있는데, 유튜브에 업로드된 천만 개 이상의 동영상 중에 고양이의 얼굴을 스스로 인식할 수 있음을 규명하였다. 사람은 동물의 특징이나 분류하는 과정 없이 대상을 특정할 수 있지만, 컴퓨터의 경우 수많은 데이터를 입력하고 군집하고 패턴을 미리 학습시켜야 한다. 이러한 방법을 기계학습이라고 하는데 이를 통해 사물을 특정할 수 있는 것이다. 하지만 딥러닝의 경우 컴퓨터가 스스로 학습하여 가르치지 않아도 사진이나 동영상 속의 대상을 인지할 수 있다.

　최근 네이버랩스는 핵심 과제로 '딥러닝'을 연구하고 있으며, 네이버 음성 검색, N드라이브 사진 테마 검색 등에 활용하고 있다. 최근 한국에서도 '딥러닝'을 활용한 스타트업이 설립되기 시작하였으며, 카이스트 학생들로 구성된 '클디'라는 회사는 이미지 인식기술을 활용하여 의료 영상기술을 개발하고 있다. 그동안 의사의 영상 분석을 통해 유방암을 진단했던 방식에서 벗어나, 이미지를 컴퓨터가 분석하여 암을 검진하는 기술이다. 이외에도 다양한 글로벌 스타트업이 딥러닝 기술을 바탕으로 태동하고 있으며, 지속적으로 늘어나고 있다. 스타트업 기업이 '애플' 같은 공룡 IT 회사의 기술을 비난했다면 믿겠는가? 영국의 딥러닝 업체인 '보컬IQ(VocalIQ)'는 '애플'의 음성 비서 기술인 시리(Siri)를 장난감 수준이라며 혹평했다. '애플'은 이에 대해 반박하지 못하고 올해 10월 '보컬IQ'를 인수하였다. 딥러닝이라는 분야는 이처럼 스타트업이 IT 공룡업체과 경쟁할 수 있는 블루오션 같다고 할 수 있다.

PART 2

스타트업 준비하기

― Chapter 1 ―
스타트업 설립을 위한 요소는 무엇이 있을까

　세상에 태어나서 한 사람의 존재가 인식되는 시점은 이름을 가지는 그때가 아닌가 싶다. 기업도 이름을 갖추기 전까지는 법인격을 갖추기 어렵다. 사람의 이름만 봐도 각인되는 이름이 있으며, 각인되지만 웃음거리가 되는 경우도 있다. 또한 기억하기 어렵지만 좋은 뜻을 담은 이름도 존재한다. 어떤 이름이 더 좋다 판단하기는 어렵지만, 기업명의 경우 기억하기 쉽고 업종의 성격이 잘 드러나고 친숙한 이름이 되면 좋을 것이다. 근래 한국의 스타트업은 다양한 이름들로 소비자들에게 어필하고 있다.

　단어 간의 합성어로도 이루어져 있고, 흔한 사람의 이름을 차용하기도 하며, 또는 창업주의 경영철학을 표현하기도 한다. 카셰어링의 선두 업체인 '쏘카(Socar)'의 경우 소셜(Social)과 자동차(Car)의 합성어로 직관적으로 의미를 드러내고 있으며, 고급 택시를 제공하는 '리모택시(Limo Taxi)'의 경우 리무진과 택시의 합성어로 서비스의 성격을 분명히 드러내고 있다. 최근 미국의 스타트업에서는 친숙한 사람의 이름을 활용하여 스타트업의 이름을 짓고 있다. '오스카', '알프레드', '베니', '룰루' 등이 그 예이다. 그리고 아키밴드라는 스마트 웨어러블 기기를 생산하는 국내 스타트업인 '직토'의 경우, '곧을 직'에 '토할 토'를 연결하여 '직접 말한다'라는 의미를 담고 있다. 이와 같이 기업명을 결정하기까지 많은 고민과 마케팅적 접근이 필요하지만, 정작 스타트업 설립 시에 놓치기 쉬운 부분이다.

기업명을 결정했다고 할지라도 사업자등록, 도메인등록 또는 상표등록 등을 거치지 않으면 독점적 지위를 갖추기 어렵다. 이는 최근 중국시장에서 빈번하게 일어나고 있는 상표권 무단 등록으로 국내 사업자의 어려움이 대표적인 사례라고 할 수 있다. 중국의 상표브로커들은 국내 브랜드 이름을 무단으로 선점하고 이를 악용하고 있다. 한국에서 사용하고 있는 브랜드를 중국에서 그대로 사용하는 것은 불가능할뿐 아니라, 브로커들은 거액의 돈을 요구하는 경우가 빈번하고 있다.

단독 창업이 아닌 공동 창업의 경우 지분 배분은 상당히 중요하다. 이 책의 동업 계약을 통해 더 깊이 다루겠지만, 스타트업의 설립 시 두 명 이상의 설립자가 있을 때, 지분 배분에 신경을 써야 한다. 가장 합리적일 수도 있는 방법이 지분을 균등하게 나누는 것인데, 회사 성장과 함께 다소 위험한 선택이 될 수 있다. 인간적인 관계로 시작한 동업이라고 할지라도 회사의 중대한 결정에 대해서는 의견이 엇갈릴 수 있다. 만약에 동업자 간의 의견이 엇갈릴 경우 이사회 등을 통해 결정할 수밖에 없는데 누구의 의견도 우선할 수 없는 지분 구조라고 했을 때 빠르게 결정하고 대처해야 하는 스타트업에게는 큰 리스크가 될 수 있다. 이와 같은 문제를 미연에 방지하기 위한 것이 동업자 계약일 수 있는데 이 책에서 별도로 다루도록 하겠다.

    자본이 많은 스타트업은 없겠지만, 회사를 운영하기 위해서는 씨드머니가 필요하다. 씨드머니 마련을 위해서 정부 지원금 또는 융자 등을 통해 마련할 수 있겠지만, 정확한 초기자금에 대해 가늠하기 어렵다. 기본적으로 필요한 비용으로 법인설립비용, 회계대행(기장)비용, 임대료 및 초기 설비비용, 인건비, 기타 비용 등으로 나누어 볼 수 있다. 1인 창업을 통해 모든 비용을 최소로 가져간다고 할지라도 생산력 있는 아이템 확보를 위해서는 투자가 필요하다. 임대료 등을 계산하지 않고 인건비를 최저인건비 수준으로 계산한다고 할지라도 최소 1,000~2,000만 원의 자본이 필요하다. 스타트업 정신으로 무장한다 할지라도 어쩔 수 없이 드는 비용에 대해서 감안하지 않는다면 아이디어를 펼쳐보기도 전에 보릿고개를 넘지 못하고 목표에 다다르지 못할 것이다.

    이 외에도 스타트업 설립 이전에 고려해야 할 요소들은 많다. 하지만 스타트업 설립을 결심하고 이미 실행하고 있는 사람에게는 이런 제한사항 따위는 넘어야만 하는 단계라고 생각한다. 이런 장애물들을 현명하게 넘을 수 있도록 다양한 고려사항들을 설명토록 하겠다.

물리적 공간

최소의 비용으로 스타트업을 운영하기 위해 본인의 자택을 사업장으로 선택하지 않는 이상, 개별적인 공간이 필요하다. 스마트워크 형태가 보편화되면서 물리적 공간의 제한을 크게 받지 않지만, 비대면 업무로는 모든 부분을 처리할 수 없으며, 1인 기업이 아닌 이상 업무를 공동으로 추진할 장소가 필요하다. 요즘은 사무공간에 대해서도 공유경제 개념을 도입하여 사무공간을 단순히 나누어 쓰는 것을 넘어서 다양한 아이디어를 논의하고 전문가들이 모여 협업하기도 하는 등 개념이 변화하고 있다.

그런데도 단독 사업장은 스타트업을 운영하고자 하는 인력들이 원하는 바이다. 이는 구성원들 간의 결속력뿐만 아니라, 아이디어 토론 및 공유에 효과적이기 때문이다. 그렇다면, 단독 사업장을 운영하기 위해 고려해야 할 요소는 무엇일까? 첫 번째는 지리적 위치일 것이다. 스타트업의 사업 소재는 대부분 IT 분야에 집중되어 있으며, 정부 및 각 지자체는 각종 세재 혜택 및 임대료 제공 등을 통해 IT 스타트업 기업을 유인하고 있다. 현재 스타트업 기업이 다수 모여 있는 곳은 서울 강남권과 경기권 등이 있다. 강남권은 주로 테헤란로 일대의 벤처사업 부흥과 함께 발전한 지역으로 여전히 많은 IT 기업들이 위치하고 있다. 장점은 사업에 필요한 다양한 인프라를 쉽게 확보할 수 있고, 인적 교류에도 유리하다. 다만 고가의 임대료 및 교통 복잡성 등에 의해 구로, 가산디지털단지 그리고 상암디지털단지 등으로 이동하기도 했다. 특히 최근 몇 년간 판교 테크노밸리에 다수의 스타트업이 이주하였다. 정부는 판교에 창조경제밸리 조성을 발표하고 복합산업, 연구, 혁신·교류의 지역으로 성장할 수 있도록 지원하고 있다. 스타트업 중, 단독 사업장을 고려하고 있다면, 먼저 정부 시책에 따른 중점 육성지역을 선택하는 것이 타당하다. 임대·관리 비용, 세제 혜택 등 비용적 측면과 아울러, 동종·유사 업종 간의 자유로운 교류 등을 통해 비즈니스 파트너십, 연구시설의 공유 등 다양한 이점이 있기 때문이다.

두 번째는 가격이다. 스타트업 초기에는 수익 발생이 어려우므로 사무실의 임대·관리비용을 최대한 줄일 필요가 있으며, 입주 지역에 특별히 해당하는 세제 혜택도 확인할 필요가 있다. 현재 정부 및 공공기관에서 제공하는 무료 사무공간도 있으며, 기업에서 스타트업 육성을 위해 협업 공간을 제공하는 경우도 있다. 개인적 성향에 의해 사무실을 두고자 하는 지역이 없다면, 이와 같은 정보를 잘 습득하여 비용을 최대한 절약할 수 있는 방안을 모색해야 한다.

세 번째 사무환경이다. 이제는 더 이상 스타트업이라고 부르기 어려운 구글의 사옥과 여타 유명한 실리콘밸리 기업의 사무공간을 한 번씩은 접해본 적이 있을 것이다. 많은 사람들이 스타트업이라는 이미지를 물어보면 자유로운 근무환경과 창의적인 사무공간이라고 말한다. 스타트업의 사무공간의 경우 심플하고 오픈되어 있으며 창의적인 공간들이 마련된 경우가 많다. 이를 통해 직원들 간의 자유로운 소통을 유도하고 창의적인 생각을 발현할 수 있도록 고려하고 있다.

기술의 발전과 함께 사무공간에 대한 한계는 사라지고 있다고 하나 여전히 스타트업 설립 시 고려되는 사항이 사무공간이다. 집보다 더 오랜 시간 함께하는 사업장의 중요성을 간과할 수 없으며, 높은 생산성을 위해서도 좋은 공간을 구성하도록 노력해야 한다.

인적 자원

젊은 구직자를 대상으로 스타트업 취업에 대해 관심이 증가하고 있다. 물론 대기업이나 공기업보다는 취업 우선순위가 앞서진 않지만, 스타트업에 창의적이고 참신한 인재들이 지속적으로 유입되고 있다. 이미 대기업이나 안정적인 직장을 떠나 스타트업으로 이직하는 경우도 적지 않게 볼 수 있는데, 새로운 분야에 대한 도전의식과 자유로운 업무환경을 바탕으로 자기계발의 열망 등이 반영된 결과이다. 물론 기존 기업보다 낮은 보수와 불안전한 사업기반은 위협요소로 존재하지만, 스타트업에서의 경험을 점점 인정해주는 사회 분위기는 스타트업으로 우수 인재를 이끌고 있다. 또한 최근 스타트업 취업 이후 본인의 비즈니스를 시작하는 발판으로 삼으려는 인재들이 늘어나고 있다.

최근 스타트업 인력의 가치는 더욱 높아져 실리콘밸리의 글로벌 기업들도 해당 인재 영입을 앞다투고 있다. 실리콘밸리에 위치한 글로벌 모바일 광고 플랫폼 기업인 '탭조이'는 한국 모바일 분석기업인 '파이브락스'의 대표와 4명의 개발진을 영입하는 등 스타트업의 우수 기술 및 인력을 확보하기 위해 힘쓰고 있다. 또한 국내 모바일 서베이 전문 스타트업인 '아이디인큐'는 제품 홍보 및 전문성 확보를 위해 뉴욕에서 직접 구글 본사 소속 한국 전문인력을 영입하는 등 스타트업에서도 인재를 확보하려는 노력이 지속되고 있다.

그러면, 어떻게 스타트업에 우수 인력을 확보할 수 있을까? 한국에서는 전문 스타트업 인재 매칭 플랫폼은 없지만, 해외에는 다수 존재하고 있다. '크런치베이스'는 10만 개의 스타트업과 13만 명의 인재 정보가 등록되어 있으며, 일본의 '크루(Creww)'는 스타트업의 기업정보 및 제품 정보 등을 서비스하고 있으며, '스타트업 라이프 (Startup Life)'는 스타트업 인턴으로 일하고 싶은 사람들을 위한 플랫폼이다. 한국은 다수의 채용사이트가 존재하지만, 스타트업 기업이 공고를 올린다 할지라도 스타트업 취업 희망자 외에 불특정 다수에게 노출되어 비효율적이다. 구직자의 경우도 대기업과 차별되는 스타트업만의 잠재성 및 문화 등을 파악하여 지원하고자 하나 정확한 정보를 알기 어렵다. 그래서 여전히 한국의 스타트업 인력 모집은 지인 소개를 통해 이루어지는 경우가 많다. 일정 규모의 스타트업은 헤드헌터나 직접 접촉하여 영입하기도 하지만 초창기 스타트업에게는 한계가 있다. 이런 경우, 가장 좋은 방법은 사업 영역과 관련된 다양한 행사 등에 참여하면서 인적 네트워크를 확보하는 것이다. 또한 창업 관련 프로그램 및 커뮤니티를 활용하는 방법이 있다. 이와 관련된 사항들은 책에서 지속적으로 살펴보도록 하겠다.

금융 재원

창업을 위해 법인을 설립했다면 일정 규모의 자본금을 가지고 시작하게 된다. 하지만 자본금은 회사 설립을 위한 기본 요건일 뿐, 실제 초기 운영자금으로 충분치 않다. 그렇다면 스타트업이 수익을 창출하고 자립하기 전까지 필요한 자금은 어느 정도이며, 어떻게 확보할 수 있을까? 먼저, 스타트업의 성격에 따라 다르겠지만,

제품을 생산하기까지의 기간을 산정할 필요가 있다. 법인 설립 이전에 제품 양산 및 판매 준비가 끝나지 않은 이상 스타트업의 자생력이 높지 않으며, 인건비 및 운영비 등의 비용이 부담될 수 있다. 이와 같은 리스크를 관리하고자 정부 지원 사업을 활용하거나 융자를 받기도 하고 기업 및 개인 투자자의 자금을 활용하기도 한다.

아래 자세한 사항을 다시 설명하겠지만, 정부 지원 사업 및 융자 사업에 대해서 간단히 알아보면, 설립 준비단계부터 제품의 고도화까지 다양한 단계를 지원하는 사업들이 있다. 규모는 한 기업당 10억 미만의 자금이 지원되고 있으며, 중소기업청을 중심으로 다양한 정부기관 및 지자체에서 시행 중이다. 또한 법인 설립 이전 예비창업자를 대상으로 한 사업도 많기 때문에 법인설립 이전에도 지원이 가능하다. 다만, 예비창업자의 경우 정부에서 실시하는 일정기간의 교육을 이수해야 하는 등의 과정이 필요하다. 일부 스타트업 대표들은 정부 출연자금의 실효성 및 운영방식에 대해서 문제점을 지적하고 있지만, 여전히 스타트업의 초기 재원을 확보하기 위한 방안으로 가장 용이한 방법이다. 출연자금을 확보하기 위해서는 제품의 특장점 및 판매방식 및 기대 매출액 등을 기술하는 사업계획서를 작성해야 하는데 이는 출연자금의 확보 및 대출을 지원받기 위해서 가장 중요한 요소이다.

개인 및 기업 투자자의 자금 유치는 정부 사업보다는 절차는 단순할 수 있지만, 실질적으로 투입되어야 하는 노력은 정부를 통해 지원받는 것보다 어렵고 까다롭다. 정부의 정책출연자금은 개별 회사의 투자금 회수를 목표로 하지 않지만, 개별 투자자들은 '엔젤'이 아닌 이상 스타트업의 투자를 통해 이윤을 얻고자 한다. 여기서 간단히 언급한 '엔젤'마저도 일정 부분의 이득이 보장되지 않을 시에는 해당 기업에 대해 투자를 주저한다. 하지만 이러한 투자 과정을 무사히 마치면 스타트업은 성장 기반을 다질 수 있는 다양한 혜택을 누릴 수 있다. 간혹 경영 간섭 등의 문제점이 발생하기도 하지만 투자자들은 투자기업의 제품 마케팅 및 판매 그리고 경영의 전반적인 사항까지 폭넓게 지원한다.

이 외에도, 기술보증기금 등을 통해 기술을 평가받고 은행을 통해 개발자금을 확보하거나, 각종 콘테스트를 통해 자금을 확보하는 등 다양한 방법이 있을 수 있다. 스타트업의 재원 확보를 위한 확고한 의지만 있다면 방법은 너무나도 다양하다. 심지어 기술력이 뛰어나지 않더라도 스타트업 경영자의 잠재력만을 믿고 지원하는 '엔젤' 투자자도 있다. 그렇기 때문에 금융 재원 확보는 스타트업의 시작을 위해 가장 중요한 요소이기도 하지만 창업자의 의지에 의해 쉽게 해결될 수 있는 부분이니 두려워하지 않길 바란다.

취업 규칙

스타트업을 준비하는 과정에서 취업규칙을 소개하는 것에 대해 조금 의아하게 생각하는 분도 있을 것 같다. 이렇게 취업규칙을 소개하는 이유는 스타트업 경영에서 꼭 필요한 윤리경영을 실현할 수 있는 기초가 될 수 있기 때문이다. 또한 제대로 된 취업규칙이 존재해야 인적 자원이 중요한 스타트업이 오래 생존할 수 있는 바탕이 될 수 있다. 취업규칙은 창업자와 근로자 간의 일종의 약속으로써, 회사 경영의 근간이 된다. 상시 10인 이상의 근로자를 고용하는 경우 의무적으로 취업규칙을 작성해야 하며, 필수적으로 담아야 할 내용을 법적으로 정하고 있다. 취업규칙에 대해서 경영주체가 일방적으로 작성할 수 있으나, 해당 규칙에 대해서 근로자들의 동의가 있어야 한다.

취업규칙은 또한 사업 기밀 유출을 방지하기 위한 안전장치로 활용할 수 있다. 대부분 소규모의 비밀 유지가 어려운 조직적 특징을 가진 스타트업은 기술 유출의 위험이 높고 이에 따른 예방 장치가 필요하다. 물론 불법적 기술 유출은 범죄 행위로써, 법적 절차를 통해 처벌 및 보상이 가능하나. 사후에 행할 수 있는 방법으로 예방적 효과가 없다. 이를 위해 취업규칙에 근로자의 비밀유지 의무를 기술하고 보안각서를 받아서 사고를 미연에 예방해야 한다.

선진화된 문화를 적극적으로 수용하고 있는 스타트업 환경을 고려할 때, 근로자의 입장을 적극적으로 고려해줄 수 있는 규칙 제정이 필요하다. 최근 근로시간이나 휴가 사용에서도 근로기준법보다도 더 적극적으로 근로자들의 권리를 보호하는 규칙을 제정하여 스타트업임에도 불구하고 높은 직원 만족도와 낮은 이직률을 보이는 기업들이 많아지고 있다. 취업규칙은 양날의 검처럼 경영주체의 입장을 대변하다보면 근로자의 불만이 고조될 수 있고, 근로자의 권리를 너무 적극적으로 반영하면 회사 내 질서 유지에 어려움이 있을 수 있다. 그렇기 때문에 스타트업의 준비단계에서부터 취업규칙은 적극적으로 그 범위에 대해서 깊이 고민해야 한다.

기타 고려사항

잡다하다 느낄 수 있는 것이 스타트업의 디테일

행정을 전담할 수 있는 직원이 채용하기 전까지 스타트업의 경영자는 행정의 모든 부분을 신경 써야 한다. 때로는 정말 사소한 것까지 직접 처리해야 할 정도로 많은 업무를 맞이하게 된다. 설립 초기에 행정 간소화를 위한 준비를 하지 않으면 디테일한 부분을 놓치기 쉽다. 그러면 설립 준비 기간 동안 어떠한 부분들을 준비해야 할지 알아보도록 하겠다.

법인설립은 법무사에게 맡겨야 하나?

원칙적으로 회사 설립에 관련한 모든 업무를 스타트업 창업자가 직접 진행하기를 추천하지만, 실질적으로 시간과 비용을 생각했을 때 업무를 대행하는 것이 효율적인 경우가 있다. 법인설립과정도 이러한 경우에 해당된다. 법인설립은 구비서류 제출 및 정해진 절차에 따르면 되지만, 관련 서류 작성 및 서류 접수를 위한 등기소 방문 등 시간과 노력이 필요하다. 1인 창업의 경우 온라인으로 거의 모든 절차를 진행할 수 있지만, 2인 이상의 주주가 존재하는 경우는 오프라인으로 진행해야 할 업무들이 더 많다.

법인설립과정을 법무사에게 대리하였다고 할지라도 본인이 원하는 수준까지 해결되지 않을지 모른다. 통상적으로 사업자등록증 발급까지 법무사가 지원하는 경우가 대부분이지만, 간혹 법인설립 이후 사업자등록증 발급 과정은 직접 진행해야 하는 경우도 있다. 이런 경우 당황하지 말고 관할 세무서에 법인 발급서류들과 기타 작성서류를 작성하면 사업자등록증을 받을 수 있다.(개인사업자 신고의 경우, 법인설립 절차는 생략되고, 관할 세무서에 업종 관련 인허가 이후 사업자신고만 진행하면 된다.)

요즘은 법무사 시장도 포화상태에 이르러 저렴한 비용으로 법인설립 절차를 대리할 수 있다. 심지어 세무사 사무소는 세무·회계 업무대행 계약을 조건으로 법인설립 대행업무를 무료로 진행하기도 한다. 모든 업무를 창업자가 책임지고 해결하려고 한다면 회사 경영에 더 중요한 부분들을 놓칠 수도 있다. 회사 경영의 현명한 판단을 내려서 회사를 설립하도록 권한다.

스타트업에게 팩스가 필요할까?

이 질문에 사자성어로 답변을 한다면, 유비무환이다. 많은 업무가 온라인으로 진행되고 증빙서류가 필요한 업무의 경우 문서를 스캔하여 전송한다. 굳이 팩스까지 필요하지 않을 것 같지만, 결정적인 순간 당혹스럽게 만든다. 급하게 문서를 받아봐야 하는 경우, 거래처가 팩스를 이용하는 보내는 경우가 종종 발생한다. 특히 은행 대출업무를 진행한다거나, 공공기관에 서류를 제출해야 하는 경우 빈번히 발생한다. 그렇다고 가끔 발생하는 경우에 대비하여 팩스를 구입한다면 유지관리 비용이 만만치 않을 것이다. 그래서 권하는 방법이 웹팩스를 이용하는 것이다. 웹팩스 서비스를 제공하는 기업들은 매우 다양하며 이용 패턴에 따라 회사를 선택하면 된다. 가입 즉시 팩스의 송수신이 가능하며, 해당 문서들을 DB화하여 관리할 수 있는 장점이 있다.

회사가 생기기 전에 명함이 왜 필요하지?

회사생활을 하다 보면 외부 미팅 중에 가장 먼저 하는 일이 명함 교환이다. 서로의 소개를 굳이 하지 않더라도 기본적인 정보들을 명함을 통해 알 수 있다. 상대방을 기억하기 위해 명함에 간단한 메모까지 하는 경우가 있는 만큼 명함은 본인을 각인시키는 중요한 도구이다. 스타트업의 가장 큰 애로사항은 홍보일 것이다. 가장 쉽고 단순한 마케팅 방법은 다양한 이해 당사자에게 명함을 전달하고 회사를 각인시키는 것이다. 회사가 설립되지 않은 준비단계라고 할지라도 미리 회사명을 생각하여 임시명함을 준비해보자. 인터넷을 검색하면 세련된 디자인의 명함을 5,000~10,000원 선에서 구매가 가능하다.

우편물 발송은 회사 고유 봉투로 보내자

스타트업 창업 이후 다양한 이유로 외부에 우편물을 발송하게 된다. 우편물을 받는 사람은 해당 우편물을 보낸 이를 가장 먼저 확인하는데, 이때 손글씨나 인쇄된 종이로 붙였다면 좋은 첫인상이 될 수 없다. 라벨지를 붙여서 보내는 것도 나쁘지 않은 방법이지만, 비용의 큰 차이가 없다면 회사 고유 봉투를 만드는 것을 권장하고 싶다. 기본 제작매수 500~1,000개로 많은 양이겠지만, 회사를 1년 이상 운영하면 충분히 소비할 수 있다. 회사 규모가 조금 커질 경우 종이백까지 제작하는 경우가 있는데, 활용도가 높지 않은 부분까지 투자하기 어려우니 우선 회사 고유 봉투를 제작하여 디테일을 챙겨보자.

회사 이메일 계정 그리고 문서관리

요즘 대부분의 업무는 이메일을 통해서 이루어진다. 그만큼 비즈니스 영역에서 이메일의 중요성이 높다. 이메일 계정을 무료로 제공하는 다양한 서비스업체들이 존재하지만, 계정명이 서비스회사 도메인이기 때문에 이용을 꺼린다. 하지만 다행히 이와 같은 고민을 가진 스타트업들이 활용할 수 있는 서비스들이 존재한다. 네이버, 다음, 구글 등 다수의 포털 업체들은 회사 도메인네임을 이용할 수 있게끔 서비스를 제공하고 있으며, 규모가 작은 스타트업에게 무료로 제공하는 경우가 많다. 하지만 최근 구글은 유료로 전환하는 등 몇몇 서비스 업체들이 비용을 부과하고 있으니 업체선택 전에 조사가 필요하다. 그리고 메일 공간이 한정되어 있음에 따라, 메일 용량을 확장하기 위해 유료서비스로 전환하기도 하는데 로컬에 메일을 저장할 수 있는 MS 아웃룩이나 선더버드와 같은 제품을 활용하면 좋다.

메일 이외에 고민해봐야 할 부분이 자료를 공유하고 문서를 관리하는 체계이다. 요즘은 이와 같은 시스템을 클라우드 서비스라고 불리고 있는데, 시간과 공간의 제약 없이 문서를 자유롭게 공유하는 매체로 스타트업에게는 필수적인 도구이다. 회사 내부적으로 파일서버나 NAS 서버 등을 설치하여 직접 문서를 관리할 수도 있으나, 저렴하고 안정성 높은 클라우드 서비스들이 존재하고 있으니 적극적으로 활용하였으면 한다. 현재 드롭박스, 구글 드라이브, MS 원드라이브, 아마존 AMS 서비스 등 다양한 클라우드 서비스들이 존재하고 있으며, 스타트업 환경에 맞게 선택할 수 있다.

돈을 벌기 위한 계좌 개설하기

사업자등록번호가 나오면 새로운 창조물이 나온 것이나 다름없다. 어머니의 배에서 나온 사람만 격이 있는 것이 아니라 사업등록번호로 나온 기업도 격을 갖춘다. 그렇기 때문에 사람이 가질 수 있는 많은 권리를 가질 수 있다. 그중에 하나가 법인명으로 된 통장을 개설할 수 있다는 것이다. 어느 시중 은행을 이용할지에 대해서는 주관적인 부분이라서 서술하기 어렵지만, 어느 기업이든 주거래 은행이 설정될 것이고 주거래 은행이 기업에 해줄 수 있는 혜택은 대출이 아닌가 싶다. 그런 면에서 대출조건이 가장 좋은 은행을 선택하여 계좌를 개설하여 주거래 은행으로 설정하는 것이 좋은 방법이라 생각한다. 첫 번째 만들어야 할 계좌는 법인 설립 당시 설정한 자본금을 입금할 통장이다. 요즘 계좌개설 시 온라인뱅킹 서비스들을 연결하지만, 초기 자본이고 안전하게 관리하기 위해 자본금이 입금된 계좌만큼은 창구전용 계좌를 만드는 것이 좋다. 그리고 자금 운영방법에 따라 다르지만, 입출금 계좌를 하나로 개설하기도 하며, 별도로 설정하는 경우도 있다. 입출금을 분리하여 계좌를 개설하는 이유는 회계 처리를 편리하게 처리하기 위함인데, 스타트업의 규모와 성격에 따라 결정하면 좋을 것 같다.

기본적인 세무·회계 상식은 알아야 한다

세무·회계처리를 직접 하는 스타트업 CEO의 말을 들으면, 이 업무 때문에 회사 경영이 하기 싫어진다고 얘기한다. 그만큼 골치 아프고 어려운 일이다. 그런 이유로 대부분의 기업들은 세무사 사무실에 세무·회계처리 업무를 대행한다. 세무사 사무실이 업무를 대행한다고 하지만 돈을 벌기 위해 만든 법인의 자금 흐름조차 모르고 경영을 할 수 없는 노릇이다. 또한 객관적인 수익 분석을 위해서도 기본적인 세무·회계 지식은 필요하다.

투자를 받고자 회사의 제품을 설명하는 자리에서 투자자가 다음과 같은 질문을 했다고 생각해보자. "○○○씨께서는 창업 후 3년 후까지 자기자본 이익률 10%를 달성하실 방안을 가지고 계신가요?" 이와 같은 질문을 이해하기 위해서는 회사의 자금을 총괄하는 재무제표를 이해하는 것이 중요하다.

재무제표는 크게 네 가지로 분류할 수 있다. 첫 번째 '재무상태표'에는 자산, 부채 및 자본의 재무 상태가 표기되어 있으며, '포괄손익계산서'에는 매출과 비용 및 이익을 통한 기업 성과가 기술되어 있다. 세 번째로 '자본변동표'는 자본금, 자본잉여금, 이익잉여금 등의 변동 내용이 담겨 있으며, 마지막으로 '현금흐름표'는 영업활동, 투자활동, 재무활동으로 인한 현금흐름이 나타나 있다. 재무제표를 이해한다는 것은 회사의 경영상태를 정량적으로 분석 가능하다는 것을 의미하는 것으로 경영자가 꼭 갖추어야 할 능력이다.

그러면 재무제표는 어떠한 근거로 만들어질까? 이는 매 분기 이루어지는 부가가치세 신고에 의해 작성된다. 물론 신고가 누락되거나 추가되어야 할 내용이 있다면 수시로 정정신고를 받기도 하지만 분기별로 시행되는 부가가치세 신고는 회사의 1년 농사를 결정하는 중요한 과정이다. 세무사 사무실을 통해 세무·회계업무를 대리한다고 할지라도 그 원리를 이해하지 못하면 매출·매입을 증빙하는 서류를 잘 준비하지 못하여 어려움을 겪을 수도 있다. 적어도 스타트업 설립 이전에 기본적인 세무·회계 지식을 익힐 수 있는 다양한 무료 교육 등을 통해서 경영적 마인드를 배양하도록 하자.

― Chapter 2 ―

개인사업자와 법인사업자의 차이점은 무엇이며 장단점은 무엇인가

개인사업자와 법인사업자의 장단점 알아보기

개인사업자와 법인사업자는 법인 등기를 했는지, 안 했는지에 따라 달라진다. 개인사업자의 경우 대부분 식당과 상점과 같은 자영업자들이 소규모 사업을 시작할 경우 사업자등록만으로 운영한다. 등기 절차가 필요 없는 만큼 간소하고 비용을 줄여서 설립할 수 있으며, 자금의 사용 용도에도 제약사항이 없다. 하지만 개인사업자의 경우 소득이 영세업자가 아닌 이상, 법인사업자보다 많은 소득세를 내야 하며, 대외적으로 융자 및 정부 지원 사업 등을 통한 자금 조달이 쉽지 않다. 또한 법인사업체와는 달리 경영주와 회사가 책임과 의무가 분리되지 아니하고 모든 책임이 개인사업체를 이끄는 개인에게 귀속된다. 이러한 이유로 법인사업자에 비해서 경영 상태가 양호하더라도 대외 신인도는 떨어질 수밖에 없다. 가게, 상점, 개인병원 등 소규모로 운영될 경우 적합하다 할 수 있으나, 큰 규모의 사업을 영위할 경우 법인사업자로의 전환을 고려해야 할 수도 있다.

　법인사업자의 경우 설립 당시부터 등기절차를 꼭 거쳐야 한다. 그 과정이 복잡하고 어려워 가끔 산고의 고통에 비유되기도 한다. 어머니의 배 속에서 아이가 나올 때 겪는 해산의 고통처럼 법안이 설립되는 절차가 그와 같은 고통이 따라야지만 법인이 탄생할 수 있다. 처음부터 큰 규모의 사업형태를 구상하고 있다면 개인사업자가 아닌 법인사업자로 고려하는 것이 타당하다. 최근에는 1인 법인 창립의 경우 거의 모든 절차를 온라인으로 진행할 수 있으며, 2인 이상이라고 하더라도 그 절차가 점차 간소해져서 예전에 비해서 설립 절차가 쉬워졌다. 법인사업자는 대부분 주식회사 형태로 설립되는데 일정 비율의 지분을 가진 주주들이 존재하고, 회사 내 생기는 이윤과 부채에 대해 지분만큼 유한 책임을 가지게 된다. 또한 개인사업체와는 달리 법인에서 운용되는 자금의 사용은 적법한 절차를 통해서만 사용이 가능하다. 위의 설명을 요약하면 다음의 표와 같다.

<개인사업자와 법인사업자의 비교>

	개인 사업자	법인 사업자
설립절차 및 비용	- 관할 구청의 인허가(인허가가 필요한 사업인 경우)을 받고 세무서에 사업자등록 신청	- 법원에 설립등기를 해야 하며, 등록세/채권매입비용 등 설립 비용 필요 - 보통 절차가 복잡해 법무사를 통해 업무 대리
자금 조달 및 이익분배	- 자본조달에는 한계가 있으나, 사업에서 발생한 이익을 사용하는데 제약이 없음	- 주주를 통해 자금을 조달하므로 여러 사람을 통해 자금 조달이 가능 - 자본금 입금 후 배당 등의 형태로만 인출 가능
사업의 책임성 및 신뢰도	- 사업상 발생하는 모든 문제, 부채, 손실에 대해 사업주에게 전적으로 책임	- 법인의 주주는 출자한 지분 한도 내에서만 책임 - 개인사업자에 비해 신뢰도가 높음
지속성	- 대표자가 바뀌는 경우 폐업 이후 다시 사업자등록을 내야 하므로 계속성에 한계	- 대표자가 변경되더라도 법인은 그대로 존속되므로 계속성 보장
기타	- 소규모 사업자의 경우 간단하게 세무신고 가능 - 사업자의 변동사항에 대해 세무서 등에 신고만으로 처리 가능	- 복식부기의무가 있으므로 세무회계 능력 필요 - 법인 관련 변동사항에 대해 등기 필요

개인 사업자와 법인사업자의 운영상 가장 큰 차이점은 세금이다. 위의 설명을 통해 어느 정도 감이 오겠지만, 세금 업무의 처리는 개인사업자가 법인사업자보다 훨씬 편하다. 하지만 편하다고 다 좋은 것만은 아니다. 단순한 회계가 적용되는 만큼 소득에 대한 세금 비율이 높다. 개인사업자의 경우 소득에 대해서 종합소득세가 부과된다. 이는 일반 개인이 회사에 귀속하여 급여를 받는 것과 마찬가지라고 할 수 있다. 반면, 법인사업자의 경우 법인세가 부과된다. 법인세의 세율은 회사의 규모, 위치, 종업원 수 등 다수의 요인들이 결합되어 결정되며 그만큼 처리 과정이 복잡하다. 최근 창업장려 및 채용증진을 위해 중소기업의 법인세 인하 정책이

지속적으로 시행됨에 따라, 비용이 상대적으로 저렴해지고 있음에 따라 사업규모가 어느 정도 된다면 절세를 위해 개인사업자보다 유리하다.

<개인사업자와 주식회사 세율 비교>

	개인사업자(소득세)	주식회사(법인세)
세율	1,200만 원 이하: 6% 4,600만 원 이하: 15% 8,800만 원 이하: 24% 1억 5,000만 원 이하: 35% 1억 5,000만 원 초과: 38%	2억 원 이하: 10% 200억 원 이하: 20% 200억 원 초과: 22%

법인사업자로의 전환 딜레마

사업 초창기에는 사업의 확장성을 고려하지 않다가 규모가 점차 커짐에 따라, 개인사업자에서 법인사업자로의 전환을 고민하게 되는 경우가 많다. 특히 스타트업의 경우 소규모 조직으로 운영되다가, 좋은 사업 기회를 맞이하게 되는 경우 전환을 고려하게 되는데 이때 세금 등과 같은 몇 가지 측면에서 고려해봐야 할 내용들이 있다.

첫 번째 고려사항은 개인사업자에서 법인사업자로의 전환 시, 개인사업자는 폐업절차를 거쳐야 한다는 사실이다. 물론 개인사업자를 폐업하지 않고 법인사업체를 설립하는 것도 상관없으나, 업무의 연속성을 위해서는 폐업이 타당하다고 본다. 이를 위해서는 전 사업과의 연속성을 위해 준비해야 할 사항들이 다수 있으니 꼼꼼히 챙겨야 한다. 특히 개인사업자 시기에 보유하고 있던 재산을 전환할 법인사업자와 사업양수도 계약을 체결해야 하는데 다양한 사항들을 고려해야 한다. 포괄적 양수도계약을 해야 할지 개별적 양수도계약을 할지 여부, 양수도가액 결정, 주주총회 및 이사회 결의 등에 대해 철저히 준비해야 한다. 일단, 법인사업자로의 전환 이후에는 설립 등기사항의 변경사항이 있을 경우, 일정 구비서류를 갖추면 변경 신고를 통해 처리가 가능하다.

두 번째 고려 측면은 동업자와의 주식배분 문제이다. 개인사업자로의 운영 시, 이익 배분은 별도의 계약이나 신뢰에 의거해서 처리 가능했다면, 법인으로 설립하는 순간 법적 테두리 안에서 처리해야만 한다. 동업자와 자본금 설정 및 지분 배분문제 등에 대해서 합리적인 논의과정을 거쳐서 문제없이 처리해야만 한다.

마지막은 원칙적인 고민이다. 정말, 개인사업자에서 법인사업자로의 전환이 필요한 것인가 고민해보는 것이다. 개인사업자로써 매출이 급격히 증대하다 보면 세금 감면 등의 측면을 고려하여 법인사업자로의 전환이 타당하다고 생각이 들 수도 있다. 하지만 전환 이후에 생각지 않았던 비용이나, 세금, 법적 문제 등이 다수 발생할 수 있으니 전환 이전에 면밀한 검토가 필요하다.

— Chapter 3 —
1인 창업과 공동 창업의 절차와 운영방법은 어떻게 다른가

지금 이 책을 읽고 있는 독자는 어떤 사업을 꿈꾸고 있는지 모르겠다. 누군가는 '페이스북'의 저커버그를 꿈꾸고 있을 것이며, 어떤 이는 IT 업계의 전설 스티브 잡스를 꿈꾸는 사람도 있을 것이다. 사람들에게 각인된 인물은 CEO 한 명의 이름이겠지만, 지금의 기업을 혼자 일궈놓은 것이 아니며, 협력과 동업 통해 이루어진 것이다.

그렇다고 1인 창업이 나쁜 것만은 아니다. 아무것도 없이 무에서 유를 창조해야 하는 과정에서 능력 있는 파트너를 만난다는 것은 천운에 가깝다. 그런 의미에서 스타트업의 시작은 본인이 무엇이든지 해결해 나가려고 하는 도전정신이 밑바탕 되어야 한다. 동업자가 없는 만큼 적은 자본으로 본인이 생각하는 다양한 아이템을 시도해볼 수 있고, 의사결정도 빠르게 할 수 있다. 또한 정부에서는 1인 창조기업에 대해서 마케팅 지원, 비즈니스센터 공간 무상대여 등 다양한 육성정책을 펼치고 있다. 이와 같은 움직임은 비단 한국

뿐만 아니라 스타트업 선진국인 미국과 유럽을 비롯한 다양한 국가에서도 마찬가지이며, 실제 1인 기업이 공동 창업 업체보다 더 높은 경쟁력을 가지고 있는 기업도 다수 있다.

하지만 이러한 장점에도 불구하고 공동 창업에 대한 필요성은 스타트업 생태계에서 더욱 강조되고 있다. 예를 들어, 사업모델로 모바일 애플리케이션을 고려한다고 했을 때, 본인이 가지고 있는 아이디어가 아무리 뛰어나다고 할지라도 기획, 개발, 디자인, 마케팅까지 완벽히 해낼 수 없다. 물론 천재적인 기질로써 모든 문제가 해결 가능한 사람이라고 할지라도 자본조달에 있어서 공동 창업보다 더 어려움을 겪을 수 있다. 실제 벤처투자자들은 1인 창업기업에게는 투자를 거의 하지 않는다. 공동 창업보다 성공확률이 낮을뿐더러 사업 과정에서 발생할 수 있는 다수의 장벽들을 혼자 넘어가기에는 힘들다고 판단하기 때문이다. 연구조사 결과에 따르면, 사업이 일정 규모로 커지는 시간을 계산할 경우 1인 창업의 경우 약 70개월 소요되었으나, 2인 창업의 경우 약 20개월로 상당 시간 단축된다고 보고되고 있다. 이는 사람마다 다른 역량을 가지고 있으며, 이들의 결합을 통해 시너지 효과가 발휘된다는 사실의 증거이기도 하다.

종종 공동 창업 또는 동업이 위험성이 있다고 얘기를 들은 적이 있을 것이다. 이는 동업으로 사업성과가 가시적으로 나타나지 않을 때, 창업자 간의 책임소재를 묻게 되고 회사 경영을 벗어나 인간관계까지 발전하며 어려움에 빠진다는 인식 때문이다. 하지만 이를 위해서는 동업 초창기부터 안전장치를 마련할 필요가 있다. 과거 동업형태를 보면, 협력자 간 업무의 역할이 서로 중첩되는 경우가 많았다. 이 경우, 해당 업무마다 중복으로 점검하여 실수를 줄일 수도 있지만, 의사결정이 느리고 많은 업무를 짧은 시간에 처리해야 하는 스타트업 생태계에서는 어울리지 않는다. 이에 요즘은 동업자 간의 역할과 책임을 달리하는 경우가 많다. 조금 더 사업이 확장이 될 경우, 'C 레벨' 책임자를 만들어 업무를 분할하기도 한다. 여기서 'C'는 영어의 'Chief'를 뜻하는 단어로써, 최고경영자를 CEO(Chief Executive Officer), 최고기술책임자 CTO(Chief Technology Officer), 최고재무책임자를 CFO(Chief Financial Officer) 등으로 나누어 운영하는 회사의 형태를 말한다.

PART 3

스타트업 동업하기

Chapter 1
들어가며

스타트업에서 동업과 동업계약서는 왜 필요한가

　대부분의 스타트업은 성장 가능성이 있음에도 경험과 자본, 전문성 부족으로 인해 안정기에 이르지 못하는 경우가 많다. 경쟁이 치열해지면서 연구개발·마케팅·영업 등 사업에 필요한 모든 분야가 세분화 및 전문화되고 있다. 또한 변화의 속도 또한 빨라지고 있기 때문에 해당 분야의 전문가가 아니면 이러한 변화를 읽어내기가 어려워 1인 사업자 혼자서 사업에 필요한 모든 분야를 감당하기란 불가능한 상황이다. 결국 스타트업의 성공을 위해서는 다른 분야에 전문성을 가진 사람과의 동업이 필수인 것이다.

　아직 우리 사회에서의 동업은 대부분 친구나 지인 등 가까운 사이에서 이루어지고 있고, 이 경우 '계약서'는 껄끄러운 존재가 된다. 계약서의 필요성은 인정하는데 계약서를 작성하자는 말을 꺼내기는 어려운 것이다. 특히 동업자 사이가 가까울수록 계약서를 작성하자고 하는 것은 상대방을 믿지 못해서라고 비칠 수 있기 때문에 더더욱 망설이게 된다.

그러나 동업의 성공 여부를 미리 점칠 수 있는 중요한 지표 중 하나가 동업자들 사이에 권한과 책임이 얼마나 명확하게 정해져 있는가 하는 점이다. 책임과 권한이 불명확할 경우 동업자들 사이에는 불만 또는 의견대립이 발생할 여지가 많고, 결국 동업관계는 파탄으로 이르게 되는 것이다. 아무리 가까운 사이라 할지라도 의견 분열이나 분쟁이 발생하지 않을 것이라는 '신뢰', '정'에만 기초한 관계는 허약할 수밖에 없다.

경험과 자본·전문성 등의 결합을 통한 동업이야말로 창업의 성공 가능성을 높인다 할 것이고, 성공의 가능성을 높이는 동업은 동업자 사이의 권한과 책임을 명확히 규정해 놓은 동업계약서가 존재할 때만 빛을 발할 수 있을 것이다.[1]

스타트업에 관련된 동업계약은 어떤 유형이 있는가

동업계약의 유형

동업계약同業契約이란 2명 이상이 금전이나 그 밖의 재산(금전 이외의 재산) 또는 노무(노동력) 등을 출자하여 공동사업을 경영하기로 약정하는 것을 말한다. 동업의 유형을 각 동업자들의 출자형태와 책임 범위에 따라 분류하자면, 개인사업자들의 함께 모인 ① 민법상의 조합계약, ② 상법상 익명조합계약, ③ 상법상 합자조합계약

---

[1] 이하에서 살펴볼 내용은 '법제처(2015), 『동업계약』, 찾기 쉬운 생활법령정보, 1월.'을 참고하여 작성한 것이다.

이 있으며, 회사 형태로 운영하는 경우에는 ④ 합명회사 또는 합자회사의 형태로 구성할 수도 있다. 위 동업체는 동업자들의 신용을 기반으로 이루어지는바, 원칙적으로 동업관계에서 발생한 채무 등 전부 함께 책임져야 한다(단, 합자회사의 경우, 일부 책임을 제한할 수도 있는바 이는 뒤에서 살피기로 한다). 그 밖에도 동업자들이 우리가 흔히 알고 있는 ⑤ 주식회사를 설립하자고 합의를 할 수도 있으나, 주식회사는 위 동업체들과 달리 동업자들의 신용을 기반으로 설립되는 것이 아니라 주식을 인수하고 주금을 납부하는 절차 등을 통해 마련된 자본을 기반으로 설립되는바, 다소 성격을 달리한다. 아래에서는 회사를 제외한 동업체를 살피고, 특히 주식회사에 대한 내용은 PART 4에서 살피기로 한다.

> **사례 연구** | 동업계약의 내용은 동업 당사자가 아닌 제3자에게도 무조건 적용되는가?
>
> **문제** | A와 B가 민법상 익명조합계약의 형태로 동업 계약을 체결하되 계약 내용 중 '동업하면서 발생한 채무는 무조건 B가 부담하기로 한다'고 한 상황에서, A와 B가 만든 동업체에 물품을 납품한 C가 돈을 못 받았다면 C는 A와 B 사이의 체결한 계약 내용에 따라 B에게만 돈을 달라고 할 수 있는가.
>
> **해결** | 원칙적으로 동업계약은 당사자 간의 자유로운 계약 내용에 따라 위 4가지 형태로 구분될 수 있지만, 어느 경우이든 '동업체의 외부관계(즉, 동업 당사자를 제외한 제3자와의 관계)'에 관련하여 특별히 마련된 법규정들은 동업 당사자 사이의 계약 내용으로 변경할 수 없다는 점을 유의하여야 한다.

위 사안이 대표적인 사례라 할 수 있는데, C는 A와 B 중 B에게만 돈을 달라고 할 수 있는 게 아니라 C는 민법 제712조에 의거 일정한 요건만 갖춘다면 A와 B의 계약 내용과 무관하게 A와 B에게 받아야 할 돈을 달라고 할 수 있다.

또 다른 예로 익명조합계약의 경우 익명조합원은 제3자에 대해 권리나 의무가 없는 것이 법률상 원칙인데(상법 제80조), 만약 영업자의 특정한 영업행위에 관련된 책임을 익명조합원이 부담한다는 규정을 둔다 하더라도, 이 규정에 근거하여 영업자가 익명조합원에게 책임을 물을 수는 있어도 제3자가 직접 익명조합원에게 책임을 이행하라고 청구할 수 없는 것이다.

이와 같이 동업체의 외부관계를 규정한 법규정의 예를 들면, ① 조합계약에 관한 민법 제712조(조합원에 대한 채권자의 권리행사), 제713조(무자력조합원의 채무와 타 조합원의 변제책임), 제714조(지분에 대한 압류의 효력), ② 익명조합에 관한 상법 제80조(익명조합원의 대외관계), 제81조(성명, 상호 사용허락으로 인한 책임), ③ 합자조합에 관한 상법 제86조의 4(등기), 제86조의 6(유한책임조합원의 책임) 등이 있다.

민법상 조합계약(동업자 사이에 동일한 조건으로 체결한 동업계약)

민법상 조합계약은 2인 이상의 동업자가 금전 기타 재산이나 노무를 상호 출자하여 공동사업을 경영할 것을 약정한 계약을 말한다(민법 제703조). 동업자 모두 자본이나 노무를 출자하는 형태로써, 일반적인 형태의 동업계약이라 할 수 있다. 상호 출자를 하여야 하므로 아무것도 출자하지 않는 동업자가 있으면 조합계약으로 볼 수 없다.

민법상 조합계약의 경우 동업체는 계약조건에 따라 운영되지만, 계약에 기재되지 않는 부분이나 분쟁 등은 민법의 조합에 관한 규정(민법 제703조 이하)에 따라 규율된다.

상법상 익명조합계약(자본을 출자하는 동업자 + 출자재산은 영업자 소유)

상법상 익명조합匿名組合계약은 당사자 일방('익명조합원')이 상대방('영업자')의 영업을 위하여 출자하고 영업자는 그 영업으로 인한 이익을 익명조합원에게 분배할 것을 약정하는 계약이다(상법 제78조). 동업자 중 한 당사자는 노무(또는 노무와 자본)를 출자하고 다른 당사자는 자본만을 출자하되, 출자재산은 노무를 출자하여 영업을 담당하는 동업자가 소유하기로 하는 형태이다.

익명조합원은 출자만 할 뿐 직접 사업을 경영하지 않으며, 사업은 영업자가 독자적으로 경영하게 된다. 예를 들어, 음식점을 차려 운영하고자 하는 A가 B로부터 일정 금액의 투자(출자)금을 받고 수익이 생기면 나누어 주기로 하는 형태로써, B는 공동사업자로 등록하거나 영업활동에 나서지 않는 이상 제3자가 볼 때에는 A가 단독 운영자이자 투자금의 소유자로 되는 것이다.[2]

이처럼 익명조합은 그 명칭이 '조합'임에도 불구하고 공동사업을 경영하는 것이 아니라 익명조합원이 단순히 투자를 하고 사업이익만을 나누는 것이므로, 민법상 조합에 관한 규정이 적용될 여지가 없다. 오히려 익명조합원이 사업자금을 빌려주는 것(금전 소비대차)과 유사한데, 사업상 손실이 발생할 경우 익명조합원은 이익 배분은 물론 출자금 원금조차 상환받지 못하게 될 수 있다는 점에서 소비

---

2 영화제작사가 영화제작비를 조달하기 위해 투자자를 모집하는 경우가 있는데, 이러한 경우 투자금은 영화제작사의 단독소유가 되고 영화제작 및 판매도 영화제작사가 단독으로 수행하며, 다만 투자자는 내부적인 관계에서 투자에 따른 수익 또는 일정한 반대급부(영화예매권 등)만을 받게 된다. 최근 개봉한 '연평해전'이나 '귀향'과 같이 투자자가 일정한 반대급부를 받는 크라우드 펀딩 역시 이러한 형태로 볼 수 있다.

대차와는 구별된다.

이와 같은 형태의 경우 동업체는 계약조건에 따라 운영되지만, 계약에 기재되지 않는 부분이나 분쟁 등은 상법의 익명조합에 관한 규정에 따라 규율된다(상법 제78조 이하).

상법상 합자조합계약(자본만 출자하는 동업자+출자재산은 공동소유)

상법상 합자조합계약은 조합의 업무집행자로서 조합채무에 대하여 무한책임[3]을 지는 조합원과 출자가액을 한도로 유한책임을 지는 조합원이 상호 출자하여 공동사업을 경영할 것을 약정함으로써 성립하는 계약이다(상법 제86조의 2). 즉, 익명조합과 달리 출자재산이 동업자의 공동소유(합유)가 되는 형태로써, 유한책임조합원도 회사의 구성원으로서 조합원의 지위를 가지고, 대외적으로도 출자액 한도 내에서 직접 책임을 부담하게 된다.

이처럼 합자조합계약은 조합원의 지위를 가지면서도 대외적인 책임이 제한되는 유한책임조합원이 존재하기 때문에, 상법에서는 합자조합계약에 반드시 기재해야 할 사항을 정하고 있을 뿐만 아니라 설립 및 변경 시 등기를 하도록 규정하고 있다.

합자조합계약의 예로는 A가 가지고 있는 오징어잡이 등불용 유리 제조기술이 투자가치가 있다고 판단한 재력가 B가 자금을 투자하기로 하고 그 자신도 조합원이 되는 동업체를 만들되, A가 생산 및 영업을 전담하는 업무집행조합원이 되고 B는 동업체의 구

---

3 조합재산으로 변제할 수 없는 채무에 대해 조합원이 자기 개인의 재산으로 변제책임을 지는 것.

성원으로서 투자금액 한도에서만 책임을 지는 유한책임조합원이 되기로 약정하는 형태를 들 수 있다.

이와 같은 형태의 경우 동업체는 계약조건에 따라 운영되지만, 계약에 기재되지 않는 부분이나 분쟁 등은 상법의 합자조합에 관한 규정에 따라 규율된다(상법 제86조의 2 이하).

상법상의 회사를 설립하기로 하는 계약

회사를 만들기로 하는 동업계약이 있을 수도 있는데, 이러한 경우 상법상 합명회사, 합자회사에 관한 규정에 따라 규율된다. 합명회사는 회사채권자에 대해 사원 전원이 직접 연대해 무한책임을 지는 형태의 회사를 의미하고, 합자회사는 무한책임사원과 유한책임사원으로 구성되는 형태의 회사를 의미한다.

<동업계약의 유형 비교>

	조합계약	익명조합	합자조합
당사자	조합원 2명 이상	영업조합원, 익명조합원	업무집행조합원, 유한책임조합원
출자의무자	조합원 전원	익명조합원 (영업자는 출자의무 없음)	조합원 전원
출자목적물	금전, 재산, 노무	금전, 재산 (영업자가 주로 노무를 제공)	업무집행조합원: 금전, 재산, 노무 유한책임조합원: 금전, 재산
영업형태	공동경영	영업조합원 단독영업	업무집행조합원 단독영업
책임형태	무한 책임	영업자: 단독, 무한 책임 익명조합원: 책임 없음	업무집행조합원: 무한책임 유한책임조합원: 출자 한도
소유형태	합유	영업자 단독 소유	합유
등기 요부	불필요	불필요	등기의무

— Chapter 2 —
동업계약의 체결

동업계약의 권리규정 개관

동업계약의 권리규정은 각 당사자가 공동으로 사업을 경영하기 위하여 출자를 한다는 기본 골자를 구체화하는 것이다. ① 동업자 간의 출자에 관한 사항(출자할 재산이나 노무의 종류와 수량, 출자시기, 출자재산 또는 노무의 평가가액과 지분[4] 등을 규정), ② 공동사업의 경영에 관한 사항(공동사업의 상세 내용과 역할분담, 업무집행자의 지정 또는 선출 방법과 업무집행방법, 공동사업에 관한 의사결정 방법이나 동업자 전부의 동의로 진행해야 하는 업무 및 그 범위 등), ③ 손익분배에 관한 사항(동업자 간 손실 또는 이익분배 비율 및 분배방법과 시기 등) 등 동업체를 만들고 운영하면서 필요한 사항을 최대한 자세히 기재해야 한다.

나아가, 동업으로 특정 기술이나 노하우 등 재산적 가치가 있는

---

[4] 출자재산이 금전 외의 재산이나 노무인 경우 그 가치의 객관적 지표가 없으므로 당사자의 합의로 그 평가액(=지분)을 계약서에 기재해 두는 것이 분쟁을 방지할 수 있다.

정보나 자료를 보유하게 되는 경우, 또는 동업자 중 1인이 그와 같은 정보나 자료를 출자의 목적물로 삼고 공동사업의 운영이 그와 같은 정보와 자료의 가치에 의존하고 있는 경우에는 ④ 기밀유지에 관한 특약도 기재하는 것이 좋다.

또한 경우에 따라서는 동업자 중 1인이 공동사업과 이해관계가 상충되거나 경쟁 관계에 있는 다른 업무에 종사하지 못하도록 ⑤ 경업금지 규정도 고려해야 할 것이다.

그 밖에 ⑥ 동업자가 동업체에서 탈퇴할 수 있는지(3인 이상의 동업자가 있는 경우[5]), ⑦ 지분 또는 동업자 지위의 양도가 가능한지 아닌지, ⑧ 사업종료 시 잔여재산의 분배에 관한 사항, ⑨ 손해배상 등 제3자에 대한 책임이 발생한 경우 내부적인 책임 분담비율을 정하는 규정 등을 고려해 볼 수 있다.

동업계약서의 기재 내용

동업계약서는 정해진 양식은 없으나, 일반적으로 아래와 같이 상법 제86조의 3 규정에서 정한 항목을 기초로 위에서 본 내용들을 추가하는 방식으로 작성하는 것이 좋다.

---

[5] 2인 동업체의 경우 1인의 탈퇴로써 동업계약이 해지되지만, 3인 이상의 동업자가 있는 경우에는 탈퇴를 하더라도 잔존하는 동업자 사이에서 동업계약은 유효하게 존속하므로 탈퇴에 관한 규정이 필요할 수 있다.

- 동업하는 사업 목적 및 내용
- 동업체의 명칭
- 동업자의 성명 또는 상호, 주소 및 주민등록번호
- 주된 영업소의 소재지
- 동업자별 출자방법 및 출자금액
  : 출자대상물이 금전 그 밖의 재산인지 노무인지
  : 출자대상물이 금전일 경우 출자시기, 출자금액, 출자방식
  : 출자대상물이 금전 아닌 재산이거나 노무일 경우 그 평가가액
  : 출자일에 출자를 하지 않을 경우의 손해배상 등 책임에 관한 사항
  : 추가 자본조달(유상증자 등)이나 사업내용 추가 또는 변경의 경우 지분 조정 등
- 동업하는 사업의 경영방법에 관한 사항
  : 동업자별 역할분담, 업무집행자를 둘 경우 그 지정 또는 선출 방법
  : 의사결정의 방법에 관한 사항(전부 동의, 지분의 과반수, 구성원의 과반수 등)
- 동업자별 손익분배에 관한 사항
  : 사업으로 이익이 발생한 경우 그 분배비율, 분배방법 및 분배시기
  : 사업으로 손해가 발생한 경우 그 부담방법, 부담비율 및 부담시기
- 지분의 양도에 관한 사항
  : 지분의 양도를 인정할 것인지 여부(제3자에게 양도 가능한지 여부 포함)
  : 지분의 양도방법 또는 절차(통지 등) 및 양도금액(지분의 일부 양도 등)

: 지분을 양도할 경우 손익분배 및 재산분배에 등에 관한 사항
- 계약의 파기에 관한 사항
- 동업체 해산 시 잔여재산의 분배에 관한 사항
　　: 해산 시 잔여재산이 있는 경우 분배방법 및 시기
　　: 해산 시 손해가 있는 경우 부담방법
- 동업체의 존속기간이나 해산사유에 관한 사항
- 계약의 효력 발생일
- 특약사항
　　: 기밀유지, 경업금지 등
- 분쟁의 해결에 관한 사항
　　: 계약 위반 시 손해배상책임
　　: 분쟁 발생 시 관할법원 등

사례 연구 | 동업체와 관련하여 필수적인 기술이나 노하우를 가지고 있는 동업자가 경쟁업체를 운영하고자 하거나 탈퇴를 원할 경우에 대비한 계약조항은 무엇인가?

문제 | A는 음식점 개업에 필요한 자금을 투자하고 가게 관리 등 전반적인 운영을 담당하기로 하였고, B는 주방을 맡아 음식 조리에 관한 모든 업무를 담당하기로 하였는데, 음식점이 잘 되자 B가 2호점을 개설하여 독립하려는 상황이 발생할 경우에 대비하는 특약사항에는 어떤 것이 있는가?

해결 | ① 동업관계인 A와 B 중 누구도 상대방의 동의 없이는 경쟁업체를 설립할 수 없다. 인근 상권에서 경쟁업체를 설립할 경우 일방 당사자는 계약을 해지할 수 있고, 이 경우 책임이 있는 당사자는 ○원을 손해배상금으로(또는 손해사정인의 계산에 따른 손해배상금을) 지급해야 한다. ② 어느 일방의 귀책사유로 인해 사업을 중단해야 할 경우, 상대방은 반드시 영위했던 사업 내용에 부합하는 능력과 노하우를 전수해주어야 하고, 이를 대체할 수 있는 자본을 투여해주거나 그에 상응하는 제3자를 찾아주어야 한다.

사례 연구 | 전문경영인과 동업을 할 경우 필요한 계약조항에는 어떤 것이 있는가?

문제 | 커피전문점을 운영하던 A는 자금을 투자하여 다른 지역에 친구인 B와 동업으로 커피전문점을 운영하되 B에게 경영을 맡기고자 한다. 그런데 B가 동업체의 돈을 횡령하거나, B가 동업체를 독자적으로 운영하겠다고 할까 봐 걱정이다. 이와 같은 경우 동업계약서에 어떤 내용이 필요한가?

> **해결** | ① 전문적으로 경영을 책임진 자(B)는 정기적인 제3자(또는 동업자인 A)의 감사를 통해 경영내용의 투명성을 객관적으로 증명하여야 하며, 횡령이나 배임 등의 문제가 발생했을 경우 이에 해당하는 금액을 손해배상으로 지급해야 한다. ② 전문경영인으로서 경영 책임을 맡은 자는 해당 업장에 대한 지분이 전혀 없다. 다만, 매월 성과를 평가하여 사업목표치에서 ○% 이상의 이득을 초과 달성한 경우 그 초과이익의 ○%를 인센티브로 지급한다.

동업계약서의 진정성 확보 방안

동업계약서는 동업자들 전원이 자필서명 또는 기명날인(인감도장)을 하고, 인감증명서를 첨부하는 것이 좋다. 분쟁이 발생할 경우 계약서를 작성한 사실이 없다는 등의 주장을 하는 경우가 있는데, 자필서명을 하면 필적확인을 통해 그 진정성을 인정받을 수 있고, 인감도장을 날인하고 인감증명서를 첨부하면 단순한 서명이나 막도장이 찍힌 문서보다 훨씬 더 공신력이 인정될 수 있다. 여기에서 더 나아가 공증을 받아 놓으면 계약의 진정성을 인정받기가 더욱 용이하다.

동업계약의 중도 파기

동업자가 계약서에 기재한 내용(주로 출자의무)을 이행하지 않거나 지체한 경우 다른 동업자는 계약을 해제 또는 해지할 수 있다.

동업계약의 해제와 해지

계약의 해제는 동업계약 체결 후 동업계약 당사자 중 어느 한쪽이 일방적인 의사표시로써 계약의 효력을 소멸시켜 그 계약이 처음부터 없었던 것과 같은 상태로 만드는 것을 말한다. 상대방이 동업계약의 이행을 지체하는 경우, 상대방의 귀책사유로 이행할 수 없게 된 경우에 계약을 해제할 수 있다.

계약의 해지는 동업계약 체결 후 동업계약 당사자 중 어느 한쪽이 일방적인 의사표시로 계약의 효력을 소멸시켜 그 계약이 장래에는 효력이 없게 하는 것을 말한다. 해제에는 소급효가 있으나 해지에는 장래효만 있다는 점이 다르다. 해제와 마찬가지로 이행지체와 이행불능의 경우에 계약을 해지할 수 있다.

파기의 방법

동업계약을 해제 또는 해지할 때에는 먼저 동업자에게 계약을 이행할 것인지 여부를 확인하는 내용 또는 계약의 이행을 요구하는 내용의 서면을 발송하고(최고), 이행 기한까지 이행하지 않을 경우 계약을 해제 또는 해지한다는 내용의 서면을 다시 한 번 발송하는 것이 좋다(해지). 이때의 서면은 추후 분쟁에 대비하여 내용증명으로 발송하는 것이 좋다.

― Chapter 3 ―
동업계약에 따른 사업 준비

출자의무의 이행

출자란 사업을 영위하기 위한 자본으로써, 금전이나 그 밖의 재산 또는 노무를 출연하는 것을 말한다. 금전을 출자하기로 한 조합원은 약정에 따른 출자시기를 지켜야 하며, 출자를 지체한 경우에는 연체이자를 지급해야 할 뿐만 아니라 지체로 인한 손해가 발생할 경우 그 손해도 배상해야 한다.

민법상 조합계약인 경우 출자는 금전 그 밖의 재산 또는 노무, 그 어떤 것으로도 할 수 있으며, 동업약정에 따라 이행하면 된다.

상법상 익명조합계약인 경우 익명조합원은 금전 기타 재산만을 출자할 수 있고, 노무를 출자할 수는 없다. 영업자는 원칙적으로 출자의무를 부담하지 않으나, 원한다면 할 수 있다(일반적으로 노무인 경우가 많음. 다만, 자신의 영업을 위한 것이어서 엄격한 의미의 출자와는 다름). 상법상 합자조합계약인 경우 업무집행조합원의 출자 형태에는 제약이 없으나, 유한책임조합원은 금전 기타의 재산 출자만 가능하다.

사례 연구 | 동업자 중 1인의 명의로 대출을 받아 사업자금으로 사용한 경우, 원리금 부담의무는 어떻게 분담해야 하는가?

문제 | A는 친구 2명과 공동으로 피트니스센터를 운영하기로 하였다. 다만 사업 일정상 친구들이 당장 사업자금을 마련하는 것이 어려워 일단 A의 집을 담보로 대출을 받아 사업자금으로 사용하였다. 동업계약서에는 손익분배비율을 균등하게 한다는 내용만 있을 뿐, 별도로 출자금의 부담비율에 대해서는 기재하지 않았다. A는 동업자들에게 대출원리금을 받을 수 있는가?

해결 | 동업자 간의 손익분배 비율을 균등하게 정하고 있다면 특단의 사정이 없는 한 위 대출금에 대한 출자비율은 균등한 것으로 추정되므로, 계약서에 출자비율에 대한 내용을 기재하지 않았더라도 손익분배비율에 따른 금액을 다른 동업자들로부터 받을 수 있다.

관련 판례 | [대법원 1986.3.11. 선고 85다카2317 판결] 동업자들이 처음부터 각자 자기 몫의 출자를 하는 통상적인 경우가 아니라 동업자 중 1인의 부동산을 담보로 한 융자금을 전체출자금으로 삼아 위 차용금으로서 동업체의 운영경비 일절에 충당키로 약정한 외에 달리 실질적인 출자약정을 한 바 없으나 동업자 간의 손익분배 비율을 균등하게 정하고 있다면 특단의 사정이 없는 한 위 차용금액에 의한 출자비율은 균등한 것으로 추정함이 타당하다.

출자재산의 소유형태 및 관리

동업자의 합유

민법상 조합계약인 경우와 상법상의 합자조합계약인 경우 출자재산은 동업자의 합유가 된다(민법 제704조, 상법 제86조의 8 제4항). 합유란 법률규정이나 계약에 의해 여러 사람이 조합체로서 물건을 소유하는 공동소유의 한 형태를 의미한다.[6]

합유물인 출자재산을 처분 또는 변경할 경우 동업자 전원의 동의가 있어야 하며, 다만 출자재산에 대한 보존행위는 동업자 각자가 할 수 있다(민법 제272조). 또한 동업자는 출자재산의 분할을 청구할 수 없으며, 전원의 동의 없이 출자재산에 대한 지분을 처분하지 못한다(민법 제273조).

나아가, 조합의 재산과 조합원 개인의 재산은 구별되기 때문에, 조합의 채무자는 그 채무와 조합원에 대한 채권으로 상계하지 못한다(민법 제715조).

영업자의 단독 소유

상법상 익명조합계약인 경우 출자재산은 영업조합원 단독소유가 된다(상법 제79조). 대외적으로 영업자 단독소유이기 때문에 출자재산의 처분 등 관리행위 역시 영업자가 단독으로 처리할 수 있다.

출자재산이 영업조합원의 단독소유인 이상, 영업자가 출자재산을

---

6 공동소유의 다른 형태로 공유가 있는데, 공유의 경우 각 공유자가 자신의 지분을 자유로이 타인에게 양도할 수 있고 공유자 중 분할을 희망하는 사람이 있는 경우 분할을 해야 한다는 점에서 차이가 있다.

임의로 소비하더라도 그로 인한 손해배상책임은 별론으로 하고, 형사상 횡령죄는 성립할 수 없다(대법원 2011.11.24. 선고 2010도5014 판결).

> **사례 연구** | 익명조합의 영업조합원이 조합재산 처분으로 얻은 대금을 임의로 소비한 경우 횡령죄가 성립하는가?
>
> **문제** | A와 B는 특정 토지를 매수하여 전매한 후 전매이익금을 나누기로 약정하고, B가 자금을 조달하여 토지를 매수한 후 A 명의로 소유권이전등기를 경료해 두었다. 그런데 A는 위 토지를 제3자에게 임의로 매도한 후 B에게 지분에 따른 전매이익금을 반환해주지 않았다. A는 횡령죄의 죄책을 부담하는가?
>
> **해결** | 익명조합계약에 해당하는 이상 B가 출자한 자금 및 그 자금으로 매수한 토지는 모두 A의 단독소유이고, 따라서 A는 B의 재물을 보관하는 지위에 있지 않아 횡령죄가 성립하지 않는다.
>
> **관련 판례** | [대법원 2011.11.24. 선고 2010도5014 판결] 피고인이 갑과 특정 토지를 매수하여 전매한 후 전매이익금을 정산하기로 약정한 다음 갑이 조달한 돈 등을 합하여 토지를 매수하고 소유권이전등기는 피고인 등의 명의로 마쳐 두었는데, 위 토지를 제3자에게 임의로 매도한 후 갑에게 전매이익금 반환을 거부함으로써 이를 횡령하였다는 내용으로 기소된 사안에서, 갑이 토지의 매수 및 전매를 피고인에게 전적으로 일임하고 그 과정에 전혀 관여하지 아니한 사정 등에 비추어, 비록 갑이 토지의 전매차익을 얻을 목적으로 일정 금원을 출자하였더라도 이후 업무감시권 등에 근거하여 업무집행에 관여한 적이 전혀 없을 뿐만 아니라 피고인이 아무런 제한 없이 재산을 처분할 수 있었음이 분명하다.

> 그러므로 피고인과 갑의 약정은 조합 또는 내적 조합에 해당하는 것이 아니라 '익명조합과 유사한 무명계약'에 해당한다고 보아야 한다는 이유로, 피고인이 타인의 재물을 보관하는 자의 지위에 있지 않다고 보아 횡령죄 성립을 부정.

영업준비 - 영업신고 및 사업자등록 등

영업신고 및 영업허가

영업을 하기 위해서는 동업으로 영위하고자 하는 사업의 종류에 따라 해당 법령의 규정에서 정하고 있는 신고 또는 허가를 거쳐야 한다.

영업신고는 일정한 영업을 하려는 사람에게 영업 종류별 또는 영업소별로 지자체장 등에게 신고를 하도록 하는 행정행위를 말하며, 영업허가는 일반적으로 금지된 영업에 대해 일정 요건을 갖춘 경우 그 금지를 해제해 적법하게 영업을 할 수 있도록 해주는 행정행위를 말한다.

<신고 또는 허가를 받아야 하는 대표적인 업종 및 신고절차를 규정하고 있는 법령>

업종		관계 법령	내용
식품관련업종	식품조사처리업 단란주점영업 유흥주점영업	식품위생법 (시행령 제23조)	영업허가 (식약처장, 지자체장[7])
	즉석판매제조·가공업, 식품운반업, 제과점영업 식품소분·판매업, 식품냉동·냉장업, 용기·포장류 제조업, 휴게음식점영업, 일반음식점영업, 위탁급식영업	식품위생법 (시행령 제25조)	영업신고 (지자체장)
	식품제조·가공업 식품첨가물제조업	식품위생법 (시행령 제26조의 2)	등록 (지자체장)
	수산물가공업	식품산업진흥법 제19조의 5	신고 (해수부장관, 지자체장)
식품관련업종	축산물가공업	축산물위생관리법 제22조	허가(지자체장)
	건강기능식품제조업	건강기능식품에관한법률 제5조	허가(식약처장)
학원, 교습소		학원의 설립·운영 및 과외교습에 관한 법률 제6조, 제8조, 제14조	등록(교육감)
인터넷쇼핑몰		전자상거래 등에서의 소비자보호에 관한 법률 제12조	통신판매업 신고 (공정위, 지자체장)
미용업		공중위생관리법 제3조	신고(지자체장)
펜션업		공중위생관리법 제3조	숙박업 신고(지자체장)
민박		농어촌정비법 제86조	농어촌민박사업 신고 (지자체장)
위생관리용역(청소 대행 등)		공중위생관리법 제3조	신고(지자체장)

7 도지사, 시장, 군수, 구청장 등.

업종		관계 법령	내용
양식업	육상해수양식업 종묘생산어업	수산업법 제41조	허가(지자체장)
	육상양식어업	내수면어업법 제11조	신고(지자체장)

사업자등록

사업자는 사업장마다 사업개시일부터 20일 이내에 사업장 관할 세무서에 등록해야 한다. 다만 신규로 사업을 시작하려는 자는 사업개시일 전이라도 등록할 수 있다(부가가치세법 제8조).

사업자등록은 부가가치세 납세의무자에 해당하는 사업자 및 그에 관계된 사업내용을 관할 세무서에 신고하는 것을 말한다. 동업의 경우 사업자등록신청은 공동사업자 중 한 명을 대표자로 하여 대표자 명의로 신청해야 한다.

— Chapter 4 —
동업계약에 따른 동업체의 운영

운영의 원칙

원칙적으로 동업체는 동업계약서에 따라 운영된다. 다만, 계약의 내용 또는 목적이 선량한 풍속 기타 사회질서에 반하는 경우에는 무효가 됨을 주의해야 한다(민법 제103조). 따라서 윤락업과 같이 사회질서에 반하는 업종을 동업하기로 한 경우 해당 동업이 일방의 계약 위반으로 청산 또는 해지되었다 하더라도 잔여재산 분배나 출자금의 반환, 기타 손해배상을 청구할 수 없다.

동업체의 운영에 있어 계약서에 명확히 기재되어 있지 않은 사안이나 분쟁이 있을 경우 아래서 보는 바와 같이 동업체의 형태에 따라 민법(민법 제703조~제724조) 또는 상법(상법 제78조~제86조의9)의 규정을 적용하게 된다.

민법상 조합 형태의 경우

<민법상 조합에 관한 규정의 주요 내용>

	적용 조항	내용
출자	민법 제703조 제2항	금전이나 재산, 노무를 제공
재산소유형태	민법 제704조	동업자 전원의 합유
업무집행	민법 제706조 제2항	동업자의 과반수로 결정
손익분배	민법 제711조	각 조합원의 출자가액에 비례
채권자의 권리행사	민법 제712조	손실부담비율에 따라 각 조합원에게 권리행사, 비율을 모를 때에는 균분
해지 또는 탈퇴	민법 제716조 제1항	존속기간 미정 또는 존속기간을 종신으로 정한 경우, 언제든지 가능
탈퇴 시 재산의 계산	민법 제719조 제1항	탈퇴 당시 동업체의 재산 상태를 기준으로 계산하여 지급
청산	민법 제721조 제1항	조합원 전체가 공동으로, 또는 그들이 선임한 자가 청산 사무를 집행
잔여재산의 분배	민법 제724조 제2항	각 조합원의 출자가액에 비례하여 분배

조합계약과 조합

조합계약이란 2인 이상이 상호출자하여 공동사업을 경영할 것을 약정하는 상호 간의 법률행위이다. 조합관계는 조합원 상호 간의 채권관계일 뿐 조합원 이외의 제3자에 대한 관계에 있어서는 조합이라는 독립된 주체로서의 단체적 존재는 인정되지 않는다(즉, 민법상의 사단법인과 달리 법인격이 인정되지 않으므로, 제3자와의 계약 시 조합원 전체의 이름으로 체결할 수밖에 없다).

조합은 반드시 공동으로 경영하여야 하므로, 일부 조합원이 상대방의 영업을 위하여 출자를 하고 이익의 분배를 받는 익명조합은 조합이 아니다. 또한 모든 조합원이 출자의무를 부담하여야 하므로, 출자의무를 부담하지 않는 자가 있는 조합계약은 무효이다.

조합원의 출자의무 및 조합재산의 구성

조합을 구성하는 모든 조합원은 출자의무를 부담한다. 출자는 금전 그 밖의 재산 및 노무 등 제한이 없다. 금전을 출자의 목적으로 하는 조합원이 그 출자를 게을리한 때에는 이자를 지급해야 할 뿐만 아니라 손해도 배상해야 한다.

조합원이 출자한 재산은 조합재산을 구성한다. 조합 자체의 권리능력은 인정되지 않기 때문에 조합원 전원에게 공동으로 귀속된다(합유). 따라서 조합의 채권자는 조합원 전원에 대해 이행의 소를 제기하여 집행권원을 취득한 후, 조합재산에 대해 강제집행을 할 수 있다. 물론 조합원 개인에 대해서도 강제집행을 할 수 있다.

조합의 업무집행

조합의 업무집행은 출자액에 관계없이 조합원의 과반수로 결정한다. 원활한 업무집행을 위해 업무집행자를 선임할 수 있으며(조합계약으로 정하거나 조합원 2/3 이상의 찬성으로 선임), 업무집행자가 여러 명인 경우 조합의 업무집행은 업무집행자의 과반수로 결정한다(민법 제706조 제1항, 제2항). 다만 조합의 통상사무는 각 조합원 또는 업무집행자가 단독으로 처리할 수 있다(민법 제706조 제3항).

조합재산은 조합원 전원에게 공동으로 귀속되므로(합유관계), 합유물을 처분 또는 변경하려면 조합원 전원이 동의하여야 한다[8](민법 제272조).

업무집행자의 대리권

업무집행자에게는 그 집행업무에 대하여 대리권이 있는 것으로 추정된다(민법 제709조). 따라서 업무집행자가 그 권한 내에서 다른 조합원 또는 조합을 위한 것임을 표시하고, 행한 대리행위는 직접 다른 조합원 또는 조합에 대해서도 효력이 발생한다(민법 제114조). 업무집행자가 다른 조합원 또는 조합을 위한 것임을 표시하지 않고 대리행위를 했을 경우 이는 업무집행자 개인을 위한 것으로 보게 되며, 다만 상대방이 업무집행자의 행위가 대리인으로서 한 것임을 알았거나 알 수 있었을 경우에 한하여 다른 조합원 또는 조합에 효력이 발생할 수 있다(민법 제115조).

업무집행자의 권한은 조합계약에서 정하게 되며, 만약 그 권한을 정하지 않은 경우 보존행위, 이용 또는 개량행위만을 할 수 있다(민법 제118조).

---

8   조합재산의 처분 또는 변경에 관한 행위는 다른 특별한 사정이 없는 한 조합의 특별사무에 해당하는 업무집행이며, 원칙적으로 조합원 또는 업무집행자 과반수 동의로 결정할 수 있다(대법원 2000.10.10. 선고 2000다28506 판결). 따라서 조합원 전원의 동의가 필요한 조합재산의 처분 또는 변경이란 조합의 존속 등 조합 자체의 기본적인 사항에 관련된 것이거나, 조합의 사업목적에서 벗어나는 처분을 의미한다고 볼 것이다.

사례 연구 | 동업계약에서 업무집행자의 권한을 제한한 경우 제3자에 대한 책임은?

문제 | A, B, C는 동업을 하고 있는데, 동업계약서에 A를 업무집행자로 정하되 1억 원이 넘는 재산의 처분이나 채무를 부담하는 계약은 동업자 전원의 동의를 얻어야 진행할 수 있도록 그 권한을 제한하였다. 그런데 A는 다른 동업자 동의 없이 갑과 2억 원의 채무를 부담하는 계약을 체결하였고, 채무이행에 문제가 발생하자 갑은 동업자 전원에게 책임을 부담하라고 한다. B, C는 갑에 대하여 책임을 부담하는가?

해결 | 갑이 동업자 전원의 동의가 있었음을 증명하지 못하는 이상, B와 C는 책임을 부담하지 않는다. 업무집행자는 대리권이 있는 것으로 추정되나, 동업계약서에 동업자 전원의 동의가 필요한 것으로 규정했음에도 이를 위반한 경우 그 추정은 깨어진다. 따라서 갑이 B, C에게 계약이 유효함을 주장하기 위해서는 동업자 전원의 동의가 있었다는 점을 증명하여야 한다.

관련 판례 | [대법원 2002.1.25. 선고 99다62838 판결] 민법 제709조에 의하면 조합계약으로 업무집행자를 정하였거나 선임한 때에는 그 업무집행조합원은 조합의 목적을 달성하는 데 필요한 범위에서 조합을 위하여 모든 행위를 할 대리권이 있는 것으로 추정되지만, 위 규정은 임의규정이라고 할 것이므로 당사자 사이의 약정에 의하여 조합의 업무집행에 관하여 조합원 전원의 동의를 요하도록 하는 등 그 내용을 달리 정할 수 있고, 그와 같은 약정이 있는 경우에는 조합의 업무집행은 조합원 전원의 동의가 있는 때에만 유효하다 할 것이어서, 조합의 구성원이 위와 같은 약정의 존재를 주장·입증하면 조합의 업무집행자가 조합원을 대리할 권한이 있다는 추정은 깨어진다.

> 업무집행자와 사이에 법률행위를 한 상대방이 나머지 조합원에게 그 법률행위의 효력을 주장하기 위하여는 그와 같은 약정에 따른 조합원 전원의 동의가 있었다는 점을 주장·입증할 필요가 있다.

업무집행자가 아닌 조합원의 대리행위

업무집행자가 아닌 조합원은 업무집행의 대리권이 없다. 따라서 업무집행자가 아닌 조합원이 다른 조합원 또는 조합의 대리인으로 체결한 계약은 무권대리행위에 해당하고, 다른 조합원이 이를 추인하지 않은 한 다른 조합원 또는 조합에 효력이 미치지 않는다(민법 제130조).

대리권을 증명하지 못하고, 다른 조합원의 추인도 얻지 못한 경우, 계약을 한 조합원은 상대방의 선택에 따라 계약 이행 또는 손해배상책임을 부담한다. 다만 대리권이 없다는 사실을 상대방이 알았거나 알 수 있었을 경우에는 책임을 부담하지 않는다(민법 제135조).

업무집행자의 권리와 책임

1) 업무집행자의 권리

업무집행자는 동업계약에서 정한 바에 따라 동업체 또는 다른 동업자에게 보수를 청구할 수 있다. 동업계약에서 보수청구권을 정하지 않았을 경우 보수를 청구할 수 없다(보수청구권).

업무집행자는 조합의 업무집행에 비용이 드는 경우 미리 조합 또는 다른 조합원에게 이 비용을 청구할 수 있다(비용선급청구권).

또한 조합의 업무집행에 관하여 필요한 비용을 지출한 경우 지출한 날 이후의 이자를 청구할 수 있으며, 업무집행의 처리에 필요한 채무를 부담한 경우 자기를 대신해 조합 또는 다른 조합원에게 이를 변제하게 할 수 있고, 업무집행을 위해 과실 없이 손해를 입은 경우 조합 또는 다른 조합원에게 그 손해배상을 청구할 수 있다(비용상환청구권).

업무집행자는 정당한 사유 없이 사임하지 못하며, 다른 조합원들 역시 만장일치로 의결하지 않으면 해임할 수 없다(해임제한).

2) 업무집행자의 의무

업무집행자는 선량한 관리자의 주의로써 사무를 처리하여야 하며(선관주의의무), 다른 조합원의 승낙이나 부득이한 사유 없이 제3자로 하여금 자기를 대신하여 사무를 처리하게 할 수 없다(복임권 제한).

업무집행자는 다른 조합원의 청구가 있을 경우 사무의 처리 현황을 보고하고, 업무집행자 선임이 종료된 경우에도 그 전말을 보고하여야 한다(보고의무).

업무집행자는 조합 사무의 처리로 인해 받은 금전 그 밖의 물건 및 그 수취한 과실을 조합에 인도해야 하며, 조합을 위해 자기 명의로 취득한 권리 역시 조합에 이전하여야 한다(취득물 등 인도의무).

조합에 인도할 금전 또는 조합의 이익을 위해 사용할 금전을 임의로 소비한 경우 소비한 날 이후의 이자를 지급해야 하며, 그 외의 손해가 있으면 이를 배상해야 한다(손해배상의무).

조합원의 권리와 책임

1) 조합원의 검사권 및 이익분배청구권

각 조합원은 언제든지 조합의 업무 및 재산상태를 검사할 수 있다(업무 및 재산상태검사권). 또한 각 조합원은 동업계약 당시 정한 손익분배 비율에 따라 조합의 수익을 분배받을 권리가 있으며, 만약 동업계약에서 손익분배 비율을 정하지 아니한 경우 출자가액에 비례하여 분배하고, 이익 또는 손실 중 어느 하나에 대해서만 분배비율을 정한 경우에는 그 비율이 이익과 손실에 공통된 것으로 추정된다(손익분배청구권).

2) 조합원의 대내적·대외적 책임

금전을 출자하기로 한 조합원이 출자시기를 지체한 경우 연체이자를 지급하는 외에 손해를 배상해야 한다.

조합원들은 조합의 채권자에 대하여 조합재산에 의한 공동책임뿐만 아니라 개인재산에 의한 책임도 부담한다. 조합채무는 기본적으로 각 조합원에게 손실부담의 비율에 따라 분담되나(분할채무의 원칙)[9], 조합채권자는 그 채권 발생 당시에 조합원 손실부담의 비율을 알지 못한 때에는 각 조합원에게 균분하여 그 권리를 행사할 수 있고, 조합원 중에 변제할 자력이 없는 자가 있을 때는 그 변제할 수 없는 부분은 다른 조합원이 균분하여 변제할 책임이 있다.

---

9 다만, 조합채무가 상행위로 인하여 발생된 경우에는 조합원 전원은 연대채무를 부담하게 된다(상법 제57조, 대법원 1998.3.13. 선고 97다6919 판결).

사례 연구 | 2인으로 구성된 조합에서 1인이 탈퇴한 경우, 조합채권자가 잔존 조합원에 대하여 조합채무 전부의 이행을 청구할 수 있는가?

문제 | 갑은 A, B가 동업으로 운영하는 가게에 돈을 빌려주었다. 그런데 의견 충돌로 인해 B가 조합에서 탈퇴하고 A만 사업을 계속하고 있었다. A는 동업할 때 빌린 돈이므로 자신은 1/2만 변제하겠다고 한다. 갑은 A에게 채권 전액을 변제받을 수 있는가?

해결 | A에게 전액을 변제받을 수 있다. 조합채무는 조합원들이 조합재산으로 부담하는 채무이고, B가 조합에서 탈퇴하더라도 조합은 유지되므로, 갑은 잔존 조합원에게 채권 전액의 변제를 청구할 수 있다.

관련 판례 | [대법원 1999.5.11. 선고 99다1284 판결] 조합채무는 조합원들이 조합재산에 의하여 합유적으로 부담하는 채무이고, 두 사람으로 이루어진 조합관계에 있어 그중 1인이 탈퇴하면 탈퇴자와의 사이에 조합관계는 종료된다 할 것이나 특별한 사정이 없으면 조합은 해산되지 아니하고 조합원들의 합유에 속한 조합재산은 남은 조합원에게 귀속하게 되므로, 이 경우 조합채권자는 잔존 조합원에게 여전히 그 조합채무 전부에 대한 이행을 청구할 수 있다.

조합원 신규가입

조합원이 되려는 자와 기존 조합원 전원의 계약이 있으면 가입자와의 조합관계는 유효하게 성립한다. 즉, 기존 조합원의 전원 동의를 얻어 신규가입이 가능하다. 신규 조합원은 출자의무를 부담하여, 조합재산에 대해 합유지분을 갖게 된다. 가입자는 조합재산의 한도 내에서는 그가 취득한 합유지분으로 가입 전 조합채권자에 대해 책임을 부담하게 되지만, 개인재산으로는 가입 후의 조합 채권자에 대해서만 책임을 부담한다.

상법상 익명조합 형태의 경우

<상법상 익명조합에 관한 규정의 주요 내용>

	적용 조항	내용
출자	상법 제78조	익명조합원의 출자의무
재산소유형태	상법 제79조	영업자 단독소유
업무집행	상법 제80조	영업자 단독집행, 단독 책임(대외관계)
성명, 상호사용	상법 제81조	익명조합원이 자신의 성명 또는 상호를 사용하게 한 경우 영업자와 연대책임
이익배당과 손실분담	상법 제82조	출자가 감소한 경우 손실 전보 후 이익배당 청구
계약해지	상법 제83조	존속기간을 정하지 않았거나 종신으로 정한 경우 영업 연도말에 계약해지 가능
계약의 종료	상법 제84조	영업의 폐지나 양도, 영업자 사망, 당사자의 파산 등
계약종료의 효과	상법 제85조	익명조합원에게 출자 가액을 반환, 손실로 인하여 감소된 때에는 잔액만 반환

익명조합의 성립

자본만 출자하고 소유는 하지 않는 동업계약을 체결한 경우 상법상 익명조합 규정을 적용받게 된다.

익명조합은 당사자 일방(익명조합원)이 상대방(영업자)의 영업을 위하여 출자하고, 영업자는 그 영업으로 인한 이익을 출자자인 익명조합원에게 분배할 것을 약정하는 것으로써 출자의무와 이익분배의 무가 계약의 본질적 요소이다(상법 제78조). 따라서 이익의 발생 여부와 관계없이 정기적으로 일정액을 지급하기로 약정했다면 익명조합계약이라 할 수 없다(대법원 1983.5.10. 선고 81다650 판결).

익명조합은 대단히 소극적인 투자자가 매우 신뢰할 수 있는 영업자를 만난 경우에나 사용할 수 있는 기업조직으로 보면 된다. 이러한 이유에서 익명조합은 우리나라에 거의 존재하지 않는다.

익명조합의 구성

익명조합은 영업조합원과 익명조합원으로 구성되는데, 영업조합원은 자기 명의로 상행위를 하는 자로써 익명조합의 영업을 수행하는 자이고, 익명조합원은 영업조합원의 영업을 위해 출자를 하고 영업에서 생기는 이익을 분배받는 자를 말한다.

익명조합원은 상인일 것을 요하지 아니하나[10], 익명조합원은 상인이어야 한다. 다만 계약 체결 당시에 상인자격이 존재하여야 하는 것은 아니며, 계약 체결을 통해 비로소 상인자격을 취득해도 무방하다.

익명조합계약은 당사자 간의 인적 신뢰를 전제로 하는 것이므로, 특약이 없는 한 각 당사자 지위를 양도할 수 없고, 상속이나 합병에 의해서도 이전되지 않는다. 다만 익명조합원이 사망한 경우에는 그 지위가 상속인에게 이전되는 것으로 볼 수 있다.

---

10 영화 '웰컴 투 동막골'의 경우 제작사가 익명조합원을 모집하여 제작하였는데, 여기에서의 익명조합원은 일반인으로서 상인이 아니었다.

내부관계(익명조합원-영업조합원)

1) 익명조합원의 출자의무

익명조합에서 출자의무를 부담하는 자는 익명조합원뿐이다. 영업조합원은 출자의무가 없으며, 영업조합원이 영업을 위하여 재산을 출연하더라도 익명조합은 영업조합원 개인기업이기 때문에 그것은 공동기업에서의 출자라고 볼 수 없다.

익명조합원의 출자 목적물은 금전 또는 현물 등 재산에 한정되고, 노무나 신용은 출자의 목적이 될 수 없다. 신용이나 노무의 출자는 원래 유능한 경영진에게 기업의 지분으로 인센티브를 주기 위한 경우에 의미가 있는 것인데, 익명조합원은 대외적으로 드러나지 않고 경영에도 참가할 수 없기 때문이다.

출자이행의 시기를 약정한 경우 그 약정시기에 출자를 이행하여야 하며, 개별적으로 각 목적물의 재산권을 영업자에게 이전하는 절차가 완료되어야 출자의무를 이행한 것으로 본다.

익명조합원이 출자한 금전 기타의 재산은 영업자의 단독소유로 보게 되고, 공유관계 또는 합유관계가 성립하지 않는다. 따라서 영업자가 영업재산 또는 그 영업의 이익금을 함부로 유용하더라도 영업자는 타인의 재물을 보관하는 자가 아니므로 횡령죄가 성립하지 않는다(대법원 2011.11.24. 선고 2010도5014 판결).

2) 익명조합원의 이익분배청구권

익명조합원은 영업조합원에게 영업으로 인한 이익을 분배해 달라고 요구할 수 있다(이익분배청구권). 이익분배의 비율은 당사자가 약정한 바에 의하며, 약정이 없는 경우에는 각자의 출자가액(영업자의 출자가액은 영업자가 출연한 재산 및 그가 제공한 노무를 금전적으로 평가하여 산정)에 비례하여 이익을 분배할 수 있다(민법 제711조 준용).

손실의 분담은 익명조합의 본질적 요소가 아니며, 익명조합원은 조합에 손실이 발생한 경우 원칙적으로 자신이 출자한 금액을 손해 보는 것에 그친다. 다만 당사자가 손해분담비율을 정하는 것도 허용되고(상법 제82조 제3항), 전혀 손실을 부담하지 않겠다는 약정도 가능하다.

3) 익명조합원의 감시권

익명조합원은 영업 연도 말에 조합의 회계장부·대차대조표·기타 서류를 열람할 수 있고 조합의 업무와 재산상태를 검사할 수 있으며, 중요한 사유가 있는 경우에는 언제든지 법원의 허가를 얻어 서류열람 및 조합의 업무와 재산상태를 검사할 수 있다(업무검사권).

4) 익명조합원의 책임

익명조합원은 조합의 사업에 손실이 발생하여 출자금이 감소된 경우 그 손실을 채운 후가 아니면 이익배당을 요구할 수 없다(손실부담의무). 익명조합원은 사업 도중 발생한 손실이 출자액을 초과했다 하더라도 이미 받은 이익을 반환하거나 증자를 할 필요가 없다(유한책임). 다만, 이러한 규정들은 당사자 간에 다른 약정이 있으면 적용되지 않는다.

5) 영업자의 의무

영업자는 익명조합의 영업수행의무를 진다. 대외적으로 익명조합원이 드러나지 않기 때문에, 오직 영업자만 업무집행을 할 수 있고, 익명조합원은 업무집행이나 대리행위를 할 수 없다.

영업자는 익명조합의 영업을 수행하기 때문에 영업자가 경쟁관계에 있는 영업을 하게 되면 이해관계의 충돌이 발생하게 된다. 따라서 영업자가 선량한 관리자의 주의의무를 부담하는 이상 당연히 경업금지의무를 부담한다. 다만, 이를 보다 명확히 하기 위해 동업계약서에 경업금지의무를 명시하는 것이 좋다.

외부관계(익명조합원, 영업조합원 - 제3자)

익명조합은 내부적으로는 공동기업이지만 외부적으로는 영업조합원의 단독영업이므로 영업으로 인한 제3자에 대한 관계에서의 권리의무는 영업자에게만 귀속된다(영업조합원의 무한책임). 따라서 익명조합원은 조합에 대한 대표행위를 할 수 없고, 당연히 영업조합원의 행위에 대해 제3자에게 어떤 권리나 의무를 주장할 수 없다(익명조합원의 대외적 책임제한).

다만, 익명조합원이 자기의 성명을 영업조합원의 상호에 사용하게 하거나 자기의 상호를 영업조합원의 상호로 사용하도록 허락한 경우 익명조합원은 그 사용 이후의 채무에 대해 영업조합원과 연대하여 변제할 책임이 있다.

상법상 합자조합 형태의 경우

<상법상 합자조합에 관한 규정의 주요 내용>

	적용 조항	내용
조합계약	상법 제86조의 3	목적, 명칭, 동업자, 출자방법, 손익분배 등 일정 내용을 기재, 조합원 전체가 기명날인 또는 서명
등기	상법 제86조의 4	합자조합 설립 후 일정사항을 등기
업무집행	상법 제86조의 5	업무집행조합원이 집행(수인인 경우 각자 집행)
유한책임조합원 책임	상법 제86조의 6	출자가액을 한도로 조합채무 변제
지분의 양도	상법 제86조의 7	업무집행조합원의 지분은 조합원 전원 동의 필요 유한책임조합원은 조합계약에서 정함
해산	상법 제86조의 8	업무집행조합원 또는 유한책임조합원 전원의 퇴사

합자조합의 성립

자본을 출자하되 동업자의 공동소유로 하는 내용의 동업계약을 체결한 경우 상법상 합자조합 규정을 적용받게 된다. 조합의 채무에 대해 무한책임을 지는 업무집행조합원과, 출자가액을 한도로 하여 유한책임을 지는 유한책임조합원이 상호 출자하여 공동사업을 경영하기로 하는 계약이다. 당사자 일방이 상대방의 영업을 위해 출자를 하는 것은 익명조합과 동일하지만 출자한 재산은 공동으로 소유(합유)한다는 점에서 차이가 있다.

> **사례 연구 |** 조합원 일부가 무능력자이거나 의사표시에 하자가 있는 경우 합자조합의 성립에는 어떤 영향이 있는가?
>
> **문제 |** A, B, C는 서로 출자하여 동업으로 광산을 운영하기로 하고, 다만 A가 업무집행을 하되 출자한 재산은 A, B, C가 공동으로 소유하는 것으로 하였다. 동업체가 은행으로부터 돈을 빌려 광산 운영을 시작하였으나, C가 사기를 이유로 조합계약의 취소를 주장하면서 은행채무를 부담할 수 없다고 주장한다. 은행은 C에 대해서도 책임을 물을 수 있는가?
>
> **해결 |** 조합이 영업을 시작한 이후에는 유효하게 조합이 성립한 것으로 처리하는 것이 타당하므로, 은행은 C에 대해서도 채무 변제를 요구할 수 있다.
>
> **관련 판례 |** [대법원 1972.4.25. 선고 71다1833 판결] 본래의 광업권자와 공동 광업권자로 등록하여 광업을 공동으로 관리 경영하기로 한 계약은 유효하고 공동 광업권자는 조합계약을 한 것으로 간주되며, 그 조합이 사업을 개시하여 제3자와의 사이에 거래관계가 이루어지고 난 다음에는 조합계약 체결 당시 의사표시의 하자를 이유로 취소하여 조합 성립 전으로 환원시킬 수 없다.

합자조합의 구성

합자조합은 업무집행조합원과 유한책임조합원으로 구성되는데, 업무집행조합원은 자기 명의로 상행위를 하는 자로서 합자조합의 영업을 수행하면서 무한책임을 부담하고, 유한책임조합원은 영업을 위해 출자를 하고 영업에서 생기는 이익을 분배받으며 출자가액을 한도로 유한책임을 부담하는 자를 말한다.

설립등기

합자조합은 민법상의 조합이나 상법상의 합자조합과 달리 유한책임만 부담하는 조합원이 존재하기 때문에 조합과 거래하는 제3자에게 불측의 손해를 입힐 수 있어 설립등기가 필요하다. 업무집행조합원은 합자조합을 설립한 후 2주 이내에 조합의 주된 영업소 소재지에 설립등기를 하여야 한다(상법 제86조의 4). 다만, 합자조합의 등기는 합자조합의 실질이 기업조직이라는 점을 감안하여 중요한 사항을 대외적으로 공시하고자 하는 것에 불과하고 그 성립요건은 아니므로, 등기를 하지 않더라도 조합의 성립에는 영향이 없다.

합자조합의 내부관계

1) 조합원의 출자의무

업무집행조합원을 포함하여 모든 조합원은 출자의무를 부담한다. 업무집행조합원은 상법에 다른 규정이 없으므로 출자의 목적물에 아무런 제한이 없고, 재산 이외에 신용이나 노무의 출자도 가능하다. 그러나 유한책임조합원은 금전 또는 현물만 출자할 수 있다(상법 제86조의 8 제3항, 상법 제272조).

출자한 재산은 조합원 전원의 합유가 된다.

2) 업무집행조합원의 업무집행권

합자조합의 업무집행은 원칙적으로 업무집행조합원이 담당한다. 조합계약에서 업무집행조합원 일부에게만 업무집행권을 부여하는 것도 가능하고, 유한책임조합원에게도 업무집행권을 부여하는 것이 가능하나, 조합원이 아닌 제3자에게 부여하는 것은 허용되지 않는다.

업무집행조합원이 여러 명 있는 경우 각자가 업무집행권을 가지는 것이 원칙이며, 조합계약으로 공동집행의 약정을 할 수 있을 뿐이다. 다만, 다른 업무집행조합원의 업무집행에 문제가 있다고 판단되면 이의를 제기할 수 있고, 이 경우 그 업무집행이 중지되고 업무집행조합원 과반수의 결의로 업무집행이 이루어진다.

3) 업무집행조합원의 의무

업무집행조합원은 각 조합원에 대하여 선관주의의무를 부담하며, 선관주의의무를 게을리하여 합자조합에 손해가 발생한 경우 각 조합원과의 사이에 채무불이행 또는 불법행위로 인한 손해배상책임을 부담한다.

업무집행조합원은 원칙적으로 다른 조합원의 승인이 없는 한 자기거래와 경업이 금지된다(상법 제86조의8 제2항, 제198조, 제199조).[11] 다만 이는 조합원의 이익을 보호하기 위한 것이므로 조합계약에서 달리 정할 수 있다.

4) 유한책임조합원의 권리

유한책임조합원은 조합계약에서 정하는 바에 따라 자신의 지분을 양도할 수 있고(지분양도권), 다른 조합원의 동의 없이 자기 또는 제3자의 계산으로 회사의 영업부류에 속하는 거래를 할 수 있다

---

11 유한책임조합원의 경우 업무집행에는 관여하지 않으므로 자기거래만 제한되고(상법 제86조의8 제3항, 제199조), 경업은 아무런 제한이 없다.

(경업의 자유).

또한 유한책임조합원은 영업 연도 말에 영업시간 내에 한해 조합에 대한 회계장부·대차대조표 그 밖의 서류를 열람할 수 있고 조합의 업무와 재산상태를 검사할 수 있다(업무감시권).

유한책임조합원이 사망한 경우 상속인이 그 지분을 승계해 조합의 유한책임사원이 된다(지분상속권).

5) 유한책임조합원의 책임

유한책임조합원이라 할지라도 합자조합에 이익이 없음에도 불구하고 배당을 받은 경우에는 그 한도 내에서 변제책임을 더 부담한다(유한책임의 제한).

유한책임조합원도 다른 조합원의 과반수 동의가 없으면 자기거래가 제한된다(자기거래제한).

6) 이익의 분배

손익분배에 관한 사항은 상법상 조합계약의 내용으로 요구하고 있지는 않으나, 조합원 사이에 핵심적인 합의사항일 것이므로 그 합의에서 정하는 바에 따르면 된다. 만약 조합계약에서 이를 정하지 아니한 경우 이익의 분배비율은 각 조합원의 출자가액에 비례하고, 손실의 분담비율은 이익의 분배비율에 따른다.

7) 조합원의 변동과 지분의 양도

조합원의 변동에 대해서는 상법에 별도의 규정이 없으므로 민법상 조합에 관한 법리가 준용된다. 따라서, ① 새로운 조합원의 가입은 조합계약에서 정하지 않은 이상 조합원 전원의 동의가 필요하고, ② 각 조합원은 민법 제716조에 따라 탈퇴할 수 있으며, ③ 조합원의 제명은 다른 정함이 없는 이상 조합원 전원의 동의로 할 수 있다.

업무집행조합원은 다른 조합원 전원의 동의를 받지 않으면 지분의 전부 또는 일부를 타인에게 양도할 수 없다. 반면, 유한책임조합원은 조합계약에서 정하도록 하고 있다.

합자조합의 외부관계

1) 업무집행조합원의 대리권

업무집행조합원은 대외적으로 합자조합의 업무에 관한 대리권을 갖는다. 합자조합은 법인격이 인정되지 않으므로 업무집행조합원이 전체 조합원을 대리하는 형식이 된다. 수인의 업무집행조합원이 있는 경우 각자대리가 원칙이나, 조합계약으로 공동대리의 제한을 정할 수 있다.

2) 업무집행조합원의 책임

업무집행조합원은 조합의 채무에 대하여 직접·연대·무한책임을 부담한다. 조합의 채권자는 우선 조합재산을 대상으로 채권을 행사한 다음, 변제받지 못한 부분에 대하여 업무집행조합원의 개인재산에 대해 강제집행을 할 수 있다. 이 무한책임은 실제 업무집행권이 있는지와는 상관이 없다. 업무집행조합원 중에 변제할 자력이 없는 자가 있는 경우 그 변제할 수 없는 부분을 다른 업무집행조합원이 균등하게 나눠 변제할 책임이 있다.

3) 유한책임조합원의 책임

유한책임조합원은 조합의 채무에 대하여 출자가액의 한도 내에서만 책임을 부담한다(직접·유한책임). 만약 유한책임조합원이 출자의무를 모두 이행하지 않은 경우라면, 조합계약에서 정한 출자가액에서 이미 이행한 부분을 뺀 가액을 한도로 하여 조합채무를 변제할 책임이 있다.

유한책임조합원의 미이행 출자가액이 서로 다를 수 있다는 점을 고려하여 민법 제712조, 제713조의 적용이 배제되므로, 채권자가 유한책임조합원에 대해 균분하여 권리를 행사할 수는 없고, 유한책임조합원 중에 변제할 자력이 없는 자가 있는 경우라도 그 변제할 수 없는 부분을 다른 조합원이 균등하게 나눠 변제할 책임이 있는 것은 아니다.

— Chapter 5 —
동업계약의 종료

민법상 조합의 종료

탈퇴

조합계약상 조합의 존속기간을 정하지 않았거나 조합원의 종신까지 존속하는 것으로 정하고 있는 경우에는 각 조합원은 언제든지 탈퇴할 수 있다. 반면, 조합의 존속기간을 정하고 있는 경우에는 부득이한 사유가 없는 한 그 기간 동안 탈퇴하지 못한다(임의탈퇴).

한편, 조합원의 사망, 파산 혹은 성년후견이 개시된 경우, 제명된 경우 해당 조합원은 탈퇴한다(비임의탈퇴).

조합원이 탈퇴한 경우 탈퇴한 조합원의 합유지분은 잔여 조합원에게 귀속하게 되고, 탈퇴 조합원은 지분환급청구권만을 보유한다. 탈퇴한 조합원의 지분환급은 탈퇴 당시 조합의 재산상태를 기준으로 하며, 출자의 종류 여하에도 불구하고 금전으로 반환할 수 있다.

일부 조합원이 탈퇴하더라도 나머지 조합원들 사이의 조합계약은 여전히 유효하게 존속한다.

> **사례 연구** | 조합원 중 일방이 사망한 경우 조합원의 지위가 상속인에게 승계되는가?
>
> **문제** | A, B는 동업으로 금형제작공장을 운영하였는데, A가 교통사고로 사망하였다. B는 A의 아들에게 동업자 지위가 상속된다면서 사업을 계속하기 위해 공장 관련 채권과 채무 역시 상속해야 한다고 한다. A의 아들은 동업자로서 공장 관련 채무를 부담하게 되는가?
>
> **해결** | 조합원이 사망한 경우 해당 조합원은 당연히 탈퇴하고, 동업계약에 별도로 약정한 바가 없는 이상 사망한 조합원의 지위는 상속인에게 승계되지 않으므로, A의 아들은 공장 관련 채무를 부담하지 않는다.
>
> **관련 판례** | [대법원 1994.2.25. 선고 93다39225 판결] 부동산의 합유자 중 일부가 사망한 경우 합유자 사이에 특별한 약정이 없는 한 사망한 합유자의 상속인은 합유자로서의 지위를 승계하는 것이 아니므로 해당 부동산은 잔존 합유자가 2인 이상일 경우에는 잔존 합유자의 합유로 귀속되고 잔존 합유자가 1인인 경우에는 잔존 합유자의 단독소유로 귀속된다.

제명

어느 조합원에 대한 나머지 조합원의 일치된 제명 결정은 정당한 사유가 있는 한 탈퇴사유가 된다. 다만 제명된 조합원에게 이를 통지하여야 그에게 대항할 수 있다.

제명요건으로서의 정당한 이유는 기본적으로 탈퇴의 요건과 같은 내용으로 이해되나, 조합계약으로 제명사유를 구체화하는 것이 좋다.

해산사유 발생에 의한 해산

조합계약에서 정한 해산사유가 발생한 경우, 조합에서 약정된 존속기간이 만료한 경우, 조합의 공동사업이 성취되었거나 그 성취가 불가능하게 된 경우에는 조합원의 해산청구가 없어도 조합은 해산되며, 청산절차가 개시된다.

모든 조합원이 해산에 대해 합의를 한 경우, 2인 조합에서 1인이 탈퇴한 경우에도 조합은 해산된다.

해산청구에 의한 해산

각 조합원은 부득이한 사유가 있는 경우 조합의 해산을 청구할 수 있다. 부득이한 사유란 주로 조합 재산상태의 악화나 영업부진 등으로 조합의 목적 달성이 매우 곤란하다고 인정되는 객관적 사정이 있는 경우를 의미할 것이나, 조합 당사자 간의 의견대립 등으로 인해 신뢰관계가 파괴되어 조합업무의 원만한 운영을 기대할 수 없는 경우도 포함된다(대법원 1997.5.30. 선고 95다4957 판결).

익명조합의 종료

익명조합계약의 해지

익명조합은 민법상 조합과 마찬가지로 인적 신뢰관계를 기초로 하기 때문에 익명조합원이 자신의 지위를 제3자에게 임의로 처분할 수 없고, 따라서 익명조합원이 투자를 회수할 수 있는 방법은 익명조합계약의 해지가 유일하다.

조합계약으로 조합의 존속기간을 정하지 않거나 어느 당사자의 종신까지 존속할 것을 약정한 경우 각 조합원은 영업 연도 말에 계약을 해지할 수 있고, 이 경우 6개월 전에 예고해야 한다. 다만, 부득이한 사정이 있는 경우에는 존속기간의 약정 유무에 불구하고 언제든지 계약을 해지할 수 있다.

종료사유 발생

조합계약은 영업의 폐지 또는 양도, 영업조합원의 사망 또는 성년후견의 개시, 영업조합원 또는 익명조합원의 파산 등으로 인해 종료한다.

계약 종료의 효과

해지 등의 사유로 익명조합이 종료하게 되면, 영업조합원은 익명조합원에게 출자의 가액을 반환해야 하며, 출자가 손실로 감소한 경우 그 잔액을 반환하는 등 청산절차를 진행해야 한다.

합자조합의 종료

합자조합은 업무집행조합원 또는 유한책임조합원 전원이 퇴사한 경우 해산된다. 다만, 일부 조합원이 퇴사한 경우라면 잔존한 업무집행조합원 또는 유한책임조합원은 전원의 동의로 새로 업무집행조합원 또는 유한책임조합원을 가입시켜 조합을 존속시킬 수 있다.

조합의 청산

민법상 조합이나 상법상의 익명조합 및 합자조합은 해산 등으로 인해 조합계약이 종료된 경우 그 조합재산을 정리하기 위하기 위해 청산절차가 필요하다. 다만, 청산절차는 조합의 채권자를 위한 것이 아니라 조합원 사이의 재산관계에 공평을 기하려는 목적에서 진행되는 것이므로, 조합계약 또는 당사자의 약정에 의하여 적절한 방법으로 조합재산을 정리할 수도 있다(대법원 1998.12.8. 선고 97다31472 판결).

원칙적으로 모든 조합원이 청산인이 되고, 공동으로 청산사무를 집행한다. 사무집행방법은 해산 전과 마찬가지로 그 과반수로 한다. 1인 또는 수인의 청산인을 선임할 수 있으며, 이 역시 조합원 과반수로 결정한다.

청산인은 현존 사무를 종결하고, 조합채권을 추심하며, 조합재산에서 조합채무를 변제하고, 남은 잔여재산은 각 조합원에게 출자가액에 비례하여 분배한다. 조합재산으로 조합채무를 변제하는 데 부족한 경우 다른 약정이 없는 한 각 조합원에게 손실비율(=출자가액)에 따라 분배한다.

― Chapter 6 ―
분쟁의 해결

분쟁의 발생 원인

동업자 사이에 의사결정 과정에서 이견이 있는 경우, 지분이나 이익분배 방법에 대해 다툼이 발생하는 경우, 동업자가 동업계약의 내용을 이행하지 않은 경우, 고의 또는 과실에 의한 위법행위로 다른 조합원 또는 조합에 손해를 가한 경우, 업무집행조합원이 조합의 재산을 횡령한 경우 등 조합원 사이에 신뢰관계가 파괴된 경우 분쟁이 발생하게 된다.

분쟁의 해결 방법

민사상 소송을 통한 해결

이와 같은 조합 관련 분쟁은 주로 민사소송에 의해 해결할 수 있다. 그러나 조합은 법인격이 없어 그 자체로는 소송당사자가 될 수 없고, 조합원 개인이 소송당사자가 되거나(조합원 사이의 소송), 조합원 전원이 소송당사자가 된다(대외관계 소송).

형사 고소를 통한 해결

업무집행조합원이 다른 조합원 또는 조합에 인도할 금전이나 다른 조합원 또는 조합의 이익을 위해 사용할 금전을 자기를 위해 소비한 경우 그 업무집행조합원이 조합 또는 조합원에 대해 손해배상책임을 부담하는 것은 당연하나, 이와 별도로 형사상 죄책이 성립할 수 있다. 조합원은 자신이 직접 피해자인 경우 고소를, 피해자가 아닌 경우에는 고발을 하여 해당 행위자의 처벌을 구할 수 있다.

조합의 경우 주로 횡령죄(업무상 횡령죄 포함), 배임죄(업무상 배임죄 포함) 등이 문제되고 있다.

사례 연구 | 조합원의 횡령 및 배임에 관한 판결 예시

[대법원 2011.6.10. 선고 2010도17684 판결] 동업재산은 동업자의 합유에 속하므로 동업자는 동업재산에 대한 지분을 임의로 처분할 권한이 없고, 동업자 한 사람이 지분을 임의로 처분하거나 동업재산의 처분으로 얻은 대금을 보관 중 임의로 소비하였다면 횡령죄의 죄책을 면할 수 없다.

동업자 사이에 손익분배 정산이 되지 아니하였다면 동업자 한 사람이 임의로 동업자들의 합유에 속하는 동업재산을 처분할 권한이 없는 것이므로, 동업자 한 사람이 동업재산을 보관 중 임의로 횡령하였다면 지분비율에 관계없이 횡령한 금액 전부에 대하여 횡령죄의 죄책을 부담한다.

[대법원 2011.11.24. 선고 2010도5014 판결] 익명조합의 경우에는 익명조합원이 영업을 위하여 출자한 금전 기타의 재산은 상대편인 영업자의 재산이 되므로 영업자는 타인의 재물을 보관하는 자의 지위에 있지 않고, 따라서 영업자가 영업이익금 등을 임의로 소비하였더라도 횡령죄가 성립할 수는 없다.

[대법원 1987.5.12. 선고 86도2566 판결] 동업관계에서 탈퇴한 이상 아직 존속하고 있는 위 조합을 위하여 탈퇴로 인한 계산이 끝날 때까지 사업자등록명의나 공장시설 등을 선량하게 보존할 의무가 있다 할 것이므로 위 조합을 탈퇴한 후에 위와 같은 임무에 위배하여 그 사업자등록 명의를 다른 사람 앞으로 변경시켜 그 대가로 월 사용료를 받기로 하고 그에게 위 공장설비를 이용하도록 함으로써 다른 동업자들로 하여금 위 공장경영에 관여할 수 없게 하였다면 이는 배임죄에 해당한다.

[대법원 2011.4.28, 선고, 2009도14268, 판결] 피고인이 갑과 공동으로 토지를 매수하여 그 지상에 창고사업을 하는 내용의 동업약정을 하고 동업재산이 될 토지에 관한 매매계약을 체결하였는데, 이후 소유권이전등기 업무를 처리하면서 갑 몰래 매도인과 사이에 위 매매계약을 해제하고 갑을 배제하는 내용의 새로운 매매계약을 체결한 다음 제3자 명의로 소유권이전등기를 마친 경우, 피고인과 갑은 2인 이상이 상호출자하여 공동사업을 경영할 것을 내용으로 하는 조합계약을 체결한 것이고, 피고인은 부동산의 소유권이전등기 등 업무에 관하여 동업체인 조합에 대하여 선량한 관리자의 주의로 사무를 처리해야 할 의무가 있으므로, '조합의 사무를 처리하는 자'가 그 임무에 위배하여 위 '조합'에 대한 배임행위를 한 것으로 보아야 한다.

> 피해자인 조합으로서는 장차 취득할 것이 기대되었던 토지의 가치에 상응하는 재산이 감소되었지만 다른 한편으로는 토지의 잔금지급의무를 면하게 되었으므로, 위 배임행위로 인하여 조합에게 재산상 손해가 발생했다고 보기 어려워 배임죄는 성립하지 않는다.

— Chapter 7 —
동업계약서 기재례

동업 형태 중 가장 일반적인 형태라 할 수 있는 민법상 조합을 전제로 한 동업계약서를 제시한다.

동 업 계 약 서

○○○(이하 '갑'이라 한다.)과 △△△(이하 '을'이라 한다.) 및 □□□(이하 '병'이라 한다.)는 공동으로 ~~~을 영위하는 ◎◎◎(이하 '회사'라 한다.)를 창업, 경영함에 있어 다음과 같이 동업계약을 체결한다.

제1조 [목적]
본 계약은 공동으로 회사를 창업, 경영함에 있어 갑, 을, 병 사이의 권리 및 의무에 관한 기본 사항을 규정하는 것을 목적으로 한다.

제2조 [회사의 설립]

갑, 을, 병은 공동으로 다음과 같이 회사를 설립한다.

① 회사명:　　　　　　　　　조합

② 주 소:

③ 사업내용:

④ 설립자금:　　　　　　　　원

제3조 [회사 설립시 각 당사자의 역할]

① 갑은 사업의 성공을 위해 필요한 기획, 제조, 판매 및 기술을 제공하기로 한다.

② 을은 경영에 필요한 자금, 회계, 경영관리 지식 및 관련 기술을 제공하기로 한다.

③ 병은 회사의 사무소로 이용할 건물을 제공하고, 영업 관련 노무를 제공하기로 한다.

제4조 [공동운영 및 의결의 원칙]

① 각 당사자는 업무처리상 의견이 일치하지 않을 경우 서로의 의견이 일치할 때까지 신의성실의 원칙에 따라 노력하여야 한다.

② 당사자의 노력에도 불구하고 의견이 일치하지 않을 경우 출자비율의 과반수로 의결함을 원칙으로 하되, 본 계약의 해지 및 사업의 분리 등 당사자의 이해관계가 대립하는 사항은 전원의 동의로 의결한다.

제5조 [각자의 지분 및 출자범위]
① 갑은 ○○원을 출자하고, 기타 회사에서 사업을 할 수 있는 모든 기술(특허 및 생산기술 포함)을 제공하며, 이 투자에 대해 45%에 상응하는 투자를 한 것으로 한다.
② 을은 ○○원(또는 이에 상응하는 현물 및 아이템)을 출자하기로 하고, 기타 회계 및 경영관리에 관한 지식과 노무를 제공하며, 지분은 회사 지분의 30%에 상응하는 투자를 한 것으로 한다.
③ 병은 사무실(주소:)을 제공하고, 회사에서 제공하는 기술개발에 의한 출시상품과 자금을 이용한 영업을 성실히 하며, 회사가 존속되는 한 영업력을 발휘하여 성장할 수 있도록 영업력에 대해 회사 지분의 25%에 상응하는 투자를 한 것으로 한다.

제6조 [출자시기]
갑, 을, 병은 ○○년 ○○월 ○○일까지 출자의무를 완료하기로 한다(갑의 특허권 등 이전, 병의 사무실 소유권이전등기 포함).

제7조 [자금의 확충]
회사는 향후 경영상의 이유로 추가자금 확충이 필요할 경우 다음과 같이 진행한다.
① 갑, 을, 병이 동일한 조건으로 투자하는 데 동의할 경우, 각자 동일한 비율(또는 출자가액 비율)로 투자할 권한을 갖는다.

② 갑, 을, 병 중 일부가 투자의사를 표시한 경우, 추가투자의 의사표시를 한 당사자에게 투자의 우선권을 주기로 한다.
③ 각 당사자 모두 투자하지 않을 경우, 제3의 투자자를 모집하거나 회사 재산을 담보로 대출을 받아 자금을 확충하기로 한다.

제8조 [회사의 대표]
① 회사 경영에 필요한 제3자와의 거래, 영업상의 기타 활동에 부수되는 행위 등 회사를 경영함에 있어 필요한 모든 행위는 대표가 진행한다.
② 최초 회사의 대표는 갑이 맡기로 한다.
③ 대표의 임기는 2년으로 한다.
④ 대표의 선임은 갑, 을, 병 전원의 동의를 얻어 선출하고, 전원의 동의를 얻지 못할 경우 지분의 과반수 이상을 획득한 사람이 선임된 것으로 한다.
⑤ 대표의 해임은 동업자로서의 책임과 의무를 위반하여 더 이상 '회사'를 운영해 가는데 중대한 문제가 있다고 판단될 시 지분의 과반수 이상의 동의에 의해 해임할 수 있다.

제9조 [경업 및 겸업 금지]
갑은 회사의 목적사업과 동종 부류에 속하거나 경쟁관계에 있는 업을 따로 경영할 수 없으며, 이를 위반한 경우 갑은 이로 인해 발생한 회사의 손해를 배상해야 하고, 추후 이익분배시에 갑의 몫을 청구할 수 없다.

제10조 [영업에 대한 감시]

  회사의 대표는 다른 동업자의 요구에 따라 언제든지 서면으로 회계에 관한 사항과 영업 및 거래에 관한 대차대조표 등을 제시하고 영업 전반에 관한 사항을 보고하여야 한다.

제10조 [이익분배]

  갑, 을, 병은 회사 경영으로 발생한 이익금에 대해 다음과 같이 이익을 분배하기로 한다.

  ① 분배비율: 갑 ○○%, 을 ○○%, 병 ○○%
  ② 회사는 ○○년 ○○월 ○○일부터 이 계약이 해지될 때까지 매년 2회(6월, 12월) 이익금을 제1항 비율에 따라 분배한다.

제11조 [계약의 존속기간]

  본 동업계약은 당사자의 합의하에 지분 전체의 매각, 폐업 등 특별한 사정이 없는 한 각 당사자가 지분을 보유하는 동안은 그 효력이 지속된다.

제12조 [계약의 해지]

  각 당사자는 다음의 경우에 서면 합의로써 본 계약을 해지할 수 있다.

  ① 각 당사자가 본 계약에 따른 출자의무를 이행하지 못하였을 때
  ② 당사자 일부가 회생 또는 파산으로 인해 조합원으로서 채무를 이행할 수 없을 때

제13조 [손해배상]

갑, 을, 병은 이 계약이 당사자 어느 일방의 귀책사유로 해지 또는 종료된 경우 상대방에게 그 손해를 배상해야 한다.

제14조 [공증]

본 계약서는 계약 체결과 동시에 공증법무법인에서 공증을 하고, 그 비용은 공동으로 부담한다.

제15조 [관할법원]

본 계약으로 인하여 분쟁이 발생할 경우 관할법원은 서울중앙지방법원으로 할 것을 합의한다.

제16조 [특약사항]

상기 계약 일반사항 이외에 아래 내용을 특약사항으로 정하며, 일반사항과 특약사항이 상충되는 경우에는 특약사항을 우선하여 적용하도록 한다.

1.
2.

이상의 계약을 준수하기 위하여 갑, 을, 병은 계약서 3통을 작성하여 서명 날인 후 각 1통씩 소지하기로 한다.

○○년 ○○월 ○○일

(갑)　주　소:
　　　주민등록번호:
　　　성　명:　　○ ○ ○　　　(인)
　　　연 락 처:

(을)　주　소:
　　　주민등록번호:
　　　성　명:　　○ ○ ○　　　(인)
　　　연 락 처:

(병)　주　소:
　　　주민등록번호:
　　　성　명:　　○ ○ ○　　　(인)
　　　연 락 처:

※ 계약서가 여러 장일 경우 '간인'을 하는 것이 좋다.

— Chapter 8 —
동업계약서 작성 시 체크사항

동업계약서 작성 시 체크해야 할 사항은 다음과 같이 정리할 수 있다.[12]

규정사항	내용	체크할 사항
동업 목적 등	-	동업 대상 사업의 내용
		동업자별 출자목적물과 역할
정의규정	동업의 목적에 따라 특유한 용어가 사용되거나 동업 내용에 대해 용어의 정의가 필요한 경우	동업 대상 업종 특정 동업지역 특정 기타 사업상 특유한 용어의 정의
출자	각 동업자가 출자할 재산이나 노무의 종류, 수량	당사자별 출자목적물 특정
		출자방법 (부동산의 경우 소유권이전등기/현금의 경우 이체 등)
	출자방법	출자시기, 장소, 방법, 입금계좌 등
	출자목적물의 평가 및 지분	출자재산 또는 노무의 평가
		출자자별 지분

---

12 채정원·이은미(2015), 『법률실무가를 위한 계약서 작성 실무』, 영화조세통람, p.308.

규정사항	내용	체크할 사항
공동사업의 경영방법	공동사업의 구체적 내용 및 역할분담	공동사업 수행에 필요한 역할 세분화
		당사자별 역할 분담
	업무집행자 및 업무집행	업무집행자의 지정 또는 선출방법
		업무집행자의 업무수행 방법
		업무집행자의 권한 제한 등 - 임의 또는 단독 수행 가능한 업무 - 동업자 과반수 동의가 필요한 업무 - 동업자 전원 동의가 필요한 업무
	공동사업에 관한 의사결정	동업체의 의사결정 방법 - 동업자 총회 및 의결정족수 - 각 동업자의 이의제기 방법
	동업자 간 손실 또는 이익분배	동업자 간 이익분배 및 손실부담 비율
		이익 및 손실의 분배 - 이익 및 손실 산정방법 - 이익배분 및 손실부담 방법 - 이익배분 및 손실부담 시기
		동업자 일부의 손실부담 제한 또는 면제 - 손실 및 책임이 제한되는 동업자 - 제한의 범위 또는 면제의 조건
비밀유지	동업 중 알게 된 비밀의 유지	비밀유지의 대상
		비밀유지의무의 내용(존속기간 포함)
		비밀정보 유지의무의 예외
경업금지	공동사업과 이해관계가 상충되거나 경쟁관계에 있는 업무 종사 금지	경업금지 대상 업종, 지역 등
		금지행위의 내용 - 경쟁업체 설립금지 - 경쟁업체 취업 또는 협력 금지 등

규정사항	내용	체크할 사항
탈퇴	임의탈퇴 또는 제명	임의탈퇴 가부 및 사유
		임의탈퇴 절차 및 방법 - 통지방법/다른 동업자의 동의 요부
		제명 가부 및 사유
		제명절차 및 방법 - 동업자의 결의 요건/통지방법
		임의탈퇴 또는 제명에 따른 지분정리
지분양도	동업자 일부의 제3자에 대한 지분양도	지분양도 허용 여부
		지분양도의 방법 - 통지방법/다른 동업자의 동의 요부
		지분양도에 따른 후속처리
잔여재산 분배	사업종료와 잔여재산의 분배	잔여재산 청산 및 정산방법
		잔여재산의 분배 비율
		잔여재산의 분배 방법
제3자에 대한 책임	제3자에 대한 책임 발생 시 내부적 책임 분담에 관한 내용	책임의 대상 및 범위
		책임부담자 및 책임분담 비율
계약기간	계약의 효력 기간 계약의 효력 기간	동업관계 존속기간
		계약기간 만료 후 갱신 여부 - 갱신된 경우 계약조건 및 기간 포함
손해배상 등	계약위반에 대한 손해배상	출자의무 지체 시 손해배상
		출자한 재산에 대한 하자담보책임
		기타 의무 위반 시 손해배상
해산	동업계약의 해지	해지사유
		해지의 시기 및 방법
		해지 후 재산의 처리 - 손익분배, 잔여재산 분배 - 동업체 재산의 처분
		해지 후 청산(담당자, 절차 등)
분쟁해결	계약 관련 분쟁의 해결 방법과 관할 법원	분쟁해결방법(조정, 소송 등)
		관할법원 등

PART 4

스타트업 설립하기

스타트업 창업을 마음먹었다면 어떻게 사업을 시작해야 할지 고민해야 할 것이다. 사회적 공헌이 주목적이 아닌 이상, 이윤 추구는 기업 생존을 위한 숙명이다. 이윤 추구는 합법적인 형태로 이익을 취해야 하는데 이를 위해서는 일정한 절차가 필요하다.

아래는 설립 준비단계 후부터 설립 이후 필요한 과정을 시간 순서대로 정리한 그림이다. 구체적인 사항에 대해서는 아래에서 계속 설명할 예정이다.

<설립 준비 단계부터 설립 이후의 필요한 과정>

D-365	D-50	창업	D+30	D+120	D+180
스타트업 탐색단계	스타트업 설립단계		스타트업 운영준비단계	스타트업 특화단계	
- 창업 아이템 준비 - 설립 멤버 구성 - 사무공간 확보계획 - 운영자금 확보계획 - 법인 설립 준비	- 법인등기 등록 - 사업자 신고 - 인력, 사무공간 확정 - 창업지원사업 준비 - 창업자금(융자) 준비		- 중소기업 등록 - 벤처기업 등록 - 직접생산확인 증명 - SW사업자 신고 - 창업지원사업 지원 - 창업 관련 융자 신청	- 기업부설연구소 등록 - 이노/메인비즈 등록 - 제품관련 인허가 등록 - 제품 특화 인증(GS, 우수제품,성능인증) 등록	

— Chapter 1 —
어떻게 개인사업자를 등록할 것인가

개인사업자의 등록의 경우, 조금 과장되게 말한다면 마음만 먹는다면 지금 당장 만들 수도 있다. 가까운 세무서에 방문하여 일정한 구비서류만 제출하면 어렵지 않게 개인사업자등록증을 받을 수 있다. 일부 업종에 따라서, 인허가 사항이 존재하지만 일정 요건만 갖추면 얻을 수 있다. 해당 정보는 법제처 '찾기 쉬운 생활법령정보(oneclick.law.go.kr)'의 생활법령 −소상공인 및 전통시장 지원− 창업을 위한 확인사항 또는 '기업지원플러스(www.g4b.go.kr)'의 업종별 인허가 안내를 참고하기 바란다. 이외에도 다양한 지자체 및 정부기관에서 창업 업종에 따른 인허가 사항 및 절차 등을 소개하였으니, 개인사업자 등록 전에 필수적으로 점검하기를 바란다.)

등록 절차와 방법

창업하고자 하는 업종에 인허가 사항을 모두 준비한 경우 다음의 서류를 사업 개시일부터 20일 이내에 사업장 관할 세무서에 제출하여 사업자등록을 신청해야 한다. 개인사업자 신고를 위해 필요한 서류는 다음과 같다.

구분	첨부서류
1. 법령에 따라 허가를 받거나 등록 또는 신고를 해야 하는 사업의 경우	사업허가증 사본, 사업등록증 사본 또는 신고확인증 사본 ※ 법인설립등기 전인 경우에는 사업허가신청서 사본, 사업등록신청서 사본, 사업신고서 사본 또는 사업계획서로 대신할 수 있음
2. 사업장을 임차한 경우	임대차계약서 사본
3. 「상가건물 임대차보호법」 제2조 제1항에 따른 상가 건물의 일부분만 임차한 경우	해당 부분의 도면
4. 「조세특례제한법」 제106조의3 제1항에 따른 금지금 도매 및 소매업	사업자금 명세 또는 재무상황 등을 확인할 수 있는 자금출처 명세서
5. 「개별소비세법」 제1조 제4항에 따른 과세유흥장소에서 영업을 경영하는 경우	사업자금 명세 또는 재무상황 등을 확인할 수 있는 자금출처 명세서
6. 「부가가치세법」 제8조 제3항 및 제4항에 따라 사업자 단위로 등록하려는 사업자	사업자 단위 과세 적용 사업장 외의 사업장에 대한 위의 서류 및 소재지·업태·종목 등이 적힌 사업자등록증
7. 액체연료 및 관련제품 도매업, 기체연료 및 관련제품 도매업, 차량용 주유소 운영업, 차량용 가스 충전업, 가정용 액체연료 소매과 가정용 가스연료 소매업	사업자금 명세 또는 재무상황 등을 확인할 수 있는 자금출처명세서
8. 재생용 재료 수집 및 판매업	사업자금 명세 또는 재무상황 등을 확인할 수 있는 자금출처명세서

사업 개시 이후에 사업자 신고를 원칙으로 하고 있으나, 신고 이전에 사업자등록을 신청하는 경우에는 해당 사업체의 사업등록신청서 또는 사업계획서로 첨부서류 1을 대신할 수 있다. 통상적

으로 세무서에 사업자등록을 신청하면 3일 이내에 사업자등록증을 발급해준다. 사업자 등록을 지체할 경우 사업개시일부터 등록 신청한 날의 직전 일까지 공급가액 합계액의 1%를 곱한 금액을 가산세로 부담하게 되며, 사업자 미등록 시 매입세액 전액에 대해 공제를 받을 수 없다.

권리와 의무

개인사업자는 기본적으로 대표자가 큰 제약 없이 모든 비용 등을 처리할 수 있다. 또한 사업체와 대표자가 분리되지 않고 같은 존재로 간주된다. 그렇기 때문에 사업체에서 일어나는 모든 책임과 권리를 대표자에게 전부 귀속된다.

이미 개인사업자와 법인사업자와의 차이점을 언급하면서 이와 같은 형태의 장단점을 말한바 있다. 권리와 의무를 다시 한 번 요약하자면, 첫 번째, 모든 비용을 큰 제약 없이 처리 가능하나, 부채에 대한 책임도 전부 가진다. 두 번째, 경영 전반 이슈에 대해서 본인이 스스로 처리 가능하나, 그에 대한 책임도 전부 진다. 세 번째, 수익에 대한 세금을 종합소득세 형식으로 납부해야 한다. 이외에도 서로 다른 권리와 의무가 존재하지만, 그 범위는 법인사업자에 비해서 유연한 편이다.

── Chapter 2 ──
어떻게 주식회사를 설립할 것인가

사전 절차

회사 설립 절차를 진행하기에 앞서, 예비사업자는 기본적인 사항을 정해놓아야 한다. 즉, 정관 등에 기재될 ① 회사의 상호, ② 본점 소재지, ③ 자본금, ④ 사업의 목적을 정해 놓아야 하고, 회사를 설립할 사람(일명 '발기인')과 설립 후 선임할 ⑤ 회사의 임원(이사와 감사)을 미리 정해 놓는 것이 좋다. 회사설립 후에도 변경할 수 있으나, 추가 비용이 발생하므로 신중하게 결정하도록 하자.

구분	내용
상호	동일 관할구역 내에서는 동일한 상호를 사용하지 못하므로, 대법원 인터넷 등기소를 통하여 선등록된 동일상호가 있는지 확인하는 것이 좋다. 대법원 인터넷등기소: www.iros.go.kr
본점 소재지	사업장 소재지를 결정하여야 하며, 해당 소재지가 인구과밀지역인지 등을 확인하여야 한다.

구분	내용
자본금	최저 자본금제도가 폐지되면서 사업자가 임의로 자본금을 정할 수 있게 되었다. 임대보증금과 사무실 집기 구매비용 등을 감안하되 최소한으로 산정하는 것이 좋다. 한편, 자본금은 발행할 주식의 수 × 액면가액으로 산정된다.
사업의 목적	사업의 목적은 정관과 법인등기에 기재되는 중요한 항목이므로, 반드시 구체적으로 정해 놓아야 한다. 해당 업종이 행정기관에 별도의 인·허가가 필요한 사업인지 반드시 확인이 필요하다. 생활공감지도: www.gmap.go.kr
임원 결정	1인 주식회사 설립도 가능하나, 발기인(정관에 발기인으로 서명한 사람)이 아닌 자 중 1인을 감사로 선임하는 것이 좋다. 최소 이사 1인과 감사 1인을 준비해 놓는 것이 좋다.

설립 절차

위와 같은 사전 준비 절차가 마무리되었다면 본격적인 회사 설립 절차로 나아가게 되는데, 우선 정관을 작성한 후 발기인 등이 주식인수 및 주금납입 등을 한 후 최종적으로 설립등기를 함으로써 회사가 설립된다. 이하 각 항목에 대하여 조금 더 살펴보도록 하자.

<주식회사 설립 절차>

정관작성 ▷ 주식인수 ▷ 주금납입 ▷ 이사 및 감사 선임 ▷ 설립등기

정관 작성

1) 정관이란 무엇인가

정관定款이란 실질적으로는 '회사의 조직과 활동에 관하여 규정한 근본규칙'을 말하며, 형식적으로는 '이러한 근본규칙을 기재한 서면'을 말하는데, 회사 설립에 있어서 작성되는 정관은 이 양자를 포함한다. 즉, 정관이란 회사의 조직관 활동에 관한 근본규칙이라 할 수 있다.[1]

정관은 사업목적, 자본에 관한 내용 사항 등을 담고 있어 대외적으로 회사의 존재양식을 제시하고, 아울러 영리실현의 기본적인 방법에 관해 예측 가능성을 보여주는 기능을 하는데[2], 상법 제288조는 발기인의 정관작성을 통해 주식회사를 설립하도록 정하고 있으므로, 주식회사 설립을 위해서는 반드시 정관이 작성되어야 한다.

2) 정관의 기재사항

정관에 기재되어야 할 항목에는 ① 반드시 기재되어야 하는 '절대적 기재사항'과 ② 누락되더라도 영향은 없으나 해당 내용이 구속력을 갖기 위해서는 반드시 기재되어야 하는 '상대적 기재사항' ③ 정관에 기재할 필요는 없으니 해당 내용을 기재하면 효력이 발생하는 '임의적 기재사항'으로 구분된다.[3]

---

1 정찬형, 『상법강의』 제11판, 박영사, p.987
2 이철송, 『상법강의』 제7판, 박영사, p.641
3 상법 제289조 제1항 및 상법 제290조 등 참조

[절대적 기재사항]

정관에는 ① 목적 ② 상호 ③ 회사가 발행할 주식의 총수 ④ 액면주식을 발행하는 경우 1주의 금액 ⑤ 회사의 설립 시에 발행하는 주식의 총수 ⑥ 본점의 소재지 ⑦ 회사가 공고를 하는 방법 ⑧ 발기인의 성명·주민등록번호 및 주소 등이 반드시 기재되어야 한다.[4]

[상대적 기재사항]

만약 ① 발기인에게 특별이익을 부여하기로 하였거나 ② 현물출자(금전 이외의 재산으로 하는 출자)를 하는 경우, 또는 ③ 회사설립 후 회사가 특정재산을 인수하기로 하였거나 ④ 회사가 부담하기로 한 설립비용이 있는 경우 등에는 관련 내용이 반드시 정관에 기재되어야만 그 효력이 있다.[5]

3) 정관의 작성

정관의 작성은 앞서 살펴본 절대적 기재사항과 상대적 기재사항 등을 기재하고, 발기인들이 기명날인 또는 서명을 하면 된다. 인터넷을 통해 '상장회사협의회(www.klca.or.kr)'나 '한국증권선물거래소(www.krx.co.kr)'에서 작성한 표준정관들을 손쉽게 구할 수 있으므로, 이 장 말미에 첨부된 정관예시와 위 표준정관들을 참고하여 작성한다면 큰 어려움 없이 진행할 수 있을 것이다.

---

[4] 상법 제289조 제1항 참조
[5] 상법 제290조 참조

주식인수 및 주금납입

정관이 작성되면 설립할 주식회사의 재산을 형성하는 절차에 착수하게 된다. 즉, 각 발기인들은 서면에 의하여 주식을 인수하며 각 주식에 대한 인수가액 전액을 납입시켜야 하고, 금전 그 밖의 출자하기로 한 재산이 있다면 이를 회사에 이전할 준비를 함으로써 회사 고유의 재산을 형성하게 되는 것이다.

한편, 금전출자(주식인수)의 경우 원칙적으로 금융기관으로부터 납입보관증명서를 발부받아야 하나, 자본금 총액이 10억 원 미만이라면 금융기관의 잔고증명서로 갈음할 수 있고, 현물출자의 경우 등기·등록에 필요한 서류를 완비하여 회사에 교부하였다면 설립에 필요한 출자를 이행한 것으로 본다.[6]

이사 및 감사 선임

앞에서 살펴본 납입과 현물출자 등의 이행이 완료되면 발기인들은 지체 없이 의결권의 과반수로 이사와 감사를 선임하여야 한다. 자본금 총액이 10억 원 미만인 회사의 경우 감사를 선임할 필요는 없으나[7], 절차 간소화를 위하여 발기인 아닌 제3자를 감사로 선임하는 경우가 많다. 발기인이 아닌 제3자를 이사 내지 감사로 선임하지 않을 경우 외부 공증인으로부터 조사·보고를 받아야 하는데, 이 경우 절차가 지연될 뿐 아니라 공증인 수수료가 발생하기 때문이다.

---

6 상법 제295조 참조
7 상법 제409조 제4항 참조

설립등기

위 절차들이 모두 완료되었다면 발기인은 완료된 날로부터 2주 이내에 본점 소재지에서 설립등기를 하여야 하고, 등기로써 비로소 회사는 성립하게 된다.[8]

법인 설립등기를 위해서는 ① 임원(이사 및 감사) 전원의 인감증명서 2통 ② 각 임원의 주민등록 초본과 등본 각 1통 ③ 임원 전원의 인감도장 ④ 발기인의 잔고증명서 ⑤ 임대차계약서 사본 등을 준비하여야 하고, 등기사항에 변경이 있을 때는 본점 소재지에서 2주 내 변경등기를 하여야 한다.

<설립 비용>

구 분	과밀억제권			성장관리권역 및 자연보전권역		
	1천만원	5천만원	1억원	1천만원	5천만원	1억원
등록세	337,500	600,000	1,200,000	112,500	200,000	400,000
교육세	67,500	120,000	240,000	22,500	40,000	80,000
수입증지	30,000	30,000	30,000	30,000	30,000	30,000
법인인감	15,000	15,000	15,000	15,000	15,000	15,000
증명서 외	40,000	40,000	40,000	40,000	40,000	40,000
합 계	490,000	805,000	1,525,000	220,000	325,000	565,000

※ 변호사 등에게 의뢰할 경우, 약 50만 원 상당의 별도 수수료가 발생하게 된다.

---

8 상법 제172조 참조

정관 작성례

<정관 예시>

정 관

제1장 총칙

제1조(상호) 당 회사는 '주식회사 ○○○'라고 부른다.

제2조(목적) 당 회사는 다음 사업을 목적으로 한다.
1) _____
2) _____
3) 위 각 호에 관련된 부대사업 일체

제3조(본점과 지점) 당 회사는 본점을 _____ 내에 둔다. 필요에 따라 국내 및 해외에 지점 또는 출장소 및 영업소를 둘 수 있다.

제4조(공고방법) 당 회사의 공고는 ___ 내에서 발행하는 일간 ___ 에 게재한다.

제2장 주식과 주권

제5조(회사가 발행할 주식의 총수 및 각종 주식의 내용과 수) 당 회사가 발행할 주식의 총수는 ___ 주로서 보통주식으로 한다.

제6조(1주의 금액) 당 회사가 발행하는 주식 1주의 금액은 금 원으로 한다.

제7조(회사 설립시 발행하는 주식의 총수) 당 회사는 설립시에 _주의 주식을 발행하기로 한다.

제8조(주권의 종류) 당 회사의 주식은 전부 기명식으로서 주권은 1주권, 10주권, 100주권의 3종류로 한다.

제9조(주권불소지) 당 회사는 주권불소지 제도를 채택하지 아니한다.

제10조(주금납입의 지체) 회사설립시의 주식인수인이 주금납입을 지체한 때에는 납입기일 다음 날부터 납입이 끝날 때까지 지체주금 1,000원에 대하여 1원의 비율로서 과태금을 회사에 지급하고 또 이로 인하여 손해가 생겼을 때는 그 손해를 배상하여야 한다.

제11조(주식의 명의개서)
① 당 회사의 주식에 관하여 명의개서를 청구함에 있어서는 당 회사 소정의 청구서에 기명날인하고 이에 주권을 첨부하여 제출하여야 한다.
② 양도 이외의 사유로 인하여 주식을 취득한 경우에는 그 사유를 증명하는 서면도 함께 제출하여야 한다.

제12조(질권의 등록 및 신탁 재산의 표시) 당 회사의 주식에 관하여 질권의 등록 또는 신탁재산의 표시를 청구함에 있어서는 당 회사 소정의 청구서에 당사자가 기명날인하고 이에 확정된 제권판결의 정본 또는 주권을 첨부하여 제출하여야 한다. 그 등록 또는 표시의 말소를 청구함에 있어서도 같다.

제13조(주권의 재발행)
① 주식의 분할·병합, 주권의 오손 등의 사유로 주권의 재발행을 청구함에 있어서는 당 회사 소정의 청구서에 기명날인하고 이에 주권을 첨부하여 제출하여야 한다.
② 주권의 상실로 인하여 그 재발행을 청구함에 있어서는 당 회사 소정의 청구서에 기명날인하고 이에 확정된 제권판결의 정본 또는 등본을 첨부하여 제출하여야 한다.

제14조(수수료) 제11조 내지 제13조의 청구를 하는 자는 당 회사가 정한 수수료를 납부하여야 한다.

제15조(주주명부의 폐쇄 및 기준일)
① 당 회사에서는 매년 1월 1일부터 정기 주주총회의 종결일자까지 주주명부 기재의 변경을 정지한다.
② 제1항의 경우 이외에 주주 또는 질권자로서 권리를 행사할 자를 확정하기 위하여 필요한 때에는 이사회의 결의에 의하여 일정한 기간 동안 주주명부 기재의 변경을 정지하거나 또는 기준일을 정할 수 있다. 이 경우에는 그 기간 또는 기준일의 2주간 전에 공고하는 것으로 한다.

제16조(주주 등의 주소, 성명 및 인감의 신고) 주주, 등록질권자 또는 그 법정대리인이나 대표자는 당 회사 소정의 서식에 의하여 성명, 주소 및 인감을 당 회사에 신고하여야 한다. 신고사항에 변경이 있을 때에도 또한 같다.

제3장 주주총회

제17조(소집) 당 회사의 정기 주주총회는 영업 연도 말일의 다음 날부터 3월 이내에 소집하고 임시주주총회는 필요한 경우 수시 소집한다.

제18조(의장) 대표이사가 주주총회의 의장이 된다. 대표이사가 유고일 때에는 이사회에서 선임한 다른 이사가 의장이 된다.

제19조(결의) 주주총회의 결의는 법령 또는 정관에 다른 규정이 있는 경우를 제외하고는 발행주식 총수의 과반수에 해당하는 주식을 가진 주주의 출석으로, 그 출석 주주의 의결권의 과반수에 의한다.

제20조(의결권의 대리행사 및 총회의 의사록)
① 주주는 대리인으로 하여금 그 의결권을 행사하게 할 수 있다.
② 총회는 의사록을 작성하여야 하며, 의사록에는 의사의 경과 요령과 그 결과를 기재하고 의장과 출석한 이사가 기명날인하여야 한다.

제4장 임원과 이사회

제21조(이사와 감사의 수) 당 회사의 이사는 1인 이상, 감사는 1인 이상으로 한다.

제22조(이사의 선임) ① 당 회사의 이사는 발행주식 총수의 과반수에 해당하는 주식을 가진 주주가 출석하여 그 의결권의 과반수로 선임한다.
② 2인 이상의 이사를 선임하는 경우에도 상법 제382조의2에 규정된 집중 투표제를 적용하지 아니한다.

제23조(감사의 선임) 당 회사의 감사는 제22조의 규정에 의한 결의 방법에 의하여 선임한다. 그러나 이 경우 의결권 없는 주식을 제외한 발행주식 총수의 100분의 3을 초과하는 주식을 가진 주주는 그 초과하는 주식에 관하여는 의결권을 행사하지 못한다.

제24조(이사 및 감사의 임기)
① 이사의 임기는 취임 후 3년으로 한다. 다만, 임기 중의 최종의 결산기에 관한 정기주주총회의 종결시까지 연장할 수 있다.
② 감사의 임기는 취임 후 3년 내의 최종의 결산기에 관한 정기주주총회의 종결시까지로 한다.

제25조(회사대표) 당 회사의 대표행위는 이사회의 결의로 선임한 대표이사가 행한다.

제26조(대표이사)
① 당 회사는 대표이사 한 명을 두고 이사회의 결의로 그를 보좌할 전무이사 및 상무이사 약간명을 둘 수 있다.
② 필요에 따라 수인의 대표이사 또는 공동대표이사를 둘 수 있다.
③ 대표이사, 전무이사 및 상무이사는 이사회의 결의로 이사 중에서 선임한다.

제27조(업무진행)
① 대표이사 사장은 당 회사의 업무를 총괄하고 전무이사와 상무이사는 사장을 보좌하고 이사회에서 정하는 바에 따라 당 회사의 업무를 분담 집행한다.
② 대표이사 사장의 유고 시에는 미리 이사회에서 정한 순서에 따라 전무이사 또는 상무이사가 사장의 직무를 대행한다.

제28조(임원의 보선) 이사 또는 감사가 결원되었을 때는 임시주주총회를 소집하여 보선한다. 다만, 법정 수를 결하지 아니한 경우에는 그러하지 않을 수 있다. 보선 및 증원으로 인하여 선임된 이사나 감사의 임기는 취임한 날로부터 기산한다.

제29조(이사회의 소집) 이사회는 대표이사 또는 이사회에서 따로 정한 이사가 있을 때에는 그 이사가 회의 개최 7일 전에 각 이사 및 감사에게 통지하여 소집한다. 그러나 이사 및 감사 전원의 동의가 있는 때에는 소집절차를 생략할 수 있다.

제30조(이사회의 결의) 이사회의 결의는 이사 과반수의 출석과 출석이사의 과반수로 한다.

제31조(감사의 직무) 감사는 당 회사의 회계와 업무를 감사한다. 감사는 이사회에 출석하여 의견을 진술할 수 있다.

제32조(보수와 퇴직금) 임원의 보수 또는 퇴직금은 주주총회의 결의로 정한다.

제5장 계산

제33조(영업 연도) 당 회사의 영업 연도는 매년 1월 1일부터 당해 연도 12월 31일까지로 한다.

제34조(재무제표, 영업보고서의 작성·비치)
① 당 회사의 사장은 정기총회 개최 6주간 전에 다음 서류 및 그 부속명세서와 영업보고서를 작성하여 이사회의 승인과 감사의 감사를 받아 정기총회에 제출하여야 한다.
  1) 대차대조표
  2) 손익계산서
  3) 이익금 처분계산서 또는 결손금 처리계산서
② 제1항의 서류는 감사보고서와 함께 정기총회 개최 1주일 전부터 당 회사의 본점과 지점에 비치하여야 하고, 총회의 승인을 얻었을 때에는 그 중 대차대조표를 지체 없이 공고하여야 한다.

제35조(이익금의 처분) 매기 총 수입금에서 총 지출금을 공제한 잔액을 이익금으로 하여 이를 다음과 같이 처분한다.
1) 이익준비금(매 결산기의 금전에 의한 이익배당금액의 10분의 1이상)
2) 별도적립금 약간
3) 주주배당금 약간
4) 임원상여금 약간
5) 후기 이월금 약간

제36조(이익배당) 이익배당금은 매 결산기 말일 현재의 주주명부에 기재된 주주 또는 등록질권자에게 지급된다.

부 칙

제37조(최초의 영업 연도) 당 회사의 최초 영업 연도는 회사의 설립일로부터 당해 연도 12월 31일까지로 한다.

제38조(준용규정 및 내부규정)
① 이 정관에 규정되지 않은 사항은 주주총회결의 및 상사에 관한 법규, 기타 법령에 의한다.
② 당 회사는 필요에 따라 이사회 결의로 업무수행 및 경영상 필요한 세칙 등 내규를 정할 수 있다.

제39조(발기인의 성명과 주소) 당 회사의 설립 발기인의 성명, 주민등록번호와 주소는 이 정관 말미에 기재한다.

제40조(시행일자) 이 정관은   년   월   일부터 시행한다.

위와 같이 주식회사 ○○○(회사명)을 설립하기 위하여 이 정관을 작성하고 발기인 전원이 이에 기명날인하다.

년   월   일

주식회사 ○○○(회사명)

(주소)

발 기 인: 성명 (주민등록번호)

(주소)

발 기 인: 성명 (주민등록번호)

(주소)

※ 본 정관양식은 주식회사 정관에 기재하여야 할 가장 기본적인 내용을 예시한 것이고, 실제 정관 작성 시에는 다른 상대적·임의적 사항들을 기재할 수 있다.

— Chapter 3 —
대외 공신력을 얻을 수 있는 방법은 무엇인가

등록 및 인증제도를 설명하기 이전에 왜 인증을 받아야 하는가 생각을 해봐야 할 것 같다. 자기 PR 시대를 살아가고 지금, 어떻게 가치를 올릴 수 있는지 진지하게 고민할 필요가 있다. 사실 겉치레가 강조되는 한국사회의 풍조에서 이와 같은 쇼잉(Showing)은 기술개발보다도 더 중요한 요소일 수 있다.

개인적인 예를 들어보자면, 회사 중장기 전략 TF팀에 참여하여 성과를 상사 앞에서 발표해야 했다. 주요 핵심내용을 간단히 ppt 파일로 만들어 전달했다. 발표 이후 가장 많이 받은 지적은 내용이 아니라 ppt 완성도에 관한 부분이었고, 일주일 동안 공을 들여 ppt 파일을 다시 만들어 제대로 된 평가를 받았다. 이는 무엇을 말하고 있는 것인가? 아직은 본인이 만든 성과보다는 성과를 어떻게 감싸는 것이 더 중요하다는 것을 말하는 것이며, 기술력을 어떻게 보여주는 것이 중요하다는 반증이기도 하다.

기업의 가치를 평가받는 다양한 방법이 있다. 민간 및 공공기관 등에서 기업을 평가하는 요소 중에 중요한 요소를 차지하는 것이 바로 이 인증이며, 이러한 인증을 통해 같은 기술력을 가진 기업도 평가가 확연히 달라질 수 있다.

이제 어느 정도 등록 및 인증의 필요성을 이해했다면, 어떠한 등록 및 인증을 받아야 할지 결정해야 한다. 단순한 인증의 경우 일정 요구사항을 충족하는 경우 정량적으로 평가하는 경우도 있지만, 방문평가 등을 거쳐서 엄격히 평가하는 경우도 있다. 하지만 이러한 절차가 어렵다고 해서 컨설팅 회사 등을 통해 받는 것은 자제하기를 바란다. 비용이 드는 것은 물론이거니와, 컨설팅 회사는 그 회사가 가지고 있는 역량에 대해 정확하게 파악하기 어렵기 때문에 결론적으로 봤을 땐 손해일 수 있다. 그리고 인증제도의 특징상 영구적으로 유효하지 않고 2~3년 단위로 갱신해야만 하는데, 갱신을 위해서는 본인이 그 절차를 바르게 이해하는 것이 중요하다.

그리고 인증을 못 받으면 어떻게 하지 걱정할 필요도 없다. 최초 인증제도의 취지는 전문기관이 기업을 철저하게 평가하여 차별성을 부여하기 위함이었지만, 인증 획득 기업이 점차 증가함에 따라 인증 합격을 위한 벽이 점점 낮아지고 있다. 본인이 가지고 있는 기술을 제대로 설명할 능력만 된다면 원하는 인증은 대부분 획득할 수 있으리라 생각한다.

스타트업에게 필요한 등록·신고제도

업종별로 등록사항이 각각 상이하지만 이 책은 IT 스타트업을 중심으로 설명할 예정이다. 이외에 각 업종의 형태에 따라 필요한 인허가 사항은 정부 '기업지원플러스(www.g4b.go.kr)'의 업종별 인허가 안내를 통해 자세히 알 수 있다.

중소기업도 등록해야 진짜 중소기업

중소기업임을 확인받아야 한다? 처음 들었을 때 이게 무슨 소리인가 싶다. 중소기업인 것도 서러운데 확인을 받아야 하다니…. 하지만 스타트업 경영에 있어서 중소기업 확인은 필수적이다. 왜냐하면 중소기업 확인을 통해야 받을 수 있는 세제 혜택 및 정부 지원 사업이 많기 때문이다. 특히 공공조달 시장에 참여하기 위해서는 중소기업 확인이 필수적이다. 정부는 SW산업진흥법을 개정하여 정부 공공정보화사업에 참여에 대기업(매출액 기준 8천억 이상)이 80억 이하 사업에는 참여할 수 없게 하였고, 8천억 이하 대기업은 40억 원 이하 규모의 사업에 참여하지 못하게 하였다. 결론적으로 40억 이하 공공조달 사업에는 중소기업만이 참여할 수 있다. 실익적인 측면에서 법의 재개정 요구가 각계에서 일어나고 있으나, 어느 정도 중소기업이 공공사업에 참여할 수 있는 기회를 넓혀준 효과가 있다. 그 증거로 SW산업진흥법 개정 이후로 최근 몇 년간 중소기업의 참여가 지속적으로 늘어나고 있다는 사실이다.

사실 스타트업들이 공공부문 시스템통합(SI)에 적극적으로 참여하는 경우는 많지 않을 것 같다. 공공사업은 높은 이윤을 주지 못하지만 민간부문보다 안정적으로 용역에 대한 대가를 획득할 수 있으며, 정부대상 레퍼런스는 민간 영역에서 제품을 홍보하는 데 큰 도움을 준다. 그렇기 때문에, B2B, B2C 모델 위주의 사업 포트폴리오를 가지고 있는 스타트업이라고 할지라도 공공조달부문에 대해 관심을 게을리하면 안 된다. 그런 의미에서 중소기업 확인은 미래의 생길 수 있는 기회와 리스크를 모두 대비할 수 있는 최소한의 준비이다.

<공공정보화 프로젝트 대기업 비중>

연도	중소·중견기업		대기업·상업제한 기업	
	규모(억 원)	비율(%)	규모(억 원)	비율(%)
2010년	12,946	46.1	15,123	53.9
2011년	12,130	53.6	10,491	46.4
2012년	18,579	54.9	15,282	45.1
2013년	24,839	65.6	13,034	34.4
2014년	33,473	72.0	12,994	28.0

중소기업의 구분

중소기업의 기준은 중소기업기본법에 의해 다음과 같이 정해져 있다. 우선 규모적인 측면에서는 평균매출액을 기준으로 업종별로 구분되어 있다. 또한 자산총액은 5,000억 원 미만이어야 한다. 하지만 외형적인 규모에 중소기업 기준에 만족하더라도 대기업의 자회사이거나 계열사들과 합한 규모가 중소기업 규모 기준을 초과하는 기업은 중소기업으로 확인해주지 않는다. 소유와 경영의 실질적 독립성을 판단하는 기준은 아래와 같으며, 어느 하나라도 해당되면 중소기업이 될 수 없다.

<중소기업 배제 기준>

1. 상호출자제한기업집단 및 채무보증제한기업집단에 속하는 회사
2. 자산총액 5,000억 원 이상인 법인(외국법인, 비영리법인 제외)이 주식 등의 30% 이상을 직접적 또는 간접적으로 소유하면서 최다출자자인 기업
3. 관계기업에 속하는 기업의 경우에는 출자 비율에 해당하는 평균매출액을 합산하여 업종별 규모 기준을 미충족하는 기업

해당 기업의 주된 업종	규모 기준
의복, 의복 액세서리 및 모피제품 제조업	평균매출액 등 1,500억 원 이하
가죽, 가방 및 신발 제조업	
전기장비 제조업	
가구 제조업	
식료품 제조업	평균매출액 등 1,000억 원 이하
전자부품, 컴퓨터, 영상, 음향 및 통신장비 제조업	
그 밖의 기계 및 장비 제조업	
도매 및 소매업	
인쇄 및 기록매체 복제업	평균매출액 등 800억 원 이하
출판, 영상, 방송통신 및 정보서비스업	
전문, 과학 및 기술 서비스업	
사업시설관리 및 사업지원 서비스업	평균매출액 등 600억 원 이하
보건업 및 사회복지 서비스업	
예술, 스포츠 및 여가 관련 서비스업	
수리(修理) 및 기타 개인 서비스업	

해당 기업의 주된 업종	규모 기준
숙박 및 음식점업	평균매출액 등 400억 원 이하
금융 및 보험업	
부동산업 및 임대업	
교육 서비스업	

중소기업보다 더 작은 매출액을 가진 기업들을 소기업 및 소상공인으로 분류하여 정부에서 확인해주고 있는데, 소기업의 경우 중소기업보다 평균매출액 약 1/10의 규모의 업체들을 말하며, 업종별 매출액 규모는 중소기업기본법 시행령에 규정되어 있다. 또한 소상공인은 종업원의 수를 통해서 구분이 되는데 업종에 따라 5~10인 미만의 종업원을 보유한 형태에 해당된다. 여기서 궁금한 점이 생길 것 같다. 중소기업, 소기업, 소상공인 확인 중 어느 것을 받아야 할지를 말이다. 여기에 대한 정답은 실제 기업의 매출규모 및 종업원 수에 따라 받으면 된다는 것이다. 약간의 차이는 있으나, 3개 분류에 따른 혜택은 대동소이하다.

어떻게 받을 수 있는가?

중소기업 확인은 온라인으로 신청하는 것을 원칙으로 하고 있다. '중소기업현황정보시스템(sminfo.smba.go.kr)'에 접속하여 중소기업 발급절차에 따라 진행하면 된다. 온라인으로 자료제출이 어려우면, 오프라인으로도 진행이 가능하나 되도록 온라인 발급을 권장한다. 왜냐하면 중소기업 확인은 한 번 받으면 영구적으로 이어지는 것이 아니라, 매년 다시 발급받아야 하는 업무로써, 기업 경영에 있어 지속적으로 이어져야 할 업무이다. 회계자료 제출의 경우 세무대리인을 통해 제출하게 되어 있으니 해당 과정은 담당 세무사의 지원을 받아야 한다.

1. 온라인 제출 자료 준비

- 회계 프로그램을 통하여 국세청에 신고할 때와 동일한 '전자신고파일'을 제작(세무대리인에게 요청)
- 온라인으로 제출할 전자신고파일 종류는 중소기업현황정보시스템 참조

2. 온라인 자료 제출

- [중소기업(소상공인) 확인서 발급] - [온라인 자료제출] 메뉴에 접속
- '자료 제출하러 가기'를 클릭하여 온라인 자료제출 프로그램을 통해 미리 제작한 '전자신고파일' 제출
- [자료제출메뉴얼]을 참조하여 제출하시기 바라며 온라인 자료제출은 로그인하지 않고도 이용 가능

3. 회원가입 및 확인서 신청

- 회원가입이 안 되어 있는 경우에는 회원가입 실시: [홈] > [회원 로그인] > [회원가입]에서 일반회원으로 가입
- 로그인 후 [중소기업(소상공인) 확인] > [제출서류 조회하기] > [온라인 제출서류 조회] 메뉴에서 온라인으로 서류가 정상적으로 제출되었는지 확인
- 온라인으로 모든 서류가 정상적으로 제출된 경우에는 [중소기업(소상공인) 확인서 발급] > [신청서 작성] 메뉴를 클릭하여 신청서를 단계별로 작성
- 일부 서류가 온라인으로 미제출된 경우에는 미제출된 서류를 다시 온라인으로 제출한 후 신청서를 작성

IT 기업임을 증명하는 소프트웨어사업자 신고

SW사업자신고는 다음에 설명할 직접생산증명과 함께 공공조달 사업에 참여를 위한 기본 조건이라고 할 수 있다. 공공조달 사업의 IT 사업 공고문의 사업 참여조건을 보면 다음과 같은 문구를 자주 발견할 수 있다. 소프트웨어사업자신고의 취지는 SW 수요자에게 신뢰성 있는 정보제공을 통한 관련 산업의 촉진 및 건전한 발전 도모에 있지만, 실질적으로 소프트웨어사업자 신고는 아래와 같은 공공조달 참여조건을 충족시키기 위한 경우가 더 많다.

> (1) 미래창조과학부에 소프트웨어산업진흥법 제 24조 동법시행령 제17조에 의거 입찰공고일 현재 **소프트웨어사업자**(분야: 컴퓨터관련서비스사업) **신고를 필한 업체**
>
> (2) 중소기업제품 구매촉진 및 판로지원에 관한 법률 제8조에 의한 중소기업자로서 중소기업·소상공인 및 장애인 기업 확인요령에 따라 발급된 중소기업확인서를 소지한 업체 또는 동 법률 제33조에 의한 간주 중소기업으로서, 「전산업무(소프트웨어)개발」 분야 직접생산증명서를 소지한 업체(단, 개찰일의 전일 이전에 발급된 것으로서 유효기간 내에 있어야 함)

군이 공공조달에 참여하지 않더라도 IT 사업에 참여하는 기업은 사업자 신고를 진행하는 것이 좋다. 해당 절차는 허가가 아닌 신고에 해당하는 절차로 어렵지 않게 신고서를 받을 수 있다. 온라인과 오프라인으로 모두 신청이 가능하며 일정 구비서류가 필요하다. 온라인 신청은 SW산업정보종합시스템(www.swit.or.kr)의 'SW사업자 신고' 메뉴를 통해 진행이 가능하다. 제출해야 할 서류 중에 중소기업확인서 또는 중소기업자가진단확인서가 필요하므로, 중소기업 확인 이후 소프트웨어사업자 신고를 하는 것이 효율적이다.

<SW사업자 신고 방법(온라인 절차)>

② 아이핀 인증을 통해 가입
④ 신고종류(신규/변경/합병) 선택하여 신고
⑤ 정보통신망을 통하여 제출(확인서 수령방법 기재)
⑥ 수수료 납부방법: 전자결제, 현금납부, 무통장 입금, 계좌이체
⑩ 교부방법: 인터넷 발급(공인인증서 필요), 방문수령, 택배, 퀵서비스

※ 처리기한: 서류접수일로부터 7일 이내(영업일 기준)
※ 발송비용: 사업자가 부담

G2B 사업 참여의 기본 조건, 직접생산확인 증명

직접생산 확인제도는 본래 실제 제조능력이 없는 제조업체가 공공조달시장에 진입하는 것으로 사전에 차단하기 위한 제도이다. 하지만 현재는 제조업뿐만 아니라, 공공조달의 각 분야에서 직접생산증명을 요구하고 있다. 제도의 이름에서 볼 수 있듯이 사업수주 이후에 직접 생산이 아니라 하도급 등의 방법 등을 통해 이윤만 취하고 품질을 담보할 수 없는 상황을 만든 제도로써. 각 업종에서 요구하는 인적·기술적 요구사항을 갖춰야지만 직접생산확인 증명을 받을 수 있다. 먼저 직접생산확인을 발급받기 이전에, 현재 회사의 업태에 따라 직접생산에 필요한 요건이 충족되는지 중소기업청 고시 '중소기업자 간 경쟁제품 직접생산 확인기준'에 의거하여 준비하면 된다. IT 스타트업에 밀접하게 관련된 제품 중 ①전산업무, ②자료처리업무, ③ 공간정보 데이터베이스 및 시스템구축의 각각의 확인 기준은 다음과 같다.

업종별 확인기준

1) 전산 업무

• 직접생산 정의

소프트웨어개발의 직접생산은 소프트웨어 사업자로 신고하고, 일정 규모의 작업장과 컴퓨터(PC) 시설을 보유하여 이를 기반으로 개발툴, 인터넷통신 등을 지원받아 자체 전문기술인력이 여러 생산공정을 통하여 제품을 완성하는 것을 말함.

• 직접생산 확인기준

항목		내용	비고
생산공장		① 사업자등록 ② 소프트웨어사업자 신고 ③ 사업장 면적 10m² 이상	- 사업자등록증명원 - 소프트웨어사업자 신고서 - 임대차계약서 등
생산시설		① 개발용 컴퓨터(PC) 1대 이상	
생산인력		① 대표자 포함 소프트웨어개발 인력 1인 이상 - 자격 및 경력증명: 소프트웨어산업 진흥법 제2조 제5호 및 시행령 제1조의 2에 해당하는 소프트웨어 기술자 - 졸업증명: 소프트웨어공학, 컴퓨터공학, 전자상거래, 인터넷, 시스템공학, 정보보호, 지식정보 등	- 4대보험 납부증명으로 확인(1개 이상 보험가입 증빙자료확보) - 증명서 사본 제출
생산공정	전체공정	정보화 전략 수립→요구 사항 정의→분석→설계→구현→ 시험→준공(납품)→운용 및 유지보수	
	필수공정	요구사항정의→분석→설계→구현→시험→준공(납품)→운용 및 유지	
기타		① 최근 1년 이내 납품실적(대표자 포함 생산인력 2인 이하인 경우에만 해당)	- 계약서사본 및 매출세금계산서

2) 자료처리업무

• 직접생산 정의

자료처리업무의 직접 생산은 비전자자료(종이 문서)를 전자자료로 변환하여 출력, 검색할 수 있도록 정보화하는 것으로, 보유시설(서버, 스캐너, PC) 및 인력을 활용하여 자료의 선별, 분류, 스캐닝, 보정 및 점검, 품질검사 등의 각 공정을 거쳐 자료관 시스템DB에 입력하여 출력 및 검색할 수 있도록 하는 것을 말함.

• 직접생산 확인기준

항목		내용	비고
생산공장		① 사업자등록 ② 작업장 면적 40㎡ 이상	- 사업자등록증명 - 자가보유인 경우 건물등기부등본, 임차인 경우 임대차 계약서 및 임대료 납부 증빙자료
생산시설		<입력 부분> ① 서버 1대 이상 ② 스캐너 2대 이상 ③ 입력기기(PC) 6대 이상 <DM 및 출력 부분> ① DM 관련 장비 3대 이상 ② 출력 장비 2대 이상	
생산인력		① 상시근로자(대표자 제외): 자료처리업무인력 2인 이상	- 4대보험 납부증명으로 확인(1개 이상 보험가입 증빙자료 확보)
생산공정	전체공정	자료선별→분류 및 정리→면 표시→색인 및 입력→스캐닝 작업→보정 및 점검→품질검사→시스템DB 입력→기록물 재편철	
	필수공정		

3) 공간정보 데이터베이스 및 시스템구축

• 직접생산 정의

공간정보데이터베이스 및 시스템구축의 직접생산은 각종 자연물(산, 강, 토지 등)과 인공물(건물, 도로, 철도 등)에 대해 자료취득 측량장비를 이용하여 확보한 데이터의 속성 정보, 공간정보를 컴퓨터 운영체계 안에서 질의·분석·가공하여 완제품을 생산하는 것을 말함.

• 직접생산 확인기준

항목	내용		비고
생산공장	① 사업자등록 ② 측량업등록(측량업에만 적용) ③ 항공기사용사업등록(항공촬영업에만 적용) ④ 소프트웨어사업자 신고(GIS응용개발업에만 적용)		- 사업자등록증명 - 측량업등록증 또는 측량업등록수첩 - 항공기사용사업등록증 - 소프트웨어사업자신고서
생산시설	측량업	GIS응용개발업	*입찰대상용역에 의한 입찰참가자격 기준에 한함
	① 측량·수로조사 및 지적에 관한 법률 시행령 제36조의 규정에 의한 '측량업의 등록기준' 충족	① 개발용 PC 3대 이상 ② 서버 1대 이상	
생산인력	측량업	GIS응용개발업	- 4대보험 납부증명으로확인(1개 이상 보험가입 증빙자료 확보) - 기술능력 해당 자격증 확인
	① 측량·수로조사 및 지적에 관한 법률 시행령 제36조의 규정에 의한 '측량업의 등록기준' 충족	① 정보처리(산업)기사 2인 이상(대표자 제외)	
생산공정	전체공정	① 공간정보 수집(측량) ② 공간정보 가공/처리 ③ 공간정보 유통/판매	- 해당 면허·등록요건에 의한 실제 용역투입 기술인력 확인
	필수공정	④ 2차 가공 부가가치산출 ⑤ 공간정보 콘텐츠 서비스 및 시스템 개발	
기타	① 측량·수로조사 및 지적에 관한 법률 시행령 제36조의 규정에 의한 '측량업의 등록기준' 충족(측량업에만 적용)		

직접생산확인 증명 등록절차

직접생산확인 품목에 따라 일부 차이는 있지만, 통상적으로 아래와 같은 6단계 절차를 거치게 된다.

직접생산확인 신청	실태조사 수행 대표 관련 단체 배정
- 주체: 신청기업 - 내용: 중기청 공공구매종합정보(www.smpp.go.kr)에 기업정보 및 직접생산 해당 품목 확인 신청	- 주체: 중소기업중앙회 - 내용: 신청기업의 내용 접수 이후, 해당 품목 직접확인 관련 단체를 중앙회에서 배정
업체방문 실태조사	**확인기준 관련 필수서류 제출**
- 주체: 실태조사원 - 내용: 신청기업에 방문하여 제출서류와의 일치 여부 및 일반사항 점검	- 주체: 신청기업 - 내용: 실태조사 담당 기관에 신청기업은 직접 생산확인에 필요한 서류 제출
실태조사 결과 입력 및 조사결과 제출	**검토 및 승인**
- 주체: 실태조사원 - 내용: 점검결과들을 종합하여 입력하여 중앙회 담당 부서에 제출	- 주체: 중소기업중앙회 - 내용: 실태조사원의 현장심사 결과에 따라 승인 여부 결정 후 직접생산확인증명서 발행

먼저, 해당 기업에서 직접생산확인을 받고 싶어하는 품목을 선택하여 '중소기업청 공공구매종합정보 사이트(www.smpp.go.kr)'를 통해 신청한다. 신청 이전에 각 품목에 필요한 확인 기준을 사이트 내에서 점검한 후 신청이 필요하다. 신청이 접수되면 중소기업중앙회는 해당 품목의 지정 실태조사기관에 의뢰하여 해당 기업에 방문할 수 있도록 배정한다. 일부 품목에 대해서는 현장방문 없이 바로 4단계인 확인기준 관련 필수서류 제출로 넘어가기도 하는데, 위의 소개한 전산 업무가 이에 해당한다. 일단 실태조사 기관이 배정되면, 담당 실태조사원은 확인 기준에 필요한 서류를 신청 기업에 요청하게 되며, 기업은 해당 서류를 사전에 준비하여 현

장조사 시 제출하게 된다. 현장조사 시에는 서면으로 제출한 사항과 현장에 실제 현황이 일치하는지 여부를 조사하게 되며, 직접생산 확인기준에 충족하면 이에 대한 실태 결과를 입력하여 최종 승인기관인 중소기업중앙회에 결과를 제출하게 된다. 직접생산확인 기준을 충족된 것을 확인하면 승인 이후, 온라인에서 증명서를 출력할 수 있으며 승인일로부터 2년간 유효하다.

스타트업에게 필요한 인증제도

스타트업 인증은 벤처기업 인증부터

서두에서 설명했지만 스타트업과 벤처기업은 어느 정도 차이점이 존재한다. 하지만 제도적으로 스타트업과 벤처를 구분하는 것은 조금 힘들 것 같다. 현재 벤처기업이라는 표현보다는 스타트업이라는 표현을 더 많이 쓰는 것은 사실이지만, 창업을 장려했던 10여 년 전 여전히 벤처라는 말이 창업 기업을 대표했고 현재 제도에는 벤처라는 말이 더 많이 남아 있다. 벤처기업 인증제도도 과거의 실정에 맞추어 명명된 제도인데 이제는 이름을 바꾸는 것도 고려해봐야 하지 않을까 생각이 든다. 그렇다면 왜 벤처기업 인증을 받아야 할까? 중소기업청에서 설명된 혜택을 바탕으로 스타트업에 도움이 될 만한 사항만 정리하면 다음과 같다.

<벤처기업 우대제도>

구분			주요 지원 내용
금융	신용보증		- 벤처기업에 대한 기보의 우선적 신용보증 - 신용보증 심사 시 우대(보증 한도 50억 원(일반 30억 원), 보증료율 0.2% 감면 등) - 기술력 및 신용도 우수 기업에 대한 연대보증 기준 완화
인력	기업부설연구소 설립요건 완화		- 벤처기업이 기업부설연구소를 설립하는 경우, 연구전담요원 2인(일반기업: 5인)
	병역특례		- 병역특례 연구기관으로 지정받을 수 있는 신청 기회를 연 2회 부여(일반기업은 1회) - 산업기능요원 추천심사 시 가점 부여
세제	소득세 감면		- 투자신탁의 이익 및 배당금에는 벤처기업 주식(출자지분) 거래나 평가로 인한 손익은 불포함(비과세)
			- 벤처기업의 기업부설연구소에서 연구활동에 직접 종사하는 자가 받는 연구보조비 또는 연구활동비 중 월 20만 원 이내 금액에 대한 소득세 비과세
	창업세제	지원대상	- 창업 후 3년 이내에 2015.12.31까지 벤처 확인받은 기업에 한함 (이하 '창업벤처중소기업'이라 함) ※ 창업중소기업 및 창업벤처중소기업 범위에 해당되는 업종 - 수도권과밀억제권역 이외의 지역에서 창업중소기업으로 중복 세액감면적용은 불가 - 감면기간 중 벤처 확인이 취소된 경우 취소일이 속하는 과세 연도부터 감면을 적용하지 않음
		법인세, 소득세 50% 감면	- 창업벤처중소기업이 벤처 확인받은 이후 최초로 소득이 발생한 과세연도와 그다음 과세연도부터 4년간 50% 세액감면
		등록세 면제	- 창업벤처중소기업이 벤처확인일(창업중소기업은 창업일)로부터 4년 이내에 취득하는 사업용 재산의 등기에 대한 등록세 면제
		취득세 면제	- 창업벤처중소기업이 벤처확인일(창업중소기업은 창업일)로부터 4년 이내에 취득하는 사업용 재산에 대해 취득세 면제
		재산세 50% 감면	- 창업벤처중소기업이 당해 사업에 직접 사용하는 사업용 재산에 대해 벤처 확인일(창업중소기업은 창업일)부터 5년간 재산세의 50% 감면
	지방세		- 벤처집적시설 사업시행자가 취득하는 부동산에 대해 취득세 및 등록세 면제와 재산세 50% 감면
			- 과밀억제권역 내에서의 벤처집적시설 입주기업에 대한 취득세, 등록세, 재산세 중과 배제
	부가가치세		- 창투조합 및 한국벤처투자조합에 제공하는 자산관리 - 운용용역의 공급에 대해서는 부가가치세 면제

구분		주요 지원 내용
세제	M&A 세제	- 주식회사인 법인이 벤처기업과의 전략적 제휴를 위한 주식 교환 시 발생하는 양도차익에 대해 처분 시까지 과세이연
		- 벤처기업의 합병 시 이월결손금 승계를 통한 법인세 감면
	법인세 감면	- 벤처지주회사가 자회사인 벤처기업으로부터 받은 수익금에 대해 익금 불산입

정부에서 제시된 우대사항만으로는 이해하기 힘들다면 벤처기업 인증이 필요한 사항을 4가지 정리해서 설명토록 하겠다.

스타트업이 벤처기업 인증을 받아야 하는 이유

1. 스타트업 창업의 자본 확보는 필연적으로 은행 대출이 필요하다. 벤처기업 인증을 받는다면 절차도 수월해지며, 조건도 좋아진다.
2. 기업부설연구소가 가져다주는 혜택은 많은데 연구인력 5인 확보가 쉽지 않다. 벤처기업 인증을 받으면 연구인력이 2명이면 충분하다.
3. 스타트업의 우수인력 확보 어떻게 할 것인가? 벤처기업 인증을 통해 병역특례 연구기관으로 등록하여 우수인력을 손쉽게 확보할 수 있다.
4. 스타트업 돈을 많이 버는 것도 중요하지만 적게 쓰는 것도 중요하다. 세제 혜택의 최고의 솔루션 벤처기업 인증을 받아야 한다.

벤처기업 인증 등록요건

벤처 유형	기준요건
유형1 벤처투자기업	1. 벤처투자기관으로부터 투자받은 금액이 자본금의 10% 이상일 것 　단, 문화상품 제작자의 경우 자본금의 7% 이상 　※ 벤처투자기관: 중소기업창업투자회사, 중소기업창업투자조합, 신기술사업금융업자, 신기술사업투자조합, 한국벤처투자조합, 투자전담회사, 기타 대통령령으로 정하는 기관 2. 투자 금액이 5천만 원 이상일 것
유형2 연구개발기업	1. 기술개발촉진법 제7조 규정에 의한 기업부설연구소 보유(필수) 2. 업력에 따른 아래 기준에 부합할 것 　▶ 창업 3년 이상 기업: 확인요청일이 속하는 분기의 직전 4분기 연구개발비가 5천만 원 이상이고, 매출액 대비 연구개발비 비율이 별도 기준 이상일 것 　▶ 창업 3년 미만 기업: 확인요청일이 속하는 분기의 직전 4분기 연구개발비가 5천만 원 이상일 것(연구개발비 비율 적용 제외) 3. 사업성 평가기관으로부터 사업성이 우수한 것으로 평가
유형3 기술평가 보증기업	1. 기보 또는 중진공으로부터 기술성이 우수한 것으로 평가 2. 기보의 보증(보증가능금액 포함) 또는 중진공의 대출(대출가능금액 포함)을 순수신용으로 받을 것 　▶ 기보: 기술평가보증에 한함 　▶ 중진공: 중소벤처창업자금/개발기술사업화자금/신성장기반자금중 신성장유망 지식서비스 관련 자금 　※ 기보, 중진공 공통: 개정법 시행일(2006.6.4)이후 보증 및 대출에 한함 3. 상기 2의 보증 또는 대출금액이 8천만 원 이상이고, 당해 기업의 총자산에 대한 보증 또는 대출금액 비율이 5% 이상일 것 　① 창업 후 1년 미만 기업: 보증 또는 대출금액 4천만 원 이상(총자산대비 비율은 적용배제) 　② 보증금액 10억 원 이상인 기업은 총자산대비 비율 적용배제
유형4 예비벤처기업	1. 법인설립 또는 사업자등록을 준비 중인 자 2. 상기 1. 해당자의 기술 및 사업계획이 기보, 중진공으로부터 우수한 것으로 평가

제시된 벤처 요건들이 조금 어렵게 정의되어 있다. 우선 스타트업이라고 하면 유형2부터 주의 깊게 볼 필요가 있다. 벤처기업 인증 이전에 연구 인력이 충분하여 기업부설연구소를 먼저 설립하였다면, 어렵지 않게 유형2 연구개발기업으로 벤처기업 인증을 받을 수 있다. 그렇지 않다면, 유형3, 4를 통해야 하는데, 이 경우, 기업의 기

술을 제대로 설명할 수 있는 사업계획서가 필요하다. 하지만 섣부른 걱정은 안 해도 좋을 것 같다. 벤처기업 인증의 취지가 중소규모의 기술력이 있는 기업을 지원하고자 하는 것이므로, 어느 정도 경쟁력이 있는 기술력이나 아이템이 있다면 충분히 가능하다.

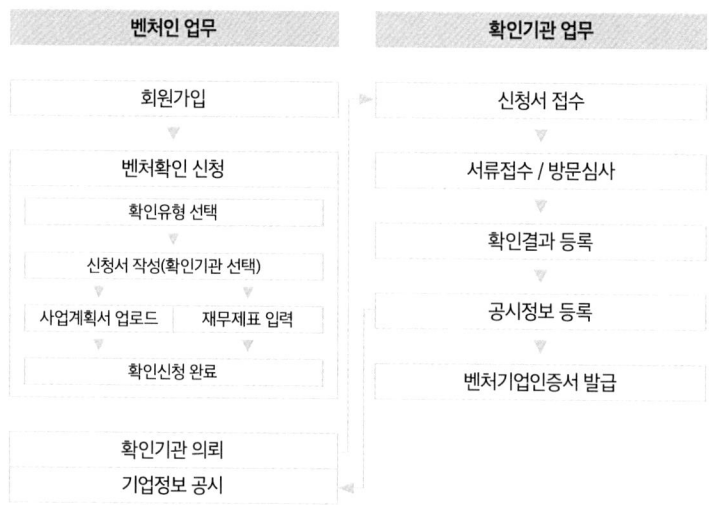

현재 벤처기업 인증은 대부분 온라인으로 처리가 가능하다. 위의 벤처 확인 신청 절차의 사업계획서 업로드 및 재무제표 입력 등은 벤처기업 확인·공시 시스템인 '벤처인(www.venturein.or.kr)'에서 가능하다. 앞에서 말했지만, 이와 같은 절차를 컨설팅기관에서 대리하는 것은 절대 좋은 방법이 아니니 시행착오를 겪더라도 직접 실행하기를 바란다.

연구하는 스타트업의 증명은 기업부설연구소 설립부터

스타트업의 최대 핵심 역량은 차별화된 아이디어라고 할 수 있다. 특화된 제품을 위해는 지속 가능한 연구환경을 조성하기 때문에 기업에서 R&D는 매우 중요한 비중을 차지한다. 이와 같은 환경은 기업의 자발적인 노력으로 이루어지기도 하지만 스타트업과 같이 여력이 부족한 소규모 기업들의 R&D 환경 구축을 독려코자 정부에서 일정 요건의 물적·인적 요건을 갖춘 기업에 기설 부설연구소 설립을 인가해주고 이에 대한 혜택을 줌으로써, 자체 R&D 환경 조성을 독려하고 있다. 개인사업자를 포함한 모든 영리기관에서 신청이 가능하며, 기본적으로 먼저 설립을 한 후에 신고는 그 이후에 하는 체계를 가지고 있다. 공식적으로 기업부설연구소로 인정받기 위해서는 다음과 같은 요건이 필요하다.

구분			신고요건
인적 요건	연구소	벤처기업	연구전담요원 2명 이상
		연구원창업중소기업	
		소기업	연구전담요원 3명 이상 단, 창업일로부터 3년까지는 2명 이상
		중기업	연구전담요원 5명 이상
		국외에 있는 기업연구소(해외연구소)	연구전담요원 5명 이상
		중견기업	연구전담요원 7명 이상
		대기업	연구전담요원 10명 이상
	연구개발 전담부서	기업 규모에 관계없이 동등 적용	연구전담요원 1명 이상
물적 요건	연구시설 및 공간요건		연구개발활동을 수행해 나가는 데 있어서 필수적인 독립된 연구공간과 연구시설을 보유하고 있을 것

연구전담 요원은 일정한 요건을 갖춘 자여야 한다. 먼저, 자연계(자연과학·공학·의학계열) 분야 학사 이상자로서, 연구개발활동 분야 전공자 또는 해당 연구개발경력 1년 이상 보유한 경우이거나 연구개발활동과 관련된 국가기술자격법에 의한 기술·기능 분야 기사 이상이면 모든 기업에서 연구전담 요원으로 인정된다. 중소기업의 경우 요건을 완화하여 다음과 같은 요건을 갖춘 인력도 연구전담 요원으로 인정한다.

중소기업 해당 연구전담요원 요건
- 연구개발활동과 관련된 자연계 분야 전문학사로 해당 연구분야 2년 이상 경력자(3년제는 1년 이상 경력자)
- 연구개발활동과 관련된 국가기술자격법에 의한 기술·기능 분야 산업기사로 해당 연구분야 2년 이상 경력자
- 마이스터고 또는 특성화고 졸업자로 해당 연구분야 4년 이상 경력자
- 기능사 자격증 소지자의 경우, 관련 연구개발 경력 4년 이상인 경우 연구전담요원 인정 가능
  ※ 창업 3년 미만 소기업: 대표이사가 연구전담요원 자격을 갖춘 경우 연구전담요원 인정 가능

또한 인적 요건 외에도 독립된 연구공간이 마련되어야 하는데, 통상적으로 벽면으로 고정된 벽체로 구분하고 별도의 출입문을 갖춘 독립공간이 확보되어야 하나, 소기업 및 지식기간 서비스 분야의 중소기업의 경우 독립적인 공간을 확보가 어려울 경우 다른

부서와 칸막이 등으로 구분하여 운영할 수 있다. 더불어, 연구전담 요원이 연구를 위해 필요한 기자재들을 공간 내에 위치해야 한다.

왜 받아야 하나?

그러면 기업 내 R&D 업무 활성화 이외에 어떠한 혜택이 있는 것일까? 기본적으로 각종 조세, 관세, 자금지원, 병역 대체 등의 혜택이 존재한다. 가장 혜택이라 할 수 있는 세제 혜택의 경우, 연구 및 연구개발비에 대해 지출액의 25%까지 세액공제를 받을 수 있으며, 연구 개발을 위한 설비투자에 대한 세액 공제율도 10%까지 받을 수 있다. 또한 기업부설연구소용 부동산 취득 시에는 취·등록세가 면제되고 지방세도 감면된다. 연구소에 소속된 인력들은 매년 소득공제 혜택이 부여됨에 따라, 전담요원의 복지에도 어느 정도 효과가 있다.

관세의 경우, 연구소에서 활용해야 하는 학술연구용품에 대해 관세가 감면되며, 국가연구개발사업에 필요한 자금 조달 시 기업부설연구소를 보유한 기업에 가점 등이 부여된다. 그리고 기설부설연구소 보유기업은 병역특례업체로 신청이 가능함에 따라, 연구전담인력의 기술력 유출 없이 안정성 높은 연구환경 구축이 가능하다. 이런 혜택은 실제로 스타트업과 같은 중소규모의 기업에 큰 도움이 되는 것으로 파악되고 있다. 신문 기사에 소개된 몇 가지 사례를 소개하도록 하겠다.

어떻게 받을 수 있나?

기업부설연구소 신규설립 및 변경 등록은 한국산업기술진흥협회 '연구소/전담부서 신고관리시스템(www.rnd.or.kr)'에서 온라인으로 신청이 가능하다. 온라인 설립 신고는 아래와 같은 그림과 같은 절차로 이루어지며, 입력해야 정보는 다음과 같다.

No.	항목	설명
1.	기업정보 등록	신고 기업의 정보 등록
2.	연구소/전담부서 정보 등록	신고 연구소/전담부서의 정보 등록
3.	연구사업개요서 등록	설립배경 및 필요성, 관장할 기능, 연구분야 등
4.	직원현황 등록	연구원(연구소장, 전담요원, 보조원, 관리직원) 등록
5.	시설명세서 등록	품명, 모델명, 단가(백만 원), 수량 등

또한 입력 이후, 각 사항을 증빙하기 위해 다음과 같은 구비서류가 필요하다. 모든 절차는 온라인으로 이루어지기 때문에, 문서로만 보관하고 있는 서류는 스캔하여 미리 파일화할 필요가 있다.

No.	항목	설명
1.	기업, 연구소/전담부서 조직도	신고 기업의 정보 등록
2.	기업, 연구소/전담부서 전체도면	신고 연구소/전담부서의 정보 등록
3.	연구소/전담부서 현판 및 내부 사진	현판 사진 및 연구소/전담부서의 내부를 확인할 수 있는 내부 사진
4.	해당 기업 첨부서류	벤처기업확인서, 중소기업입증서류 등
5.	사업자등록증 사본 및 기타 서류 첨부	사업자등록증, 연구소 인정에 필요한 서류

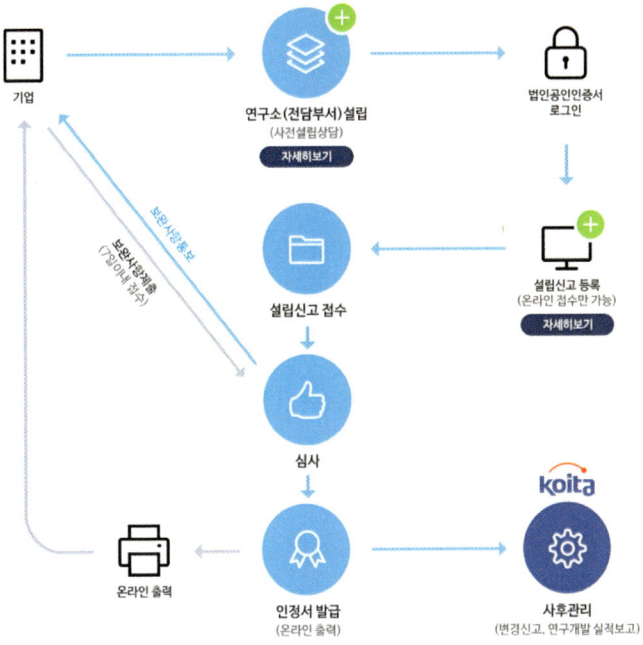

출처: 한국산업기술진흥협회 웹페이지, www.rnd.or.kr/change/change_view.jsp

작은 차이를 큰 격차로 벌이는 이노비즈 인증

이노비즈(Innobiz)는 혁신(Innovation)과 기업(Business)의 합성어로 기술 우위를 바탕으로 경쟁력을 확보한 기술혁신형 중소기업을 지칭한다. 연구 개발을 통한 기술 경쟁력 및 내실을 기준으로 선정하기에 과거의 실적보다는 미래의 성장성을 중요시한다는 특징을 가지고 있다. 전 세계적으로 기술 혁신을 통해 기업과 국가의 경쟁력을 높이려는 뉴 패러다임이 새로운 화두로 떠오르고 있기에 미국, 독일 OECD 선진국들은 중소벤처기업을 국가 경쟁력의 핵심으로 일찍이 95년부터 정부 차원에서 전폭적인 지원 정책을 실시해 왔으며, 각 국가 간의 경쟁력을 측정하는 객관적인 척도로 비교되고 있다.

왜 받아야 하나?

이노비즈 인증의 취지가 중소기업이 기술혁신을 이룰 수 있도록 하는 정부의 일종의 유인책으로 다양하고 실질적인 혜택을 부여하고 있다. 첫 번째 혜택으로 기술보증기금 보증 지원 시 보증료를 2% 감면하고 있다. 또한 기술보증기금과 이노비즈 협약 금융기관에서 대출을 받을 경우 전액 보증 가능하다. 기업당 보증 한도는 일반기업이 30억 원인데 반해 이노비즈 기업은 50억이다. 두 번째 혜택은 서울보증보험 보증 지원 시 우대된다. 세 번째 혜택은 코스닥 상장 조건이 완화되는데 상장을 위해서는 원래 업력이 3년 이상이고 자본금이 30억 이상이어야 하나, 이노비즈 기업의 경우 15억 이상일 경우에만 해당해도 상장 요건 심사를 받을 수 있다. 마지막으로 각종 중소기업 정책자금 및 지원시책 참여시 우대받을 수 있다. 대부분의 중소기업 정책자금 및 R&D 사업에서 이노비즈 기업에 가점을 부여하는 등의 우대를 해주고 있다.

<이노비즈 우대지원제도>

구분	세부내용	금융기관명
이노비즈 금융지원 협약보증	- 이노비즈 선정평가와 동시에 신청 가능 - 기술평가보증으로 100% 전액 보증 지원 - 보증지원한도: 50억 원 - 협약은행: 산업, 기업, 우리, 하나, 농협, 외환, 국민, 신한, 제일, 씨티, 대구, 부산, 경남, 전북은행	기술 보증기금
기술보증 우대지원	- 보증지원 최고한도를 50억 원까지 확대 - 기술평가보증취급시 1억 원까지 소요자금 사정 생략 - 창업 후 5년 이내 기업은 85% 고정부분 보증비율 적용보증료율 0.2% 감면 - 평가 우수기업은 「kiboa+members」로 선정하여 각종 우대 및 연계지원병행	기술 보증기금

구분	세부내용	금융기관명
정책자금 및 지원 사업	- 중소기업정책자금 신청 시 우대 - 중소기업 지원 사업 참여시 가점부여 등 우대 - 기술혁신 소그룹 지원 사업 - 선도형 기술혁신 전략과제 지원 사업, 기술혁신개발사업 - 기업협동형 기술개발사업, 산학협력실 지원 사업 - 생산정보화/공정혁신 지원 사업 - 쿠폰제 경영컨설팅 지원 사업, 해외유명규격인증 획득 지원 - 산학연협력 기업부설연구소 설치지원 사업 - 기술개발제품 우선구매제도의 우선구매 대상으로 선정	중소기업청
공공기관 지원 사업	- 조달청 물품구매 적격심사(신인도 평가부문) 우대 - 병무청 병역지정업체 심사우대 - 특허청에 특허출원시 우선심사 - 한국방송광고공사 tv, 라디오 광고비 70%할인	각 기관

어떻게 받아야 하나?

창업 3년 이상의 중소기업은 누구든지 신청이 가능하다. 이노비즈 인증절차도 온라인을 통해서 이루어진다. '중소기업청 기술혁신혁신기업 사이트(www.innobiz.net)'에 접속하여 '이노비즈 인증신청'을 통해 신청하면 된다. 인증을 위해서는 기본적으로 기업정보, 주 생산품 입력, 재무사항 등의 기업등록 이후 자가진단을 작성해야 한다. 1,000점 만점의 온라인 자가진단 후 650점 이상 획득 시 사업계획서를 기술하고 현장평가를 거쳐서 이노비즈 기업으로 선정된다. 자가진단의 경우 업종별로 지정된 지표를 통해서 자가진단을 실시하게 되며 소프트웨어 기업은 62개 지표가 있다.

<기술혁신형 평가지표(소프트웨어업종) 평가지표 배점표>

부문	대항목	문항 수	배점
1. 기술혁신 능력	1. R&D 활동지표	2	50
	2. 기술혁신 체제	6	85
	3. 기술혁신 관리	2	30
	4. 기술축적 시스템	4	89
	5. 기술분석 능력	4	46
	계	17	300
2. 기술사업화 능력	1. 기술의 제품화 능력	5	128
	2. 기술의 생산화 능력	1	22
	3. 마케팅 능력	8	150
	계	14	300
3. 기술혁신 경영능력	1. 경영혁신 능력	6	91
	2. 변화대응 능력	5	74
	3. 경영자의 가치관	2	35
	계	13	200
4. 기술혁신 성과	1. 기술경쟁력 변화 성과	3	56
	2. 기술경영성과	9	88
	3. 기술적 성과(예측)	5	56
	계	17	200
총계		62	1,000

<이노비즈 인증 흐름도>

업종별 기술혁신 시스템 / 평가지표 자가진단 체크
▼
기술혁신능력 기술사업화능력 기술혁신경영능력 기술혁신성과
▼
온라인 자가진단(650점 이상 통과)
▼
기술보증기금 현장평가(700점 이상 통과)
▼
등급별 업체 선정(900점 이상: AAA, 900~800점: AA, 800~700점: A)
▼
이노비즈기업 확인서 발급

혁신은 무엇으로 증명하나, 메인비즈 인증

기술혁신 기업을 인증하는 이노비즈는 종종 들어봤을 테지만, 메인비즈(Mainbiz)에 대해서 알고 있는 사람은 적을 것 같다. 메인비즈는 경영 혁신기업을 인증하는 제도로써, 경영(Management)+혁신(Innovation)의 합성어이다. 용어에서 볼 수 있듯이, 기술혁신 외의 마케팅 및 조직혁신 등 비기술 분야의 경영혁신형 중소기업을 육성하기 위해 도입된 제도이다.

2016년 1월 기준으로 전국 13,951개 중소기업이 등록되어 있으며, 2015년 신규 1,950개 업체가 등록되었다. 메인비즈에 대상이 되는 기업은 중소기업 업력이 3년 이상인 모든 기업이 해당한다.

일부 사행성 업종에 해당하는 업종과 비영리·종교·외국 법인은 제외되며, 신용관리정보대상자 규제 기업, 파산·회생·청산 절차 기업, 부채비율 1,000% 이상 기업, 완전자본잠식 기업 등도 신청할 수 없다. 업력이 3년 이상 된 기업은 메인비즈에서 요구하는 자가진단에서 600점 이상 획득하고 현장평가에서 700점 이상 획득하면 메인비즈 기업으로 인증된다. 자세한 신청절차는 하단에서 설명토록 하겠다.

왜 받아야 하나?

메인비즈 인증 관리기관인 한국경영혁신중소기업협회의 메인비즈 공식사이트(www.mainbiz.go.kr)에 자세한 혜택이 서술되어 있으나, 그중 스타트업 기업에 도움이 될 수 있는 사항들을 정리하면 아래 표와 같다. 사실 메인비즈의 인증 혜택이 어느 인증보다도 좋다고는 할 수 없다. 하지만 대부분의 중소기업들이 이노비즈 인증까지는 고려하지만, 그 이상의 인증에 대해서는 버거워하는 것이 사실이다. 하지만 인증을 받기 위한 자격과 서류 준비 및 절차가 상대적으로 어렵지 않아 진행해볼 가치가 있다고 생각한다. 또한 스타트업은 기술적 가치뿐만 아니라, 경영 철학에서도 기존 기업과 많은 차이를 보이고 있다. 물론 보여주는 인증제도보다 실질적인 제도를 갖추는 것이 우선이겠지만, 정부에서 공인되는 경영혁신 인증을 받는 것도 이미지 메이킹에 있어서 긍정적인 효과를 가져다 줄 것이다.

분야	지원내역	우대 사항
금융	금융지원 협약보증	- 신용보증기금 보증료율 차감(0.1%) - 서울보증보험 보증 한도 확대 및 이행보증료 우대 • 금융기관 금융지원 협약을 통한 우대: 부분 보증비율 85% • 협약 금융기관(6개 은행): 국민, 기업, 신한, 우리, 하나, 농협
	금리우대	- 산업은행 시설 및 운영자금 우대(0.3%) 농협 대출금리 우대(1%) - 신한은행 jump-up 금융지원 시 이자율(0.6%)
정책	R&D	- 중소기업 기술개발지원 사업 및 글로벌 강소기업 육성사업 우대가점
	판로·수출	- 조달청 물품구매 적격심사, 수출초보기업 지원 사업 등 우대가점 - 방송 광고비 감면
	인력	- 산업기능 요원제도, 전문연구 요원 등 우대 가점

어떻게 받을 수 있나?

메인비즈 인증은 온라인으로 신청 가능하며, 신청 후, 현장평가를 통해 최종 인증 여부가 결정된다. 먼저 메인비즈넷(www.mainbiz.go.kr)에 접속 후 기업등록, 자가진단결과 600점 이상일 경우 현장경영평가를 신청하여 평가기관에 의해 평가를 받으면 확인서를 발급받을 수 있다. 인증서 발급까지는 약 3주에서 한 달 정도 소요된다.

온라인 신청(연중)
메인비즈넷(www. mainbiz.go.kr) 접속 후 기업등록, 자가진단결과 600점 이상일 경우 현장평가 신청 가능

현장경영평가
평가기관
(한국생산성본부, 신용보증기금, 기술보증기금)

종합연계지원
중소기업청, 신용보증기금, 금융기관 등

확인서 발급
중소기업청
(해당 기업의 본사소재지 지방 중소기업청에서 확인서 발급)

정말 좋은데 제품 설명이 어렵다면 GS 인증제도

IT 산업의 발전과 다양한 솔루션들이 개발되었다. 다수의 사용자들에 의해서 솔루션의 성능이 검증된 제품이 있는가 하면, 많은 사람들의 관심을 받지 못했지만 유용한 솔루션도 존재한다. 하지만 아무리 뛰어난 성능의 제품이라고 할지라도 제3자의 검증이 없다면 소비자 측면에서는 믿고 쓸 수 없다. 이와 같은 취지로 만들어진 우수소프트웨어인증(GS인증, Good Software)은 우수한 SW제품을 보다 믿고 쓸 수 있도록, 일련의 시험 테스트과정을 거쳐, 일정한 수준의 품질을 갖춘 SW제품에 국가가 부여하는 인증제도이다.

스타트업이 아무리 좋은 제품을 만들었다고 하더라도 업체의 낮은 지명도와 마케팅 측면의 부재로 시장에 진출하기 어렵다. 그렇기 때문에 GS인증과 같은 국가 품질인증 제도를 통해서 해당 솔루션의 특장점을 부각할 필요가 있다. 위에서 소개한 다른 인증과는 달리 GS인증은 문서 심사뿐만 아니라 고객이 사용하게 될 실제 운영환경의 테스트베드를 갖추고 철저한 제품(프로그램, 사용자 메뉴얼) 시험을 통해 품질을 인증함에 따라 그 신뢰성이 매우 높다. 해당 시험 평가모델은 국제 표준인 ISO/IEC 9126, ISO/IEC 25051, ISO/IEC 14598에 근거하여 크게 7가지 품질 특성으로 구성되어 있으며, 품질 특성에 기반하여 시험·인증 서비스를 제공하고 있다.

<GS인증 시험 기준>

ISO/IEC 9126	ISO/IEC 25051	ISO/IEC 14598
SW 품질특성과 메트릭에 관한 국제표준	패키지 SW 품질요구사항과 시험에 관한 국제표준	SW 제품의 특징, 평가에 관한 국제표준

평가모델(Evaluation Model)

SW Quality							
기능성	신뢰성	사용성	효율성	유지보수성	이식성	일반적 요구사항
적합성	성숙성	이해 가능성	시간 효율성	분석성	적응성	식별 및 표시
정확성	결함 허용성	학습성	자원 효율성	변경성	설치 가능성	안전성
상호 운영성	회복성	운영성	준수성	안정성	대체성	
보안성	준수성	선호도		시험 가능성	공존성	
준수성		준수성		준수성	준수성	

왜 받아야 하나?

GS인증제도는 시험·인증 서비스를 통해 품질이 우수한 소프트웨어 생산을 유도하고 제품의 신뢰성 제고 및 국제경쟁수준을 갖출 수 있다. GS인증은 국가에서 해당 제품의 우수성을 인정한 것이기 때문에 공공기관에서 의무적으로 구매하도록 법적 장치를 마련하였다. 'GS우선구매제도'를 소프트웨어 산업진흥법에 규정하여, 타 SW와는 다르게 GS인증 SW는 공공기관과 수의계약이 가능하며, 지명경쟁 또는 제한경쟁 입찰자격에서 우선적으로 고려할 수 있다. 또한 공공조달 시에 GS인증 SW에 우대조건을 명기하여 타제품보다 낙찰확률을 높이는 정책을 펼치고 있다. 이를 위해서는 GS인증제품에 우선 구매를 신청하여 성능 보험을 가입하여 계약을 체결하게 된다. 'GS우선구매제도' 외에도 아래와 같이 GS 인증에 대한 다양한 혜택들이 마련되어 있다.

품질이 개선되고 비용 절감

- 제3자 시험인증을 통하여 획기적인 품질개선과 비용 및 시간 절감
- SW BMT를 통한 국산제품의 우수성 부각 및 막연한 외산 SW 선호사상 불식

마케팅/홍보 용이

- 소프트웨어 품질인증기관에서 공인된 제품으로 고객의 신뢰 확보
- 국산 제품의 우수성 부각 및 막연한 외산 소프트웨어 선호사상 불식
- 인증획득제품 언론보도 및 웹사이트 게재
  (1) TTA 시험인증연구소 및 SW산업정보종합시스템에 인증제품 홍보
  (2) TTA 저널에 인증획득제품 소개
- WIS(World IT Show) GS인증관에 인증획득제품 전시 및 홍보

제도적 혜택 측면

- 조달청 제3자 단가 계약 체결 및 나라장터 등록
- GS인증제품 우선구매제도 시행
- 중소기업청 성능인증 시 성능검사 면제
- 공공기관 구매자 면책제도 시행
- 소프트웨어 기술성 평가 면제 및 소프트웨어 기술제안서 평가 시 가산점 부여
- 병역특례업체 선정 심사 시 가산점 부여
- 전자정부사업 기술제안서 평가 시 가산점 부여
- 소프트웨어사업 발주 시 GS인증제품에 대한 분리발주 의무화

어떻게 받아야 하나?

소프트웨어 시험·인증은 '한국정보통신기술협회 시험인증연구소(test.tta.or.kr)' 홈페이지에서 온라인으로 신청하거나, 인증 관련 양식을 다운받은 후 내용을 작성하여 메일로 제출이 가능하다. 인증신청 이후에는 시험·인증 과정에 대한 상담을 통해 제품을 설명하고 시험대상 및 운영환경 등 시험 범위를 협의하게 된다. 그 이후, 수수료 및 시험기간을 산출하여 신청자에게 통보한 이후 계약 이후 시험을 실시하게 된다. 시험 이후 결과를 인증심의위원회에 상정하여 품질인증 여부를 결정하고 그 결과를 신청자에게 통보하고 통과하면 인증서와 함께 시험결과서를 송부하게 된다.

<소프트웨어 시험·인증 절차>

출처: 한국정보통신기술협회(2014), 'GS 인증제도 소개', 11p

많을수록 좋다. 그 밖의 인증제도

상기 인증을 포함하여 IT 스타트업이 알아두면 좋을 인증제도 등을 아래와 같이 정리하여 제공한다. 특히 제품의 해외 진출을 위해서 해당 국가의 인증을 받는 것은 필수적이다. 타 국가의 제품에 대해 배타적인 중국의 경우 강제 인증이 다수 존재함으로 중국 진출을 고려하고 있는 기업 등을 필요한 인증에 대해 미리 준비할 필요가 있다.

No.	종류	인증 내용	활용 국가	비고
분류1. 순수 SW 관련 인증				
1.	GS	SW 제품에 대한 인증	한국	SW 제품이 제대로 작동하는지에 대한 인증
2.	TMMi	SW 테스트 프로세스 인증	국제	테스트 성숙도에 대한 인증
3.	SP	SW 프로세스 인증	한국	SW 개발 프로세스에 관한 기업 인증
4.	CMMI	SW 프로세스 인증	국제	개발 프로세스 성숙도에 대한 기업 인증으로 미국을 중심으로 널리 사용되고 있음
5.	SPICE	SW 프로세스 인증	국제	개발 프로세스에 관한 인증으로 유럽을 중심으로 널리 사용되고 있음
6.	CC	보안 적합성 인증	한국	정보보호시스템 보안 적합성 인증
7.	웹 접근성 품질마크	웹사이트 접근성 인증	한국	장애인 및 고령자가 웹사이트 사용함이 용이한지 확인하는 인증
분류2. IT 관련 서비스 인증 (품질경영, 관리체계, 정보보호 등)				
1.	NET	신기술 인증	한국	개발완료 기술을 기반으로 상품화를 추진하는 단계에서 시장에 출시하기 이전의 기술
2.	NEP	신제품 인증	한국	신기술(NET)이 적용되고, 판매 시작한 후 3년을 경과하지 않은 신개발 제품
3.	PMS	기업 경영시스템 역량 수준에 관한 인증	국내	기업 경영시스템의 역량 수준을 진단하여 기업의 현재 수준을 인증하고, 문제점과 생산성 향상과제를 제시하는 프로그램. Level 1~10까지 등급을 둠
4.	PIMS	개인정보보호관리체계	한국	체계적이고 지속적인 개인정보 보호 활동 체계에 대한 인증

No.	종류	인증 내용	활용 국가	비고
5.	PIPL	개인정보보호인증	한국	개인정보법을 준수해야 하는 기업 및 공공기관이 필수조치 사항 이행에 관한 인증마크
6.	PIA	개인정보영향평가	한국	개인정보 취급·활용의 정보시스템 신규 구축, 기존 정보시스템의 중요 변경시 개인정보에 미치는 영향을 사전 조사·예측 검토하여 개선 방안을 도출하는 절차

분류3. 각종 전자기기 안정성, 전자파 적합성에 대한 인증

No.	종류	인증 내용	활용 국가	비고
1.	CE	제품의 안정성에 관한 인증	유럽	전자제품의 안정성에 관한 인증
2.	KC	전기용품 안전에 관한 인증	한국	전기적 안정성, 전자파 노이즈 등 전기용품 안전 인증
3.	SRRC	특정 무선 또는 소출력 무선기기 대상으로 하는 중국의 강제인증	중국	중국 내 생산, 유통되는 모든 무선기기는 SRRC 인증을 획득하지 못할 경우 중국 내 판매, 수입, 출고, 통관이 불가능함
4.	FCC	전파발생장치에 대한 전파인증	미국	전자파를 발생하는 전기/전자기기에 대한 인증
5.	KCC	방송통신기기인증	한국	방송통신기자재 적합성 평가제도
6.	EMC	전자파적합인증	유럽	정보통신기기의 전자파에 대한 인증
7.	e-mark	자동차와 관련 부품 및 전장품 등을 포함한 자동차의 포괄적인 적합성 규제	유럽	유럽지역(EU)에 수출되는 모든 자동차용 전기/전자 제품은 관련 지침에 따라 2002년부터 e-mark 승인을 받아야만 수출이 가능
8.	IP66	방수, 방진 보호등급	국제	사물에 물기의 침투에 따라서 얼마나 안전한지에 대한 사물의 보호기준을 규정(IEC 529 규정)하는 기준. 호등급은 두 자릿수의 코드로 되어 있으며, 각 자릿수마다 보호를 규정한 부분이 다름
9.	UL	전자기기 안전 인증	미국	정보통신, 의료장비 등 전자기기에 대한 제품 안전 인증
10.	C-TICK	호주 전자파규격	호주	전자파장해(EMI) 검증을 요구하는 강제 인증제도
11.	ROHS	유해물질 안정인증	유럽	모든 전기전자 제품에 대하여 특정한 유해물질의 사용을 금지한 지침

No.	종류	인증 내용	활용 국가	비고
12.	MEPS	에너지 소비효율 등급표시제	미국	에너지 사용량에 따라 1~5등급으로 구분하여 표시
13.	CB	국제 전기기기 인증제도	국제	전기전자 제품의 안전과 전자파에 대한 국제인증제도. IECEE에서 운영
14.	UTIS	도시교통정보시스템 인증	한국	경찰청 표준기술규격
15.	CCC	소비자의 안전 및 환경보호 관련 중국 강제 인증	중국	소비자의 안전 및 환경보호 관련 중국 강제 인증
16.	PSE	일본전기용품형식 인증	일본	우리나라의 전기용품 안전인증 KC와 같이 정부에서 관할하는 인증
17.	TELEC	무선기술기준적합 인증	일본	무선기기 제품 수출을 위한 강제 인증제도
18.	IECEE	국제전기기기인증제도	국제	전기제품의 안정성에 대한 인증을 부여하는 제도
19.	KS제품 인증	대한민국 산업표준 인증	국내	KS표준에 부합하는 제품을 지속적으로 생산할 수 있는 업체에 부여하는 제도
20.	Q마크	공산품의 품질을 인증하는 민간인증 마크	국내	제조업체가 원해서 임의로 부착하는 마크. 해당 분야 민간 시험연구원에 신청하여 소정의 품질 기준에 합격해야 함
21.	SIG	블루투스 SIG인증	국제	SW 국제기구인 블루투스 Special Interest Group으로부터의 공식인증
22.	고효율에너지기자재 인증	에너지효율 및 품질 인증	국내	에너지 사용 기자재 중 에너지효율 및 품질시험 검사 결과가 정부가 고시한 일정기준 이상 만족하는 제품을 고효율에너지기자재로 인증하는 자발적 제도
23.	VCCI	정보통신기기 전자파 적합성의 전파장애 관련 인증	일본	전파장애 관련 인증
24.	VDE	전자기기 안정성 인증	유럽 (독일)	독일의 안전 규격에 대한 인증, 비강제규격
25.	CSA	전기제품 안정성 인증	캐나다	전기제품 안정성, 캐나다의 안전규격 및 강제규격
26.	NADCAP	항공/방위산업 분야 인증	미국	미국 항공우주산업 및 방위산업 관련 인정 프로그램

PART 5

정부 지원·융자 확보하기

돈을 벌기 위해서는 기본적으로 투자가 필요하다. 하지만 소자본으로 할 수 있는 일은 한정되어 있으며, 설정한 사업 궤도까지 올리기에는 많은 시간이 필요할 수 있다. 투자자금을 확보할 수 있는 다양한 방법들이 존재하지만, 초기 스타트업이 생각할 수 있는 가장 좋은 방법은 정부 사업을 활용하는 것이라 생각한다. 물론 정부 사업 외에도 엔젤 투자자나 크라우드펀딩 등을 통해 투자자금을 확보하는 것도 가능하지만, 전문가 또는 수준 높은 일반인의 마음을 얻는 것보다 정부 자금을 획득하는 것이 더 확실한 방법이다. 최근 청년실업 문제 해결 대안으로 창업은 정부시책의 중요한 영역을 차지하고 있으며, 관련 예산은 급증하고 있다. 많은 예산을 편성하고 있기 때문에 정책 방향을 어느 정도 이해한다면 가장 공정하고 안전하게 받을 수 있는 좋은 방법은 정부로부터 재원을 확보하는 것이다.

정부 지원 사업에 대한 부정적인 견해도 많이 있다. 본인이 생각하고 있는 아이디어가 아닌 지원 사업을 위해 방향이 선회되는 경우도 간혹 있으며, 결과물을 제출함에 있어서 요식절차가 복잡하고 산출물이 과다하여 어려움을 겪기도 한다. 하지만 세상 어디에도 조건 없이 오는 돈은 없다. 오히려 전문가와 일반인의 니즈를 만족시켜 그들의 주머니에서 투자자금을 나오게 하는 것이 더 어려울지도 모른다. 따라서 본 장에서는 실질적으로 스타트업이 활용 가능한 정부 지원 사업 및 융자자금 등을 소개하고 이를 받을 수 있는 노하우 등을 공개토록 하겠다. 또한 사업계획서 작성을 위한 요령 등을 정리하여 전달하도록 하겠다.

— Chapter 1 —
어떻게 정부 지원을 받을 것인가

중소기업청을 중심으로 정부의 각계부처에서 수많은 창업 관련 사업들이 발표되고 있다. 2015년 기준으로 9개 부처에서 99개의 창업지원 사업이 존재하였으며, 2016년부터 'K-스타트업'으로 단일 브랜드화하여 유사한 사업을 통합해 72개 사업으로 줄이고 8개 범주로 분류하여 누구나 쉽게 접근할 수 있도록 개편하였다. 8개 범주는 ① 창업교육 ② 시설·공간 ③ 멘토링·컨설팅 ④ 사업화 ⑤ 정책자금 ⑥ 연구개발(R&D) ⑦ 판로·마케팅·해외 진출 ⑧ 행사·네트워크와 같이 분류되어 있으며, 'K-스타트업 홈페이지(www.k-startup.go.kr)'를 통해 안내·신청·접수를 받고 있다. 2016년 벤처·창업 생태계 활성화를 위해 1조 2,883억 원의 예산이 배정될 정도로 많은 금액이 지원 사업으로 활용될 것으로 전망되며, 본인에게 맞는 지원 사업을 미리 검색하여 준비하는 것이 좋다. 본 장에서는 8개 범주 중, 정책자금을 제외한 정부 지원 사업 중 스타트업에서 활용하기 좋은 사업들을 발췌하여 소개하고 이들 사업에 진입할 수 있는 방법을 간략히 설명하도록 하겠다.

정부 지원 사업의 종류와 지원 방법

시제품 제작터 운영(창업시설·공간)

스타트업의 예비창업자 중에 시제품이 필요한 경우가 다수 있다. 주변 지인 중에서도 3D 프린터 양상을 위한 과정에서 소비자들에게 어필할 수 있는 기기 디자인→설계→시제품 제작 단계까지 스타트업은 비용적인 측면 및 전문가 지원에서 어려움을 겪는 경우를 봤다. 이와 같이 시제품의 디자인부터 모형제작까지 필요한 스타트업을 위해 전국 5개 지방중소기업청(경기청, 대구경북청, 광주전남청, 부산울산청, 전북청)에 시제품 제작처를 운영하고 있다. 지원 대상은 예비창업자 및 중소기업이 해당하며, 지원 내용은 다음과 같다.

> **전문가 서비스 |** 시제품 개발에 대한 상담, 제품디자인, 제품 설계, 3차원 측정 및 역설계, 시제품 제작 등 분야별 전문가가 제품디자인 개발부터 시제품 제작까지 직접 지원

< 전문가 서비스 수수료 기준 >		
구분	수수료(작업 시간당)	비고
디자인	18,000원	
제품설계	17,000원	
3D측정 및 역설계	17,000원	
시제품 제작 — 쾌속조형기(RP) 이용시	30,000원	
시제품 제작 — 컴퓨터 수치제어 장비(CNC) 이용시	15,000원	
시제품 제작 — 비철주조기	20,000원	

※ 시제품 제작에 소요되는 재료비는 이용자 부담임

셀프 제작 서비스 | 예비창업자 또는 중소기업 등이 자신의 아이디어를 스스로 직접 구현할 수 있도록 장비·공구, 제작 공간, 단순자문 등을 제공

1인 창조기업 비즈니스 센터(창업시설·공간)

우수한 아이템을 보유한 1인 창조기업에 사무공간 및 법률·세무·마케팅 등 경영지원을 해주는 사업이다. 지속적인 사무공간이라기보다는 스타트업을 준비하는 단계에서 일정한 사무공간이 필요한 경우 활용하면 좋을 사업이다. 지원 대상은 1인 창조기업 또는 1인 창조기업 분야 예비창업자이다. '상시 창업넷(www.startup.go.kr)'을 통해 입주 신청이 가능하며 공석이 있을 시 즉시 입주가 가능하다. 지원 내용은 아래와 같다.

항목	지원 내용
사무 공간	입주 공간, 회의실, 상담실 등 비즈니스 공간 지원
창조 카페	1안 창조기업의 네트워킹, 회의 공간으로 활용할 수 있도록 지정된 카페 또는 회의 공간
경영지원	세무·회계·법률·창업·마케팅 관련 전문가 상담 및 교육 등 지원

항목	지원 내용
사업화지원	1인 창조기업과 외부기관(기업) 간 프로젝트 연계 및 수행 기회 제공, 지식 서비스 거래 및 사업화
시설이용	팩스, 프린터, PC 등 사무용 집기 이용 지원

K-Global 빅데이터 스타트업 지원(창업시설·공간)

빅데이터 관련 스타트업을 준비하고 있다면 인프라에 대한 갈증이 있을 것이다. 빅데이터 분석을 위해서는 대형 하드웨어 및 고가의 소프트웨어가 필요하지만, 이를 마련하는 것이 쉽지 않다. 우리나라는 정부 차원에서 인프라를 갖추기 힘든 중소기업 및 예비 창업자를 위해 K-ICT 빅데이터센터를 개설하여 대용량 분석 인프라와 기술 노하우를 전수하는 사업을 펼치고 있다. 지원 대상은 빅데이터 기반 창업준비자 및 신규 비즈니스를 개발하는 스타트업 등이며, 지원 내용은 다음과 같다.

<지원 내용>

분석 인프라 | 대용량 분석이 가능한 분석 인프라(서버 50여 대, 370TB 규모)

개발자 환경 | 빅데이터 분석 결과 및 관련 서비스 제공을 위한 API, APP, WEB 등 개발 환경을 제공하는 인프라

운영서버 지원 | 개발 결과를 일정기간 서비스할 수 있는 상용 클라우드 기반 서버(웹서버, DB, WAS 서버 등)를 제공

기술 코칭 | 빅데이터 사업화 애로사항에 대한 전문가 기술 자문 제공
※ 주요 분야: 서비스 기획, 빅데이터 분석, 빅데이터 인프라 및 분석 솔루션 구축 등

K-Global 창업멘토링 (멘토링·컨설팅)

스타트업의 본거지라고 할 수 있는 미국의 스타트업 환경의 최대 강점은 지난 몇 년간 성공과 실패를 거듭한 스타트업 선배들이 존재하고 이들이 그들의 노하우를 전수할 수 있는 다양한 커뮤니티 활동 등이 지속되고 있다는 사실이다. 한국에서도 지난 몇 년간 성공적으로 성장한 스타트업들이 다수 존재하고 있으며 이들은 그들이 겪은 시행착오와 성공전략들을 후배 창업자들과 나누기를 희망한다. 이와 같은 만남의 장을 마련코자 정부는 창업 멘토링 사업을 지원하고 있다. 지원 대상은 ICT 과학기술 분야의 창업 초기/재도전 기업 및 대학창업 동아리이며, 지원 내용은 다음과 같다.

<지원 내용>

전담 멘토링 | 성공·실패 경험을 가진 벤처 창업가를 멘토로 지정하여 기술 및 경영 애로사항 등을 진단하고 해결 방안 제시

실전 창업 교육 | 기업가정신 함양을 위한 미국 카우프만 재단의 창업 교육 프로그램 제공(PEV, TechVenture 교육)

네트워킹 | 투자설명회 개최를 통해 투자상담 및 기업홍보 기회를 부여하고, 네트워킹데이 정기 개최를 통해 창업에 관한 정보교류 및 협력방안 플랫폼 제공

글로벌 연수 | 우수 멘티 글로벌 파트너십 체결지원 프로그램 참여 및 글로벌 진출 컨설팅 기회 제공

(후속지원) 벤처캐피털, 엔젤 투자 등 민간 투자자 후속 연계지원

6개월 챌린지 플랫폼 사업(멘토링·컨설팅)

주요 거점 지역마다 개설된 창조경제타운 및 창조경제혁신센터에서 발굴된 아이디어를 대상으로 최대 6개월 동안 사업화 가능성을 검증하고 창업 및 사업화를 집중 지원하는 사업이다. 예산규모는 112.5억 원으로 아이디어의 사업화를 준비하는 예비창업자 및 신청일 기준 1년 이내 창업기업을 대상으로 한다. 지원 내용 및 사업규모는 아래와 같다.

<지원 내용>
직접적인 자금지원이 아닌 서비스 형태의 간접지원
창조경제혁신센터에 접수된(창조경제타운에 등록된) 아이디어를 선별하여
▲구체화(사업화 모델 개발 등) ▲권리화(특허출원 등) ▲실증화(시제품 제작, 기술 도입 등)
▲시장 검증(데모데이 등) ▲공공기술연계 등을 선별적 지원

<지원 규모>
기술사업화서비스 지원(선정 아이디어별 5천만 원 이내)
공공기술 이전 지원 (소정의 절차를 거쳐 3천만 원 이내 추가 지원)

국내·해외 지식재산 권리화(멘토링·컨설팅)

스타트업의 경우 높은 기술력을 가지고 있지만, 해당 기술력을 보호하기 위한 장치를 마련하는 기업은 많지 않다. 하지만 기술력 보호를 위한 장치를 미리 마련하지 않으면 미래 성장의 암초로 작용할 수 있기 때문에, 기술 개발과 동시에 지식재산권 획득이 필요하다. 우수한 기술, 창의적인 디자인 등을 개발하였으나 자금 및

인력 부족 등으로 권리화에 어려움을 겪는 중소기업의 산업재산권 창출을 도모하기 위해 예비창업자와 중소기업을 대상으로 지식재산 권리화를 지원하고 있다. 지원 내용 및 규모는 아래와 같다.

> **<지원 내용>**
> 특허, 실용신안, 상표, 디자인, PCT(국제특허) 출원에 소요되는 비용 중 일부를 지원하며, 지역지식재산센터 컨설턴트의 컨설팅도 병행하여 제공
> (신청일 기준 미출원 건에 한하여 지원)

> **<지원 규모>**
> 예산: 30억 원
> - 국내(건당): 특허 130만 원, 실용신안 90만 원, 상표 25만 원, 디자인 35만 원 이내
> - 해외(건당): PCT 국제단계 300만 원, PCT 국내단계 및 개별국 700만 원, 상표 250만 원, 디자인 280만 원 이내
> ※ 기업분담금: (중기업) 30%, (소기업, 예비창업자) 10%

창업인턴제(사업화)

스타트업을 설립하는 대부분의 인력들이 회사생활 경력이 있지만, 최근 들어 학교를 졸업하고 곧바로 창업을 준비하는 인력도 많아지고 있다. 이들은 아직 회사 운영에 필요한 사항과 연구개발을 위한 노하우 등을 기존 기업에서 배울 수 있다면 좋은 기회가 될 것이다. 이와 같은 취지로, 창업 준비과정에 벤처·창업기업 현장근무 기회를 제공하고 창업 시 사업화 자금을 지원하여 준비된 창업자 양성을 유도하는 창업인턴제 사업이 있다. 지원 규모는

100억 원이며, 1인당 최대 1억 원을 지원한다. 2016년에는 창업인턴을 100명 내외로 선발할 예정이며, 지원 대상 및 지원 내용은 아래와 같다.

<지원 대상>
창업아이템과 창업 의지를 지닌 대학(교)이나 대학원 재학생(대학생은 4학기 이상 수료자) 또는 졸업 후 3년 이내의 미취업자로서, 기본 근무기간(1년) 동안 인턴으로서 근무가 가능한 자
※ **채용기업 요건** | ① 창업(사업자등록일 기준) 7년 이내 또는 벤처인증 보유 기업, ② 직전 연도 기준 상시근로자 수 3인 이상, ③ 직전 연도 매출액 1억 원 이상

<지원 규모>
인턴십 | 기업 현장근무 지원(월 80만 원 이내의 인턴지원금 지원)
※ 근무기간은 기본 1년이며, 필요시 단축(4개월 이내) 또는 연장(최대 1년) 가능(단, 연장시 정부 지원 없음)
사업화 지원 | 창업인프라 구축, 시제품 제작, 창업활동, 마케팅 등 창업 관련 비용(최대 1억 원 이내)

K-Global 스마트미디어(사업화)

스마트미디어 분야의 창의적 아이디어를 서비스 상용화 및 사업화를 지원하는 사업이다. 지원 대상은 스마트미디어분야 신규서비스에 대한 아이디어를 가진 중소·벤처개발사, 1인 창조기업 등이며, 지원 규모는 5억 원 내외로 서비스당 1억 원 내외이다. 지원 내용은 아래와 같다.

> **<지원 내용>**
> 플랫폼사와 중소·벤처기업이 한자리에 모이는 스마트미디어 X캠프 개최 및 서비스 상용화·사업화 지원
> - 중소·벤처개발사가 새로운 미디어 서비스에 대한 아이디어를 발표하고 플랫폼사가(지상파, IPTV, SO, 인터넷 방송, 홈쇼핑, 스마트TV) 가치 있는 아이디어를 발굴하여 공동으로 서비스 상용화 추진
> - X캠프를 통해 매칭된 「중소·벤처개발사-플랫폼사」 협업과제 중 우수한 아이템을 선정하여 서비스 사업화 지원
> 선정된 협업과제에는 개발비 지원, 멘토링·컨설팅 지원, 스마트미디어센터의 테스트베드 지원 등 제공

K-Global DB-Stars(사업화)

빅데이터 등 데이터 등을 활용한 우수 스타트업을 발굴·육성하여 글로벌 경쟁력을 갖춘 혁신기업으로 성장토록 지원하는 사업이다. 최근 정부기관들을 중심으로 데이터 개방이 활발하게 진행되고 있으며, 데이터 간의 결합을 통해 새로운 부가가치 창출을 위한 다양한 사업들이 조성되고 있다. 본 사업도 그의 일환으로 진행되고 있으며 지원 규모는 4.5억 원으로 총 12개 팀에 지원될 예정이다. 지원 대상은 데이터 활용 비즈니스 모델을 보유한 연 매출 5억 원 미만의 중소 스타트업, 개인 개발자 등이며, 지원 내용은 아래와 같다.

> **<지원 내용>**
> **지원금** | 사업 수행을 위한 개발비 및 사업화 지원금 지원
> **데이터 특화 컨설팅** | 축적된 데이터의 가치를 발견하여, 데이터가 비즈니스 성장에 원동력이 되기 위한 구체적인 실무 방법론 컨설팅
> **교육·멘토링·네트워킹** | R·하둡·파이썬(Python) 등을 활용한 데이터 심화 교육 및 VC 중심의 다층적 멘토링, 유망산업별 네트워킹, 콜라보 마케팅 지원
> **후속지원** | 국내 유명 액셀러레이터 연계, 스타트업 미디어 홍보, 참가자 대상 커뮤니티(D-Club) 운영 등 네트워킹 및 비즈니스 기회 제공

사회적 기업가 육성사업(사업화)

이 책을 통해서 자세히 소개하지는 않았지만, 최근 사회적 기업에 대한 관심이 늘고 있다. 기업이 운영되기 위해서는 수익이 될만한 사업들을 탐색하여 최대의 이윤을 얻어야 한다. 성장 추구 전략 속에는 부작용도 다수 발생하고 도외시될 수 있는 사회적 문제들이 발생한다. 너무 큰 이윤을 추구하기보다는 서로 더불어 갈 수 있는 사업을 만들어가자는 취지로 고려된 사업적 기업은 현재 스타트업에게도 큰 관심을 받고 있다. 이와 같이 사회적 기업을 꿈꾸는 스타트업의 자질과 혁신적인 사회적 창업 아이디어를 보유한 창업자를 대상으로 사회적기업 창업의 전 과정을 지원하는 사업이이 사회적 기업가 육성사업이다. 지원 규모는 150억 원 정도로 500개 팀 내외가 선발될 예정이다. 지원 대상은 사회적 기업 창업을 준비하고 있는 예비창업자(팀) 또는 창업 1년 미만의 기업이다. 지원 내용은 아래와 같다.

> <지원 내용>
> **창업 공간** | 창업 활동에 필요한 업무 공간 및 기본적인 사무집기 제공
> **창업 비용** | 교육비, 운영경비, 사업모델 개발비 등 창업비용 지원
> **창업 멘토링** | 담임멘토·전문멘토를 통한 상시 창업·경영 상담 및 자문 제공
> **창업 교육** | 사회적 기업 창업 관련 교육프로그램 제공
> **사후지원** | 네트워크 및 외부자원 연계 등 사후지원 프로그램 제공

창업발전소 스타트업 육성지원(사업화)

최근 콘텐츠 분야는 스타트업에서 빠르게 성장하고 있는 분야 중 하나이다. 이는 콘텐츠가 가진 막강한 파급력에 의거한 것이다. 대부분의 IT 스타트업의 빠른 기술개발을 통해 변화에 능동적으로 대처해야 하지만, 콘텐츠 분야의 경우 킬러 콘텐츠 하나만 잘 개발하면 마케팅을 통해 오랜 생명력을 유지한다. 그래서 우수 콘텐츠 스타트업의 육성은 매우 중요하며, 초기 콘텐츠 기업이 빠르게 성장할 수 있는 지원 사업이 필요하다. 이를 위해 창업발전소 스타트업 육성사업을 통해 총 19억 원, 콘텐츠 분야 스타트업 25개사를 지원하는 사업을 조성하였다. 지원 대상은 콘텐츠 분야 예비창업자(팀) 및 창업 5년 미만의 기업이며 지원 내용은 아래와 같다.

<지원 내용>

창업 초기에 필요한 사업화 자금, 입주 공간, 홍보·마케팅 등 지원

구분	세부 내용	비고
창업자금	- 창작비 등 사업화 자금 지원(최대 3천만 원)	
입주비	- 사무 공간 입주비 지원 ※ 임대료/관리비 포함 최대 1천만 원 지원	콘텐츠 코리아 랩 및 서울 지역 창업보육센터 입주 공간 연계
홍보·마케팅	- 미디어데이 등 언론 홍보 지원 - 홍보 영상 및 브로셔 등 홍보물 제작 지원	
투·융자	- 엔젤 투자자 대상 매월 피칭 기회 제공 - 저금리 융자 지원	한국엔젤투자협회 및 IBK기업은행 연계
해외 진출	- SXSW 2017 등 해외 전시 마켓 참가 지원 - 영문 피칭 교육 등	

TIPS 프로그램(R&D)

TIPS 프로그램(민간투자주도형 기술창업지원, 이스라엘식)은 세계 시장을 선도할 기술아이템을 보유한 창업팀을 민간주도로 선발하여 미래 유망 창업기업을 집중 육성하는 프로그램이다. 글로벌 시장을 지향하는 기술력을 갖춘 유망한 창업팀에게 과감한 창업 도전 기회를 제공하기 위하여 성공 벤처인 중심의 엔젤 투자사, 초기 전문 VC, 기술 대기업 등을 운영사로 지정하여 엔젤 투자·보육·멘토링과 함께 R&D 자금 등을 매칭하여 일괄 지원한다.

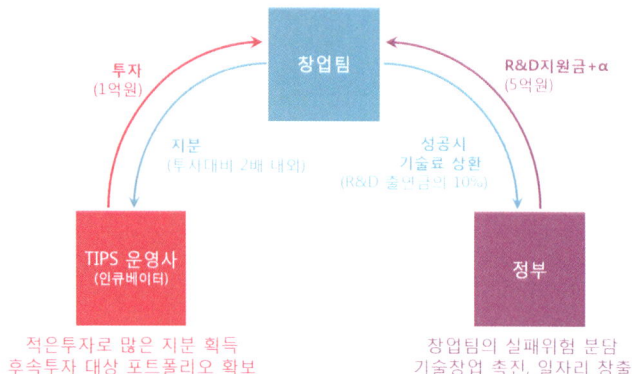

<TIPS 프로그램 구성도>

　지원 대상은 (예비)창업팀으로 창업하여 사업을 개시한 날로부터 7년이 지나지 않은 중소기업도 포함되며, 2016년 기준 410억 원(연계지원: 창업 사업화(60억 원), 해외 마케팅(60억 원))의 예산이 투입되고 있다. 창업팀당 최대 10억 원 내외(최장 3년 이내)이 지원되며 엔젤 투자(1억 원), R&D(5억)+추가지원 4억(창업 자금 1억, 엔젤 매칭펀드 2억, 해외 마케팅 1억) 등으로 매칭펀드로 지원된다.

<TIPS 지원 내용>

구분	보육 기간	창업사업화자금	기술개발자금(R&D)			추가연계지원
		엔젤투자금 (운영사)	정부출연금	민간부담금		
				현금	현물	
창업팀 (1팀 기준)	2~3년	1억원 내외 (정부출연금 20%이상)	최대 5억원	민간부담금의 50%이상	해당금액	· 창업자금 연계지원 1억원 · 엔젤매칭펀드 2억원 · 본글로벌 창업기업발굴 육성프로그램 1억원
			기술개발자금의 80%이내	기술개발자금의 20%이상		

※ 종사업비

TIP 사업은 수시로 창업팀을 모집하고 있으며, 사업 신청 후에는 투자심사를 통해 창업팀을 추천 선정한다. 이후, 사업 수행을 통해 졸업 및 후속투자가 진행된다.

<TIPS 사업 추진 절차>

1 창업팀 신청·접수
- 창업팀
  · 수시모집
  · 투자분야별 운영사를 지정하여 사업제안(E-mail등) 및 투자 심사

2 투자심사
- 운영사 (Partner)
  · 운영사별 자체심사를 통한 투자대상 창업팀 선정(1.2배수)

3 창업팀 추천
- 운영사
  · 관리기관에 투자를 확약한 창업팀 추천(연간 T/O 범위내)

4 창업팀 선정평가
- 관리기관
- 전문기관
  · 창업팀 역량, 기술아이템 전문성, 운영사 투자 및 지원계획 등 심사
  · (격월 평가실시) 서면평가 → 사업계획서 보완 → 대면평가

5 사업수행
- 운영사
- 관리기관
  · (운영사) 투자, 멘토링, 보육 등 성공창업 지원
  · (관리기관) 기술개발 지원

6 졸업 및 후속투자
- 운영사
- 관리기관
  · 후속투자(VC), M&A, IPO 등 실시
  · 성공 시 출연금의 10% 기술료 납부

창업성장기술개발: 창업기업과제+1인 창조기업과제(R&D)

스타트업 기업들이 도전하기 가장 좋은 R&D 사업이 창업성장기술개발이 아닐까 싶다. 성장 잠재력을 보유하고 있으나 기술개발 자금 부족으로 어려움을 겪고 있는 소규모 창업 기업에 기술개발 자금을 지원하는 창업성장과제는 창업기업과제와 1인 창조기업으로 나누어 시행되고 있다. 창업기업과제의 경우 지원 규모가 1,684억 원(약 1,000개 과제)을 지원하고 있으며, 2월과 6월 두 차례로 나누어 과제를 선정하고 있다. 1인 창조기업과제의 경우 204억 원(약 300개 과제)을 지원한다. 창업성장과제의 대상은 창업 후 7년 이하의 업력과 상시 종업원 수 50인 이하 또는 매출액 50억 이하 중소기업만 지원할 수 있다. 1인 창조기업 과제의 경우 창업 후 6년 이하의 1인 창조기업을 대상으로 한다. 각각의 지원 내용은 아래와 같다.

<지원 내용>

창업기업 과제 | 창업 후 7년 이하인 창업 기업에서 필요한 기술개발 자금을 총 사업비의 80% 이내에서 1~5억 원(개발기간: 1~2년)까지 지원

개발기간 및 지원 한도	지원 내용	정부 출연금
최대 1년, 2억 원	성장 잠재력은 우수하지만, 사업화 능력 및 경험이 부족한 창업 기업 기술개발 지원	80% 이내

1인 창조기업 과제 | 창업 후 7년 이하인 1인 창조기업에서 필요한 기술개발 자금을 총 사업비의 80% 이내에서 1억 원(개발기간: 1년)까지 지원

개발기간 및 지원 한도	지원 내용	정부 출연금
최대 1년, 1억 원	1인 창조기업의 기술개발 지원	80% 이내

1인 창조기업 마케팅 지원(판로·해외 진출)

스타트업 기업에 가장 어려운 업무 중에 하나가 마케팅 분야이다. 이는 투자할 시간적·금전적 여력이 없을 뿐만 아니라 전문성도 존재하지 않는다. 이런 문제로 인해 제품 생산 이후에도 어려움을 겪는 기업들이 많다. 높은 수준의 마케팅 지원은 어렵겠지만, 홈페이지 제작 또는 홍보 영상 제작 등을 지원하는 1인 창조기업 마케팅 지원 사업은 기본적인 마케팅 기반을 마련할 수 있는 좋은 사업이라고 판단된다. 지원 규모는 60억 원(450개사 내외, 1개 기업 1~2천만 원 이내)이 배정되어 있으며, 지원 대상은 1인 (예비)창조기업에 한한다. 지원 내용은 아래와 같다.

<지원 내용>
사업화 디자인 개발 | 종이/전자 카탈로그 제작, 시각(포장)디자인, 제품 디자인, 브랜드(CI/BI) 개발 등
온라인 마케팅 지원 | 창업 후 7년 이하인 1인 창조기업에서 필요한 기술개발 자금을 총 사업비의 80% 이내에서 1억 원(개발기간: 1년)까지 지원
오프라인 마케팅 지원 | 국내외 전시회 참가, 국내외 시장조사, 전문지 광고, 지식재산권 출원, 외국어 번역 등

K-Global 해외 진출사업 (판로·해외 진출)

ICT 분야 스타트업 및 벤처기업이 글로벌 시장으로 진출 및 성장할 수 있도록 전문 교육 지원 및 해외 진출 시 애로사항인 법률·특허·마케팅·투자유치 등에 대한 전문 컨설팅 지원하는 사업이다. 지원 규모는 52.46억 원(컨설팅 사업비: 38억, 보육 공간 관련: 8억 등)이며, 지원 대상은 ICT 융합 분야에서 우수한 기술 또는 창의적이고 혁신적인 아이디어를 보유하고, 글로벌 시장 진출 가능성이 높은 창업 7년 이내의 중소·벤처기업 및 예비창업자이다. 지원 내용은 아래와 같다.

<지원 내용>
글로벌 창업 및 해외 진출 전문 컨설팅 지원 | 국제변호사, 회계사, 변리사, 마케팅 전문가, 투자 전문가 등 센터 내 전문 인력으로 컨설팅 지원
- 상근 컨설턴트를 통한 상담 및 법률·특허·회계·마케팅 등 내부(In-House) 상담 및 컨설팅 무료 제공
- 국내외 민간 회사 등과의 파트너십을 통한 법률·특허·회계·마케팅 컨설팅 비용 매칭 지원(70~80%)

> **국내외 투자 유치 지원** | 우수 벤처기업 발굴 및 피칭 교육 지원 데모데이 지원으로 국내외 투자 유치 지원
> **글로벌 교육 지원** | 글로벌 창업 전문교육을 통해 스타트업 운영에 필요한 전 분야 스킬 향상 교육 제공

정부 지원 확률을 높이는 방법

지원 사업 준비단계

1) 담당 사업자와 소통하라

소통의 중요성은 어느 분야에서든 강조된다. 특히 정부 사업을 지원함에 있어서도 그 중요성이 더해진다. 물론 그 행위가 지나쳐서 로비활동으로 발전되면 안 된다. 언론매체를 통해 정부기관의 비리 사건이 심심치 않게 보도된다. 하지만 내가 겪어본 99% 이상의 공무원들은 바른 공직관을 가지고 업무에 임하고 있으며, 본인의 범위 내에서 최대한 민원인을 도와주려는 마음을 가지고 있다.

지원하고자 하는 사업 공고가 올라왔거나 올라올 예정일 때, 사업 내용상 이해가 되지 않는 부분이라든가 사업계획서 작성상 애매한 부분들이 생긴다. 그때 가장 좋지 않은 방법은 본인 스스로 모든 것을 해결하려고 하는 것이다. 항상 있는 일은 아니지만, 사업 성격상 본인이 제안하고자 하는 과제가 맞지 않아, 좋은 내용을 담고 있는 사업계획서라고 할지라도 탈락되는 경우가 있다. 이런 경우를 당하지 않으려면 사업 담당자와 자주 소통하면서 사업의 방향성을 찾아가야 한다.

사업 담당자도 사람인지라 정말 간절하게 다가가는 민원인에 대해 모른 체할 수 없다. 최대한 사업적으로 정중히 접근해보자. 정량적 확률로 표현하기는 어렵지만, 본인 홀로 모든 것을 해결하고 제출하는 사업과제보다 훨씬 높은 선정 확률이 있다.

2) 일정을 미리 체크하여 준비하라

지원 사업의 명칭과 세부사항은 약간의 변화가 있지만, 대부분의 사업 공고는 일정한 시기에 비슷한 절차를 가지고 시행된다. 만약에 이와 같은 사전정보를 인지하지 못한다면 사업 공고 이후 사업계획서 작성 및 제출 서류를 챙기는데 바쁜 시간을 보내게 된다. 시간이 부족할 경우, 과거에 탈락했던 과제의 사업계획서를 포맷만 변경하여 제출하는 경우도 있는데, 대부분 좋지 않은 결과로 연결된다. 충분한 준비시간을 가지고 사업을 준비한다면 이와 같은 리스크는 줄일 수 있다.

이외에 일정을 미리 체크해야 하는 이유 중에 과제 참여요건을 준비하기 위함도 있다. 정부 지원 사업의 경우, 회사의 규모 및 재무사항, 인력 구성에 의거하여 참여기업을 제한한다. 사업일정을 미리 파악하여 그 기간 안에 참여요건을 충족할 수 있을지 판단해야 한다. 정부 지원 사업의 종류가 상당히 다양하기 때문에 선택과 집중이 필요하다. 만약에 참여요건을 충족하기 어렵다면 과감히 포기하고 다른 사업을 선택하여 사업계획서 작성에 집중하는 것이 효율적이다.

3) 평가 가산점을 챙겨라

'PART 4 스타트업 설립하기'에 서술된 다양한 신고 및 인증 등은 평가 가산점을 받을 수 있는 좋은 방법이다. 많은 조건이 필요한 인증도 있지만, 대부분 준비서류만 잘 준비하면 획득할 수 있는 사항들이 많다. 그중에서도 기업부설연구소 및 벤처기업 인증은 반드시 챙기도록 하자. 평가 가산점이 아니더라도 자격 요건에 두 가지 인증은 자주 등장한다. 한 달 정도의 여유를 가지고 준비하면 별 무리 없이 획득할 수 있으니 준비토록 하자.

그 외에 받을 수 있는 여성기업, 가족친화기업, 일자리창출기업 등 다양한 가산점이 사업 공고시 발표되며, 사전에 준비할 수 있는 평가 가산점에 대해서는 미리 챙겨 놓는 것이 좋다.

사업계획서 작성단계

1) 지원 과제 성격에 맞는 제목을 선정하라

사업계획서에서 제목이 차지하는 비중은 어느 정도일까? 예를 들어, 스마트폰을 통해 뉴스기사를 검색했을 때 가장 먼저 보이는 것은 헤드라인으로 해당 뉴스를 가장 먼저 클릭하게 된다. 사업계획서도 마찬가지다. 하지만 제목을 너무 특이하게 만들어야 한다는 의미는 아니다. 제목에는 적어도 지원과제를 통해서 어떠한 기술을 바탕으로 무엇을 만들고 싶은가를 나타내야 한다. 본질에 벗어난 참신한 제목은 눈길을 끌 수 있으나 실질적인 평가 시 공격받기 십상이다.

그럼 몇 가지를 예를 들어 어떠한 제목이 좋은지 설명토록 하겠다. 미세먼지 및 전염병 예방 마스크 제작에 대한 사업계획서를 낸다고 했을 때, 어떠한 제목이 좋을까? 이미 시중에는 이와 비슷한 제품들이 나와 있고, 이와의 차별성을 둘 수 있는 기술 등을 바탕으로 제목을 구성하면 좋을 것이다. 만약에 마스크에 필터가 장착된 형태라면, 필터를 예방해야 할 질병에 따라 바꾸어 장착할 수 있으면 차별성이 있을 것이다. 또한 마스크의 센서를 부착하여 필터 교체 시기 또는 외부 미세먼지 농도 등을 스마트폰과 연결하는 IoT 센서 기술이 포함되면 돋보일 수 있다. 이와 같은 아이디어를 통해 심사위원의 눈길을 끌 수 있는 제목을 만든다고 했을 때, 부각시키고 싶은 기반기술 및 핵심 아이디어를 연결하면 좋은 제목으로 연결될 수 있다.

정부 사업의 경우, 매년 정부에서 추진하는 중점 과학 기술요소를 결합하면 좋은 점수를 얻을 수 있다. 이와 같은 사항을 고려해, 위의 아이디어의 적당한 제목을 선정한다면 기반 기술은 사물 인터넷을 뜻하는 'IoT', 핵심 아이디어인 '능동형 의사결정 지원 다기능 필터'가 들어가야 할 것이다. 이를 연결하면, '미세먼지 및 전염병 예방을 위한 IoT 기술 기반 마스크 필터 개발'로 연결 지을 수 있는데 연구과제에서 조금 더 부각시키고자 하는 방향이 있다면 본질적인 부분만 벗어나지 않는다면 변화를 줘도 관계없다.

아이디어의 제목은 사업계획서의 방향을 설정하는 바로미터이다. 제목만 제대로 잡혀도 사업계획서는 일관적인 논리성을 가지고 서술될 수 있다. 30자 내외의 짧은 사업계획서 제목이지만, 충분한 시간을 가지고 고민해볼 필요가 있다.

2) 중학생도 이해할 수 있는 사업계획서를 써라

스타트업 창업자들이 가끔씩 범하는 오류가 본인이 아는 지식만큼 상대방도 이해할 수 있다고 생각한다. 하지만 생각해보면 계획하고 있는 아이디어는 긴 고민 끝에 탄생한 어찌 보면 본인이 아니라면 상대방은 정말 이해하기 어려운 난이도를 가지고 있을지 모른다. 심사위원도 어느 한 분야의 전문가이기도 하지만, 본인의 분야 외에는 일반인과 비슷한 수준이라고 가정해야 한다.

이런 의미에서 사업계획서의 서술되는 내용은 일반인도 쉽게 이해할 수 있는 내용으로 구성되어야 한다. 중학생이 사업계획서를 읽더라도 어떠한 것을 만들고 싶어하는구나 이해가 될 수 있도록 구성되어야 한다.

특히 기술 및 아이디어를 전달하는 과정에는 상세한 개념도와 흐름도를 전달하여 처음 글을 읽는 사람도 쉽게 따라갈 수 있도록 구성되어야 한다. 가장 추천하고 싶은 방법 중 하나가 아이디어를 도식화시켜서 설명하는 방법이다. 어차피 사업계획서를 발표하는 단계에서 프레젠테이션을 해야 하기 때문에 그림이 필요하며, 조금 시간이 걸리더라도 상세하고 이해하기 좋은 그림을 그리는 데 집중하면 좋다.

3) 보기 좋은 글이 읽기도 좋다

사업계획서를 쓰기 전에 서술형 글쓰기와 개괄식 글쓰기 중에 무엇을 선택할지 고민이 될 때가 많다. 각각의 장점으로, 서술형 글쓰기의 경우 부연 설명을 하기 편하기 때문에 아이디어를 자세히 설명할 수 있고, 개괄식 글쓰기는 짧게 핵심 아이디어를 전달하기 때문에 몰입도가 있다. 반면 서술형 글쓰기는 글이 늘어져서 읽기에 불편할 수 있으며, 문장력이 좋지 않으면 읽는 사람에게 좋은 인상을 심어주기 어렵다. 개괄식 글쓰기의 경우, 너무 함축적인 단어를 통해 전달하기 때문에 전달하고자 하는 의도가 왜곡되거나 추상적으로 느껴질 수도 있다.

사실, 각각의 장단점이 분명하기 때문에, 무엇이 좋다, 나쁘다 말하기는 어렵다. 하지만 두 가지 글쓰기 방법에서 공통으로 해당하는 사항이 있다면, 보기 좋은 글을 써야 한다는 것이다. 통상적으로 사업계획서는 10~20페이지 정도로 긴 분량이다. 심사하는 입장에서 처음부터 끝까지 집중력을 가지고 심사하기 어렵다. 그렇기 때문에 강조하고자 하는 내용에는 볼드체와 밑줄을 쳐서 강조하거나 도식화시켜서 몰입시켜야 한다.

사업계획서는 논술시험이 아니기 때문에 수려한 글을 원하는 것은 아니다. 하지만 읽기 편하게 구성되어야 하며 아이디어에 집중할 수 있도록 만들어야 한다. 아이디어가 좋으나 글이 잘 읽히지 않아 사업내용의 접근을 방해하지 않도록 주의할 필요가 있다.

4) 예산 편성의 중요성을 잊지 마라

창업 지원 사업 공고 시, 사업 지침에는 예산편성에 관한 내용들이 포함되어 있다. 가볍게 지나칠 수 있는 부분이기도 하나, 꼼꼼히 챙겨볼 필요가 있다. 대부분의 지원 사업은 온라인을 통해서 제출하게 되는데, 예산지침 사항이 온라인에 자동으로 인식되어 있어 올바르지 않은 편성 시 입력 자체가 불가능한 경우가 많다. 혹시라도 온라인으로 잘못된 예산이 업로드되었다고 할지라도 원칙에 벗어난 예산에 대해서는 반드시 대면 평가 때 지적사항이 나오게 된다.

생각보다 예산 편성에 대해 어려움을 가지는 스타트업 창업자들이 많다. 하지만 각 항목이 가지는 성격과 비율 등을 엑셀 표 등으로 정리하여 사전 자가진단을 하면 오랜 고민을 하지 않더라도 쉽게 작성할 수 있다. 그리고 한 가지 더 주의해야 할 사항으로 최근 정부 지원금의 매칭펀드 형식으로 구성되어있다. 100% 지원인 경우는 거의 드물고 65~80%를 지원하고 나머지 부분에 대해서 현금 또는 현물로 분담하여 예산을 편성하게 되어 있다. 이러한 부분도 예산 편성 시 꼼꼼히 챙겨서 예산으로 인해 심사에 어려움을 겪는 경우가 없도록 하자.

사업계획서 발표 단계

1) 발표에 하나의 스토리를 만들어라

대면 평가장에 들어서면, 이미 앞에 많은 팀들이 발표를 하고 지나간 터라, 심사위원들의 표정에서 피곤함이 역력하다. 설상가상으로 심사가 뒤에 배치된 경우에는 분위기가 더욱 안 좋다. 이와 같은 난관을 어떻게 헤쳐나갈 수 있을까? 본인이 스티브 잡스처럼 멋있는 프레젠테이션 능력이 없는 이상, 일정한 전략을 가지지 않는다면 여러 심사위원의 이목을 끌기 어렵다.

여기서 한 가지 팁은 핵심 아이디어부터 전달하라는 것이다. 사업계획서 순서대로 발표를 구성하다 보면, 사업의 필요성 및 배경, 선행 기술과의 차별성, 개요 등을 소개하고 아이디어를 소개하게 된다. 하지만 도입부가 높은 흥미도를 가지지 않는 이상, 아이디어를 전달할 때 쯤 되면, 심사위원의 집중도는 떨어진다. 그렇게 되면, 정작 제일 중요한 사업 내용을 제대로 전달하지 못하게 된다.

먼저, 아이디어의 내용을 전달하고, 그 아이디어의 활용 예들을 하나의 시나리오를 구성하여 전달해보자. 앞에서 예를 들었던, '미세먼지 및 전염병 예방을 위한 IoT 기술 기반 마스크 필터 개발'에 대한 발표를 한다면, 먼저 아이디어를 설명하고 개발 이후 어떻게 활용될 수 있을지 현실성 있고 흥미 있는 시나리오를 전달해보자.

대면 평가에 올라온 이상, 그 아이디어의 참신성 및 개발 가능성은 인정받은 것이다. 심사위원 앞에서는 그 이상의 무언가를 보여줘야 한다. 단순한 읍소나 상대에 대한 비방이 아닌, 심사위원의 마음을 얻을 수 있는 스토리가 있어야만 좋은 결과를 기대할 수 있다.

2) 준비된 대본보다 분위기에 맞는 발표를 하라

발표에 자신이 없는 창업자의 경우, 스크립트를 만들어 읽거나 외워서 대면 평가를 진행하는 경우가 많다. 물론 대면 평가 이전에 많은 발표 연습을 해야 한다. 그 과정에서 발표 내용이 외워지게 되고 발표 내용에 대해 확신을 가지게 된다. 가장 잘못된 발표 준비 방법이 기계적으로 발표 내용을 외우는 것이다. 실제 대면 평가에 들어서서 심사위원의 반응과 시간적 압박은 생각했던 것과 매우 다르다. 그렇기 때문에 기계적으로 외우게 된 발표 내용은 의도가 잘 전달되지 않을 뿐만 아니라, 실수를 범하기 쉽다.

이를 위해 추천할 수 있는 것은 발표에서 핵심적으로 전달해야 할 사항들을 순서도와 같이 구성하여 상황에 맞게 변경되더라도 무리 없게 적응하도록 만드는 것이다. 처음에는 두려움으로 모든 내용을 대본을 써놓고 외우기를 반복하지만, 이와 같은 반복의 한계점을 느꼈을 때는 다시 바꾸기 어렵다.

세계적인 IT 콘퍼런스에서 발표하는 CEO들의 연설을 들어보자. 그들의 발표는 외워서 한다는 인상보다는 상황에 맞게 관객과 호흡을 한다는 인상을 받는다. 그만큼 자연스럽고 본인의 의도를 흡입력 있게 전달하고 있는 것이다. 발표를 위한 많은 연습은 필요하지만, 분위기를 무시하고 준비한 대본은 상대방에게 다가가기 어렵다.

3) 질문은 정확한 대답 이전에 의도를 파악하라

대면 평가 이전에 수많은 예상 질문 리스트를 만든다. 그리고 예상 질문에 대응한 답변들을 작성한다. 과연 그중에 얼마나 일치할까? 일치한 질문에 대해 준비한 답변을 말할 수 있을까? 말한다고 할지라도 심사위원의 마음을 충족시킬까? 앞의 두 번째 '준비된 대본보다 분위기에 맞는 발표를 하라'에서 전달한 것과 마찬가지로 단순히 질문에 대한 답을 외워서는 심사위원이 정말 알고자 하는 내용을 답변하기 어렵다.

심사위원이 질문하는 내용은 이미 답변은 정해진 것이고, 사업 내용에 대해서 비판하기 위한 경우도 많다. 이런 경우 심사위원의 모든 질문에 방어하는 것이 좋은 전략일까? 가끔 대면 평가를 마치고, 발표도 잘 마쳤고, 모든 심사위원들의 질문에 제대로 답변했으니 좋은 결과가 나올 것 같다고 생각했는데 탈락하는 경우가 많다. 이런 경우가 심사위원의 의도를 제대로 파악을 못하고 '마이

웨이'로 답변을 했기 때문이다.

  심사위원이 잘못된 부분을 지적했다면, 그 부분을 무조건 방어하기보다는 검토해서 더 좋은 방안이 최종적으로 도출되도록 노력하겠다고 답변하거나 잘못된 부분을 시인하고 수정하겠다고 말하는 것이 차라리 나을 수 있다.

── Chapter 2 ──
어떻게 정부 융자를 받을 것인가

    스타트업의 운영을 위해 상환의 의무가 없는 지원 사업을 활용하는 것이 가장 좋은 방법이기는 하나, 각 지원 사업마다 스타트업이 추구하는 사업 방향보다는 지원 사업이 지향하는 바를 따라갈 수밖에 없다. 하지만 융자자금의 경우, 상환의 의무는 있지만 그동안 추구했던 기술적 철학을 고수할 수 있다. 또한 상환의 의무가 있다 보니 경쟁률이 지원 사업보다 낮고 확률도 높다. 또한 상환의 의무 또한 대출 이자만 납부하는 거치기간을 2년에서 5년 정도 보장함으로써 스타트업 기업에게 일정한 혜택을 주고 있는 것도 사실이다. 이제부터 정부 융자 사업의 몇 가지 예를 살펴보고 각각의 융자 조건 및 혜택 등을 살펴보도록 하겠다.

정부 융자 사업의 종류와 지원 방법

창업기업지원자금+청년창업전용자금

스타트업의 사업 아이템이 기술력과 사업성이 있다면 접근하기 가장 좋은 방법이 창업기술지원자금이다. 창업기업자금과 청년창업전용자금은 동일한 목적의 사업으로써, 신청 대상에 따라 달라질 수 있으며 두 융자 사업에 중복으로 해당되는 스타트업은 선택이 가능하다. 매년 융자 규모는 늘어나고 있으며, 2016년 융자 규모는 1조 5천억에 이를 전망이다.

먼저 두 사업의 신청대상은 다음과 같다.

> **<신청 대상>**
>
> **창업기업지원자금** | '중소기업창업 지원법' 시행령 제2조 및 제3조의 규정에 의한 사업 개시일로부터 7년 미만(신청·접수일 기준)인 중소기업 및 창업을 준비 중인 자
>
> **청년전용창업자금** | 대표자가 만 39세 이하로 사업 개시일로부터 3년 미만(신청·접수일 기준)인 중소기업 및 창업을 준비 중인 자
> ※ 창업기업지원자금, 청년전용창업자금 모두 최종 융자 시점에는 사업자등록 필요

융자의 범위는 시설자금과 운영자금으로 분리하여 신청할 수 있다. 먼저, 시설자금 하드 인프라(Hard Infra)를 지원하는 자금으로 제조시설 확충 및 장비의 고도화 등에 활용할 수 있는 자금이다. 제품 생산을 위한 직접 설비를 필요로 하는 기업에서 활용할 수 있는 자금으로 스타트업에게는 적당치 않을 수 있다. 하지만 대출기

간이 운전자금보다 상대적으로 길어, 투자 대비 회수가 조금 늦더라도 리스크가 적은 자금이라고 할 수 있다. 운전자금은 시설 자금을 제외한 모든 소프트 인프라(Soft Infra)에 해당하는 기업으로 창업 소요 비용 및 마케팅 비용 등 다양한 용도로 사용이 가능하다. 하지만 시설자금보다 거치기간이 짧고 융자 비용의 한계도 존재한다.

시설자금과 운영자금의 범위 및 조건은 다음과 같다.

<융자 범위 및 조건>
융자 범위 |
- 시설자금
- 생산설비 및 시험검사장비 도입 등에 소요되는 자금
- 정보화 촉진 및 서비스 제공 등에 소요되는 자금
- 공정설치 및 안정성 평가 등에 소요되는 자금
- 유통 및 물류시설 등에 소요되는 자금
- 사업장 건축자금, 토지 구입비, 임차보증금
  ※ 토지 구입비는 건축허가(산업단지 등 계획 입지의 입주계약자 포함)가 확정된 사업용 부지 중 6개월 이내 건축 착공이 가능한 경우에 한함
- 사업장 확보자금(매입, 경·공매)
  ※ 사업장 확보자금은 사업 영위 필요에 따라 기업당 3년 이내 1회로 한정 지원
- 운전자금
- 창업 소요 비용, 제품생산 비용 및 기업 경영에 소요되는 자금

> 융자 조건 |
> - **대출금리**(변동금리): 정책자금 기준금리에서 0.08%p 차감(기준금리)
>   - 창업기업지원자금의 시설자금 지원 시 고정금리 선택 가능
>   - 청년전용창업자금은 연 2.7% 고정금리 적용
> - **대출기간**
>   - 시설자금: 8년 이내(거치기간 3년 이내 포함)
>   - 운전자금: 5년 이내(거치기간 2년 이내 포함)
>   - 청년전용창업자금: 시설·운전 구분 없이 5년 이내(거치기간 2년 이내 포함)
> - **대출한도**
>   - 운전자금은 연간 5억 원. 단, 10억 원 이상 시설투자기업의 운전자금은 연간 10억 원
>   - 청년전용창업자금: 기업당 1억 원
> - **융자방식**
>   - **창업기업지원** | 중진공이 자금 신청·접수와 함께 기업평가를 통하여 융자 대상 결정 후, 중진공(직접대출) 또는 금융회사(대리대출)에서 대출
>   - **청년전용창업** | 중진공이 자금 신청·접수와 함께 교육·컨설팅 실시 및 사업계획서 등에 대한 평가를 통하여 융자 대상 결정 후 직접 대출(융자상환금 조정형)
>   - ※ 융자상환금 조정형: 정직한 창업실패자에 대하여 심의를 통해 선별적으로 융자 상환금의 일부를 조정

퍼스트펭귄형 창업기업 보증

'퍼스트펭귄'이란 첫 번째 펭귄을 뜻하는 말로 펭귄 무리가 먹잇감을 구하기 위해 바다로 들어가려고 할 때, 펭귄들은 바닷속에 있을지도 모를 천적에 대한 두려움에 머뭇거리게 되는데 한 마리가 먼저 바다에 뛰어들면 그것을 신호로 다른 펭귄들도 잇따라 뛰어든다

고 한다. '퍼스트펭귄 창업기업'은 무리 중에 처음 뛰어든 펭귄처럼 현재의 불확실성을 감수하고 아이디어와 지식을 바탕으로 새로운 시장에 과감히 도전하여 향후 시장을 선도할 창업기업을 뜻한다. 창업 2년 이내의 유망창업기업 중 미래 성장성이 기대되는 기업을 발굴·선정하여 우대 지원하는 제도로 창업 후 2년 이내의 유망창업기업 중 일정 평가점수 이상인 기업을 대상으로 한다. 해당 사업은 신용보증기금을 통해 지원 가능하며 지원 내용은 아래와 같다.

<지원 내용>

- 크레디트 라인(Credit Line) 설정을 통해 3년간 최대 30억 원까지 지원 가능하며,
- 보증연계투자 요청 시 우선 지원 대상으로 운영하며, 경영컨설팅, 잡 매칭 등 비금융 서비스도 제공

구분			1차 연도	2차 연도	3차 연도
업력			- 창업 후 2년 이내		
대상기업			- 제조업 또는 신성장동력산업 영위기업, 창조형 서비스 산업 - 영위기업 중 신보의 '창업경쟁력 평가' 결과 80점 이상		
보증한도	총한도		- 총지원가능한도 30억 원		
	Credit Line	신규설정	- 3년간 지원한도 → Min(30억 원, 3년 차 추정매출액×1/2)		
		연차별 한도	Min(20억 원, 1년 차 추정매출액, 소요자금)	Min(25억 원, 2년 차 추정매출액)	Min(30억 원, 3년 차 추정매출액×1/2)
보증료율			0.5%p 차감	0.5%p 차감	0.5%p 차감
보증비율			100%	95%	90%
비금융지원			- 보증연계투자 요청 시 우선 지원 - 유동화회사보증 취급 시 편입·금리 우대 - 전문 경영 컨설팅 및 잡 매칭(Job-Matching) 서비스 제공		

창업기업 보증

창업기업이 금융회사 등에 부담하는 채무에 대한 보증을 지원하는 사업이다. 창업 5년 이내 중소기업(유망창업기업은 7년 이내)을 지원 대상으로 하며, 지원 내용은 아래와 같다.

<지원 내용>

유망창업기업 성장지원 프로그램 | 창업 초기 기업의 성장단계별로 '예비창업보증 → 신생기업보증 → 창업초기보증 → 창업성장보증'으로 구분하여 보증료 및 보증비율 등을 우대하여 지원

구분	예비창업보증	신생기업보증	창업초기보증	창업성장보증
지원 대상	창업 전 6개월	창업 후 1년 내	창업 후 1~3년	창업 후 3~7년
보증한도	10억 원 (시설 포함)	10억 원	20억 원	30억 원
보증료	0.7% 고정	0.4%p 차감	0.3%p 차감	0.2%p 차감
보증비율	100%	100%	95%	90%
비금융지원	경영 컨설팅 필요시 지원			
취급조직	영업점, 창조금융센터		영업점	

정부 융자 사업의 득과 실

스타트업에게 우호적인 융자사업

사업을 실질적으로 운영할 수 있는 의지와 그리고 추진하고자 하는 사업 목표가 있다면 융자 사업을 정부 융자를 받을 수 있는 기본 요건은 갖추게 된다. 심지어 1인 창조기업에도 개별 프로그램

을 마련하여 융자를 지원한다. 약간의 차이는 있지만, 2% 중후반대의 저렴한 금리로 1~2억 정도를 사업 융자금으로 받을 수 있다.

시중 은행이나 창업 투자회사에서도 일정한 조건을 가지고 융자 사업 등을 펼치고 있으나, 정부에서 시행하는 창업 융자 사업만큼 좋은 조건으로 진행하기는 어렵다. 그리고 상환에 대한 압박감도 정부 융자 사업보다 더 심할 수밖에 없다.

정부 융자 사업의 경우, 일정기간(1~3년) 거치기간 동안 대출 이자만을 상환하고 거치기간 이후에는 원리금을 균등 상환하는 방식으로 구성되어 있다. 이는 스타트업이 곧바로 수익을 발생하기 어렵기 때문에 그 기간 동안 원리금 상환을 유예해주는 것인데, 창업기업에게는 우호적인 방식이라고 할 수 있다.

또한 정부의 창업 육성정책과 함께, 융자 사업 예산이 지속적으로 확대되고 있다. 정부에서 지정한 유망분야 창업 및 일자리 창출에 기여하는 기업에는 그 대출 규모 및 조건도 더욱 좋게 좋아진다. 대부분의 IT 스타트업들은 정부에서 지정하는 유망산업에 해당하는 경우가 많다. 현장 평가 시 추진하고 있는 사업 방향에 대해서 심사위원에게 잘 전달한다면 안정적인 융자 자금을 확보할 수 있다.

하지만 빚은 빚이다

학자금 대출을 예를 들어 보자. 우선, 별다른 조건 없이 한국장학재단을 통해 시중 은행보다 낮은 이율로 등록금을 대출받을 수 있다. 등록금의 상환은 학교에 다니는 동안 원리금은 유예하고 사회에 진출해서 소득이 발생하면 원리금을 조금씩 갚도록 정부에서 지원 사업을 펼치고 있다. 이와 같은 제도에 대해서 학생과 학부모들은 찬성의 입장을 보내고 있는가? 분명히 낮은 금리이고 상환 조건도 나쁘지 않지만, 어차피 빚은 빚이라고 생각한다. 갚지 않고 그냥 넘어갈 수 없는 돈인 것이다. 대학교 졸업을 해서 양질의 회사에 취업해서 학자금 대출금을 빨리 상환하면 좋겠지만 그리 쉬운 것만은 아니다. 이와 같은 돈은 취업기간이 늦어지면 늦어질수록 큰 부담으로 다가온다.

창업 융자자금도 마찬가지다. 다른 대출 상품보다 좋은 조건으로 사업자금을 충당할 수 있지만, 빠르게 회사가 성장하지 않는다면 큰 부담으로 다가온다. 원리금 상환이 도래하는 순간까지 확실한 수익원을 발굴하지 못한다면 기업의 존폐의 위기에 처하게 된다. 그래서 많은 융자자금을 받으려고 노력하는 것보다 현실적으로 필요한 자금만을 확보하는 것이 나을 수도 있다.

PART 6

비즈니스 계약 체결하기

Chapter 1
들어가며

누구와 계약을 할 것인가

스타트업 사업자는 자신의 상품, 즉 디바이스, 부품, 서비스, 프로그램, 애플리케이션 등을 누군가에게 판매함으로써 수익을 창출하게 될 것이다. 그리고 이러한 상품을 누구에게 팔 것인지에 따라 비즈니스 모델을 B2C(Business to Customer), B2B(Business to Business)로 구분할 수 있다.

B2B는 기업과 기업 사이의 거래를 기반으로 한 비즈니스 모델을 의미한다. 예를 들어 IBM은 다른 기업을 대상으로 소프트웨어 및 하드웨어 솔루션을 판매하는바 이는 대표적인 B2B의 예다.

B2C는 하나의 기업이 다수의 개인을 상대하는 비즈니스 모델을 의미한다. 예를 들어 '애플'은 일반 소비자를 대상으로 한 소프트웨어 및 하드웨어 솔루션을 판매하고 있어 이를 대표적인 B2C의 예라고 하겠다.

스타트업 사업자의 비즈니스 모델은 수익창출이라는 경영의 관점에서 결정되겠지만, 법무적으로는 이를 위해 어떠한 형식과 내용으로 계약을 할 것인지를 고민하여야 한다. 아래에서 자세히 살피겠지만, B2B, B2C에 따라 스타트업 사업자에게 적합한 계약서의 형식과 내용이 달라질 수 있는 것이다.

어떠한 형식으로 계약을 해야 하는가

계약은 '계약을 체결하자는 의사표시'인 청약과 '그 계약에 동의한다는 의사표시'인 승낙이 합치될 때 성립한다. 그리고 청약과 승낙으로 합치된 의사표시 내용을 문서로 작성한 것을 계약서라고 한다. 계약서가 특별한 형식이나 내용에 구애받는 것은 아니지만, 일반적으로 제목, 당사자의 표시, 계약의 목적 및 정의, 목적물 및 대금에 관한 본문, 계약 해제(해지)에 관한 사항, 작성일, 서명, 부록 등의 요소로 이루어진다.

다만, B2B의 경우 기업과 기업이 계약을 체결하기 때문에 이른바 갑의 횡포가 발생하여 불공정한 내용의 계약서가 작성될 우려가 있다. 이러한 시각에서, 정부는 경제적 약자를 보호하고 공정한 거래를 확산하기 위해 거래 유형이나 업종별로 사용할 수 있는 표준계약서를 마련하고 그 사용을 권고하고 있다.

B2C의 경우 수인의 고객에게 동일한 상품을 동일한 조건으로 판매하는바 그때마다 계약서를 새로이 작성하는 것은 계약의 신속성을 저해하게 된다. 이러한 문제점들을 방지하기 위하여 계약서의 표준양식을 만들어 둘 필요가 있을 것이다. 이러한 시각에서

B2C는 주로 약관을 만들어 계약을 체결한다. 약관이란 계약의 한쪽 당사자가 '여러 명의 상대방'과 계약을 체결하기 위해 일정한 형식으로 '미리' 마련한 계약의 내용을 말한다. 이와 같은 요건을 갖추고 있다면 그 명칭이나 형식 또는 범위를 불문하고 약관으로 인정될 수 있다. 이 장에서는 B2B에 관련한 표준계약서와 B2C에 관련한 약관을 살피되, 특히 계약상 의무와 책임을 중심으로 살피기로 한다. 말미에는 특수한 사업자의 책임인 제조물 책임도 간단히 살피기로 한다.

— Chapter 2 —
소비자와 약관을 통해 계약하기

약관에 어떠한 내용이 들어가야 하는가

스타트업에 필요한 약관은 사업자가 이용자에게 제공하는 상품의 종류와 특성을 고려하여 작성되어야 한다. 공정거래위원회 홈페이지를 방문하면 온라인 게임, 전자상거래 등에 관련된 표준약관[1]을 다운로드받을 수 있으며 이를 자사의 상품에 적합하게 수정하여 사용할 수 있다.[2]

상품에 따라 다양할 수밖에 없는 약관의 내용을 이 책을 통하여 모두 살피는 것은 불가능하기 때문에 모든 약관에서 중요하게 기재되어야 하는 내용들을 중심으로 살펴보기로 한다. 실제 약관

---

1 표준약관은 약관을 만든 사업자가 공정거래위원회에 공정성 여부 등의 심사를 요청하고 이러한 심사에 통과한 약관으로 누구나 사용할 수 있도록 공개하고 있다. 이와 비교하여 표준계약서는 개별 법에 근거하여 정부가 만든 계약서를 의미한다.
2 표준약관은 공정거래위원회 홈페이지(www.ftc.go.kr/info/main/infoMain.jsp)에서 다운로드받을 수 있다.

조항의 문구는 공정거래위원회 홈페이지에 있는 표준약관을 참조하면 도움이 될 것이다.

목적과 정의

보통 약관의 첫 부분에서 명시되는 내용으로, '목적'은 '특정한 상품에 대한 당사자 간 권리, 의무 및 책임, 기타 사항을 규정한다'는 내용으로 간단히 적시하면 충분하고 '정의'는 약관에 사용된 용어들 중 의미에 논란이 있을 수 있는 용어에 대해 명확히 정의를 내려주는 정도로 기술하면 족하다.

이용신청 및 승낙

계약성립을 위한 청약과 승낙에 대한 절차를 명시한 것으로 '고객이 약관과는 별도 양식의 이용신청서를 작성(참고로 사업자가 미리 만들어 둔 이용신청서에 고객이 서명을 하도록 하는 것이 일반적이다)하도록 하고 약관에서 명시한 예외적인 사유가 없는 한 이를 사업자가 승낙한 것으로 본다'는 내용으로 기재하는 경우가 많다.

개인정보의 보호 및 관리

서비스(또는 프로그램, 애플리케이션)의 이용 과정에서 수집하려는 고객의 개인정보를 보호하겠다는 선언적 의미와 함께 약관과는 별도 양식의 개인정보취급방침을 통하여 수집하려는 개인정보의 이용목적, 대상, 기간, 담당자 등을 명시하고 이 명시된 사항들을 고객에 고지하고 동의받는 것이 일반적이다.

회사의 의무

고객의 안정적인 서비스(또는 프로그램, 애플리케이션)의 이용을 위하여 회사가 부담하는 의무를 규정하는데, 개인정보 보호, 합의된 품질의 상품 제공, 상품 모니터링·수리·개선 등이 해당한다.

고객의 의무

고객이 부담해야 하는 의무를 규정하는데, 대금지급, 타인의 개인정보 도용금지, 회사의 허락 없는 상품의 배포·이용·광고 금지, 지적재산권 침해 금지, 명예훼손 금지, 임직원 사칭 금지 등을 규정할 수 있다. 특히 대금지급은 그 방식과 일자 등에 대해 명시하는 것이 타당하다.

서비스 변경 및 수정

서비스(또는 프로그램, 애플리케이션)의 제공 중에 업데이트 등의 작업이 수반될 수 있는바, 이 조항을 통해 상당한 이유가 있는 경우 운영상, 기술상의 필요에 따라 그 변경이 가능하며 이를 공지하겠다는 취지를 명시하도록 한다.

정보의 수집

서비스(또는 프로그램, 애플리케이션)의 이용과정에서 발생하는 정보를 회사가 저장·보관하되 분쟁이 있을 경우 열람이 가능하다는 취지를 명시하도록 한다.

이용 상품

서비스(또는 프로그램, 애플리케이션)상 유료·무료상품이 혼재되어 있는 경우 유료상품이 있음을 약관에 명시하되, 이와는 별도로 추후 실제 유료상품을 이용하는 단계에서도 유료임을 고객에게 알려주어야 한다.

청약의 철회 및 효과

고객이 서비스(또는 프로그램, 애플리케이션)상 유료상품을 신청(청약)·이용한 경우라도, 그로부터 일정한 기간 내 청약을 철회하면 기간에 따라 일정 금액을 환불받을 수 있음을 명시한다.

회원(또는 회사)의 해지 및 해제

서비스(또는 프로그램, 애플리케이션) 이용 중 회원은 회사에 대해 언제든지 그 이용의 해지 및 해제할 수 있고, 회사는 회원에 대해 회원이 약관상 의무를 위반한 경우에 그 해지 및 해제할 수 있음을 기재하는 것이 일반적이다. 또한 해지 및 해제 절차에 대해서도 설명이 필요하다.

손해배상

회사 또는 고객이 약관을 위반하여 상대방에게 손해를 끼친 경우, 그 손해배상의 책임이 있음을 규정할 수 있다. 구체적인 유형으로는 손해배상액의 예정, 위약금, 대금감액, 하자보완 등이 있다. 한편, 손해배상은 금액 내지 이율을 정할 수 있는데 사회질서에 반하지 않는 한도에서 이를 정해야 할 것이다.

면책규정

회사가 약관상 의무를 위반한 경우라도 특정한 상황에서는 그 책임을 지지 않음을 명시하는 규정으로, 예를 들어, '전시, 사변, 천재지변, 비상사태, 현재의 기술로는 해결이 불가능한 기술적 결함 기타 불가항력적인 사유로 서비스를 제공할 수 없는 경우에는 회사가 면책될 수 있다'는 내용을 기재하면 족하다.

계약 전 소비자에게 모든 약관의 내용을 설명해야 하는가

사업자와 고객 사이의 약관이 계약으로서 효력을 갖기 위해서는 사업자가 계약으로 삼으려고 하는 내용을 약관에 '명시'하고 특히 중요한 내용에 대해서는 고객에게 '설명'하여야 하는데, 이를 '설명의무'라고 한다(약관의 규제에 관한 법률 제3조 제2항 및 제3항). 여기서 말하는 중요한 내용에 해당하기 위해서는, 사회 통념상 고객이 그러한 내용을 알았다면 실제로 계약을 체결하지 않았을 것이라고 인정받을 수 있는 정도의 내용이어야 한다.[3] 다만, 일정한 경우 고객에게 설명할 의무가 면제될 수 있는데, 고객이 당해 내용을 충분히 잘 알고 있는 경우, 거래상 그 내용이 일반적인 것이어서 고객이 충분히 예상할 수 있는 경우, 법률의 내용을 단순히 기재한 것에 불과한 경우 등이 이에 해당한다.[4]

---

3 대법원 1995.12.12. 선고 95다11344 판결.
4 대법원 2001.7.27. 선고 99다55533 판결.

구체적으로 중요한 내용에 포함될 수 있는 예를 살피면, 소비자에게 제공하는 마일리지 적립 기준, 소비자에게 부과되는 요금체계 및 과금 방식 등을 들 수 있고, 이에 관련된 약관상 규정이 있다면 스타트업 사업자는 설명의무를 부담해야 할 것이다. 참고로 대법원 판례 중에는 약관상 면책규정 즉, 사업자의 고의나 중한 과실 없이 서비스가 차단되는 경우에는 사업자 책임이 면제된다는 약관규정에 대해 중요한 내용이 아니므로 사업자의 설명할 의무가 없다고 판시한 바 있으나,[5] 당해 면책규정이 중요한 내용인지 여부는 실제 사안에 따라 개별적으로 판단되어야 할 것이다.

한편, 약관을 통한 계약 체결이 인터넷을 통하여 이루어지는 경우에는 어떻게 그 내용을 고객에게 명시하고 설명할 수 있을까. 인터넷상 노출되는 상품설명 화면이나 계약신청 화면에서 약관 전체를 게시하고, 중요한 내용에 대해서는 별도로 고객이 쉽게 알아보고 이해할 수 있도록 볼드체나 다른 색깔로 명시하거나 전화 또는 문자메시지 등을 통해 고객에게 알려주는 방법이 필요하다.[6]

---

5 대법원 1995.12.12. 선고, 95다11344. 판결.
6 대법원 2013.2.15. 선고 2011다69053 판결.

사례 연구 | 무료체험 기간 후 자동결제 유료회원으로 전환된다는 약관도 설명의무의 대상이 되는가?

문제 | 사업자 A는 인터넷 사이트를 운영하는 자로서, 신규가입자에게 무료로 일주일 동안 유료회원의 서비스를 제공하되 일주일 후 신규가입자가 해지의 의사표시를 하지 않는다면 매월 자동결제 유료회원으로 전환된다는 약관을 만들어, 이벤트를 실시하였다. 다만, 유료로 전환된다는 내용은 인터넷 사이트에 가입할 당시 작게 표기되어 있었고, 자동결제나 결제금액에 대하여 명확히 기재되어 있지 않았다. 한편, B는 A의 인터넷 사이트에 가입한 자로 가입일로부터 무료체험 기간인 1주일이 경과 후 무효체험을 해지하지 않았다는 이유로 자동결제 유료회원이 되어 이용료가 과금되었고, 이에 B는 A에게 환불을 요구하였다. A는 자신의 약관을 근거로 하여 환불을 거절할 수 있는가?

해결 | 약관의 규제에 관한 법률 제3조 제2항 및 제3항은 사회 통념상 내용을 알았는지 여부가 계약 체결의 영향을 미칠 수 있는 사항에 대하여 사업자의 설명의무를 부과하고 있으며 이를 위반하는 경우 해당 조항을 무효로 한다. 사안을 살피건대, 사업자 A는 신규가입자를 유인하기 위하여 이벤트를 실시하고 이벤트를 위한 약관도 작성하였으나 유료전환, 자동결제 등에 대한 자세한 안내가 부족하였다고 보이는바, 약관의 규제에 관한 법률 제3조 제2항 및 제3항이 규정하고 있는 설명의무를 위반을 이유로 자동결제 유료전환에 대한 조항을 무효로 주장하여 이에 대한 환불을 주장할 여지가 있다. 물론 사업자가 소비자의 착오를 야기한 책임을 물어 B는 A에게 민법상 계약해제 및 손해배상(환불)도 청구할 수 있을 것이다.

한편, 전자상거래 등에서의 소비자보호에 관한 법률 제21조 제1항 제1호는 거짓 또는 과장된 사실을 알리거나 기만적 방법을 사용하여 소비자를 유인 또는 소비자와 거래하는 행위를 금지하고 있는 바, 사안의 경우 A는 이를 위반하였다는 이유로 제32조 제1항에 의거 공정거래위원회의 시정조치를 받을 수 있다.

관련 판례 | [서울중앙지방법원 2007.9.4. 선고 2006가합106335 판결] 전자상거래법 등 관련 규정의 취지에 비추어 볼 때, 일반적으로 고객들이 인터넷 사이트에 가입하는 경우 그 인터넷 사이트의 약관을 꼼꼼하게 모두 읽어보고 가입하지 않는 경우가 많으므로, 인터넷 사이트를 운영하는 자로서는 이로 인한 고객들의 착오 등으로 인한 피해 등을 예방하기 위하여 결제가 유료임을 명확하게 안내하고 그 결제금액 및 방법 등에 대하여 명확히 인지시켜야 하며, 이를 바탕으로 결제에 대한 동의를 얻어야 할 것이다.

사례 연구 | 마일리지 적립 기준을 회사 사정에 따라 변경할 수 있다는 약관이 있다면 추후 회사가 마일리지 기준을 마음대로 변경할 수 있는가?

문제 | B사는 '온라인 음악 평론 서비스'를 제공하는 사업자이다. B사가 제공하는 서비스는 유료 서비스이고 가입자의 이용량에 따라 제휴사 마일리지를 제공하는데, B사가 제공하는 마일리지 양은 경쟁사인 C사, D사보다 많아 B사가 가입자를 유치하는 데 있어 유리한 광고효과가 있었다.

다만, 마일리지와 관련하여 B사의 약관은 '마일리지 등 부가 서비스의 제공 및 이용조건은 제휴사 사정에 따라 변경될 수 있으며, 그 변경내용은 사전에 고지하여 드립니다'라고 규정되어 있었는데 특별히 가입자에게 설명하지는 않았다. 그런데 어느 날, B사는 마일리지 제휴사의 경영 상황이 나빠지자 마일리지 제공 기준을 변경한다고 발표하였다. 이에 대하여 오래전부터 B의 서비스에 가입하여 이용해 온 A는 자신의 이용 만료일까지는 제휴사 마일리지가 변경 전 그대로 제공되어야 한다고 주장하였다. A의 주장은 타당한가?

해결 | 약관의 규제에 관한 법률 제3조 제2항 및 제3항은 사회 통념상 그러한 내용을 알았는지 여부가 계약 체결의 영향을 미칠 수 있는 사항에 대하여 사업자의 설명의무를 부과하고 있으며 이를 위반하는 경우 해당 조항을 무효로 한다. 사안을 살피건대, 이 사안의 제휴사 마일리지는 '온라인 음악 평론 서비스'의 부가서비스이긴 하지만 가입자가 B사를 선택하는 요인이 될 수 있다는 점에서 설명의무의 대상이 되는 약관의 중요한 내용에 해당된다고 봄이 상당하다. 따라서 B사는 A와 같은 가입자가 위 서비스에 가입할 때 마일리지 등 부가서비스의 변경에 대한 약관 내용을 특별히 설명하였어야 함에도 이를 설명하지 아니한바 해당 조항은 무효이고 A는 가입 당시 조건 그대로 제휴사 마일리지 제공을 요구할 수 있다. 만약 B사가 유효하게 제휴사 마일리지 제공조건을 변경하고 싶었다면, 가입자의 가입단계에서 해당 약관에 대한 내용을 한 번 더 눈에 띄게 보여주거나 전화를 하는 등의 방식으로 설명의무를 다하였거나, 가입 이후라도 가입자에게 마일리지 기준 변경에 동의를 구하였어야 한다.

관련 판례 | [대법원 2013.2.15. 선고 2011다69053 판결] 신용카드에 부가된 제휴서비스의 제공 및 이용조건은 비록 부가서비스에 관한 사항이기는 하지만 신용카드 회원이 신용카드를 선택하는 요인이 될 수 있고, 특히 이 사건 계약에서 제공하기로 약정된 마일리지 제공기준은 피고가 카드회원을 유치하려는 목적에서 다른 신용카드와 달리 특별한 혜택을 부여하기 위하여 제공된 것으로 보이며 이에 따라 원고들이 다른 신용카드보다 더 비용을 부담하면서도 이 사건 신용카드를 선택하게 되었으므로, 이 사건 마일리지 제공기준에 관한 약정은 단순한 부수적인 서비스를 넘어서서 이 사건 계약의 주요 내용을 이룬다고 해석된다. 따라서 이처럼 중요한 마일리지 제공 기준에 관한 약정이 이 사건 약관 규정에서 정한 '신용카드에 부가된 제휴서비스의 제고 및 이용조건'으로 취급되고 나아가 원고들의 의사와 무관하게 피고 은행이나 해당 제휴기관의 사정에 따라 일방적으로 변경될 수 있다는 이 사건 약관 규정의 내용은 원고들이 이 사건 계약 체결의 여부를 정할 때에 직접적인 영향을 미칠 수 있는 사항으로서 신용카드에 부가된 제휴서비스의 제공 및 이용조건은 비록 부가서비스에 관한 사항이기는 하지만 신용카드 회원이 신용카드를 선택하는 요인이 될 수 있고 설명의무의 대상이 되는 약관의 중요한 내용에 해당된다고 봄이 상당하다.

약관을 위반한 경우 어떠한 책임을 지게 되는가

앞서 살펴보았듯이 약관에는 일반적으로 회사의 의무와 고객의 의무가 명시된다. 이러한 약관상 의무는, 뒤에서 설명할 약관의 규제에 관한 법률에 의하여 무효가 되지 않는 한 상호 준수해야 하고, 이를 준수하지 않는 경우 약관을 위반한 것으로 상대방에게 책임을 부담하게 된다.

약관 위반에 따른 책임 역시 앞서 살펴본 바와 같이 일반적으로 약관 조항에 명시하며 계약 해제·해지, 손해배상 등이 대표적이다.

계약의 해제·해지는 계약의 효력을 중단시키는 것인데, 해제란 본래 계약이 없었던 상태로 되돌리는 것이고, 해지는 해지하기로 한 시점부터 계약의 효력이 상실되도록 하는 것이다. 특히 해제의 경우에는 계약이 본래 없었던 시점으로 돌아가야 하는바, 상품을 판매한 사람은 해당 상품을 회수하고 상품을 구매한 사람은 지급한 돈을 회수하도록 하는 원상회복이 필요하다. 원칙적으로 상대방이 의무를 위반하였다고 해서 바로 해제 또는 해지를 할 수 있는 것은 아니고 원칙상 상대방에게 의무위반 사항을 시정하도록 하는 사전 통지(이른바 최고)를 하고 그럼에도 상대방이 이를 시정하지 아니한 경우에 비로소 해제 또는 해지가 가능하다(민법 제544조). 다만 이러한 통지 없이도 바로 해제가 가능하다는 취지로 계약서의 문구를 작성한 경우에는 의무 위반 시 즉시 해제 또는 해지도 가능하다. 예를 들어, 약관 조항에 '고객은 사업자의 상품이 약관에 규정된 품질에 미치지 못할 경우 서면 통지를 통해 즉시 해당 계약을 해제(또는 해지)할 수 있다.' '사업자는 고객이 약관에 규정된 기간 내에 대금을 지급하지 않을 경우 서면 통지를 통해 해당 계약을 해제(또는 해지)할 수 있다'는 취지의 내용을 규정함으로써 상대방의 의무 위반에 대해 사전 통지 없이도 계약의 해제·해지의 책임을 지도록 할 수 있다.[7]

아울러 계약의 해제·해지의 유형은 ① 단순위반형, ② 결과발생형으로 구분할 수 있다. 단순위반형은 계약서상 명시된 의무를 위반하였다는 사실 자체만으로도 계약을 종료할 수 있도록 하는 것이고, 결과발생형은 의무를 위반함으로써 실제로 상대방에게 피해를 주는 경우에 한하여 계약을 종료할 수 있도록 하는 것이다. 계약의 해제·해지에 관한 약관 조항에 그 조건으로써 '계약서상 의무를 위반하는 경우'라는 문구를 추가하면 단순위반형의 조항이 되고 '계약서상 의무를 위반하여 상대방에게 재산상 손해를 발생시키는 경우', '계약서상 의무를 위반하여 상대방의 계약이행을 지체시키는 결과를 낳은 경우' 등의 문구를 추가하면 결과발생형의 조항이 된다.

손해배상에 대한 논의는 주로 사업자가 부담해야 할 유형에 초점을 맞추어 살피기로 한다. 손해배상의 유형의 대표적인 예로 위약금이 있는데 위약금은 ① 손해배상액의 예정과 ② 위약벌로 세분화된다. 위약금 이외에도 ③ 대금감액, ④ 하자보완 등도 손해배상의 중요한 유형이다. 이들 중 B2C와 스타트업이라는 두 관점에 초점을 두면 손해배상액의 예정이 실무상 중요하게 다루어질 수 있다. 따라서 이하에서는 손해배상액의 예정을 중심으로 살피기

---

[7] 다만, 후술하겠지만 고객보다 사업자에게 유리한 조항은 무효가 될 여지가 있는바, 사업자가 고객에 대해 즉시 해제 또는 해지를 할 수 있다는 조항은 신중하게 작성하여야 한다.

로 하고 그 외 손해배상 유형은 B2B 파트에서 살피기로 한다.

손해배상의 예정은 계약의무를 위반으로 특정한 손해가 발생하더라도 그 손해규모가 얼마나 되는지 산정하기 어려운 경우에 미리 얼마를 지급하겠다고 약정해 두는 것이다. 손해배상액의 예정을 한 경우, 실제 발생한 손해규모와 상관없이 손해가 발생하였다는 사실 자체만 증명하면 계약서에 명시한 금액을 지급받을 수 있다는 장점이 있다. 다만 계약서에 명시한 금액보다 실제 손해액이 크더라도 그 이상의 금액을 지급받을 수 없고, 법원이 볼 때 계약서상 명시한 금액이 과다하다고 판단된다면 계약서상 금액을 감액할 여지가 있다(민법 제398조 제2항). 손해배상 예정의 예로, '특정 기일까지 상품을 납품하지 못하여 상대방에게 손해를 입힐 경우 지체 1일당 10만 원의 손해배상금으로 지급하여야 한다'는 조항을 명시한 경우를 들 수 있다.

한편, 약관에 계약 해제·해지, 손해배상에 대한 조항을 담지 못한 경우라도 상대방이 부담하기로 한 의무를 준수하지 못하였음을 주장·입증한다면 민법에서 규정한 채무불이행 법리에 기하여(민법 제390조 이하) 또는 불법행위 법리(민법 제750조 이하)에 기하여 계약 해제·해지나 손해배상을 청구할 수 있다.

소비자보다 사업자에게 유리한 약관도 유효한가

고객이 특정 사업자의 서비스를 이용하고 싶어 약관에 의해 어쩔 수 없이 계약을 체결하게 된다면 고객의 입장에서는 불공정한 책임이나 의무를 부담하게 될 우려가 있다. 따라서 약관을 통해 계약이 체결되었더라도 사후에 약관의 내용이 불공정한 것으로 평가된다면 약관의 해당 조항만을 무효로 할 수 있으며, 해당 조항이 무효가 되어 계약 자체가 목적을 달성할 수 없고 계약의 의미가 없게 된다면 약관 자체를 무효로 할 수 있다(약관의 규제에 관한 법률 제6조 제1항, 제16조).

불공정성을 판단하는 원칙적 기준 살피면, ① 고객에게 부당하게 불리한 조항, ② 고객이 모든 사정에 비추어 예상하기 어려운 조항, ③ 계약의 목적을 달성할 수 없을 정도로 계약에 따르는 본질적 권리를 제한하는 조항 등을 무효로 한다(약관의 규제에 관한 법률 제6조 제2항). 이를 구체화하면, 아래 표와 같이 정리할 수 있다(약관의 규제에 관한 법률 제7조부터 제14조).

불공정한 약관 조항

① 사업자의 고의 또는 중대한 과실로 인한 법률상의 책임을 배제하는 조항

② 상당한 이유 없이 사업자의 손해배상 범위를 제한하거나 사업자가 부담하여야 할 위험을 고객에게 떠넘기는 조항

③ 고객에게 부당하게 과중한 손해배상 의무를 부담시키는 약관 조항

④ 법률에 따른 고객의 계약 해제권(또는 해지권)을 배제·제한하는 조항

⑤ 사업자에게 법률에도 없는 해제권(또는 해지권)을 부여하여 고객에게 불이익을 줄 우려가 있는 조항
⑥ 계약의 해제(또는 해지) 시 원상회복을 위해 고객에게 과중하게 부담시키는 조항
⑦ 계약의 해제 또는 해지로 인한 사업자의 원상회복의무나 손해배상의무를 부당하게 경감하는 조항
⑧ 상당한 이유 없이 계약에 따라 제공해야 하는 사항을 사업자가 일방적으로 결정하거나 변경할 수 있도록 권한을 부여하는 조항
⑨ 고객이 제3자와 계약을 체결하는 것을 부당하게 제한하는 조항
⑩ 사업자가 업무상 알게 된 고객의 비밀을 정당한 이유 없이 누설하는 것을 허용하는 조항
⑪ 고객의 소송 제기를 금지하거나 사업자에 유리하게 재판관할을 정한 조항

사례 연구 | 월정액 상품의 경우 소비자의 해지신청이 없는 한 매월 자동결제된다고 규정한 약관은 유효한가?

문제 | A사는 자신의 이동전화 부가서비스를 월정액 상품으로 판매하고 있다. 월정액 상품은 매월 소비자의 휴대폰을 통해 소액결제되는데, 소비자들에게 '가입 후 이용자가 해지할 때까지는 서비스가 제공되며, 이에 따른 요금이 부과됩니다'라는 약관에 동의를 받았다. 이러한 약관은 소비자에게 불리한 약관으로 보아 무효라고 할 수 있는가, 아니면 그 자체로 유효한가?

해결 | 약관의 규제에 관한 법률 제6조 제2항 등은 소비자에게 불리한 약관조항은 무효로 하고 있다.

이 사건에서 월정액 상품에 대한 자동결제가 소비자에게 불리한 것인지를 검토하자면, 만약 소비자가 월정액 상품에 가입해도 가입한 첫 달만 서비스를 이용할 수 있고 다음 달에도 계속 서비스를 이용하고 싶은 경우에는 소비자가 매달 갱신 신청을 하도록 한다면, 월정액 상품에 자동결제를 적용하여 소비자가 매달 별도의 갱신 신청 없이 계속 서비스를 이용하되 소비자가 원할 때 해제를 해주는 것보다 소비자에게 불편함을 줄 수 있다. 즉, 월정액 상품에 자동결제를 허용하는 것이 소비자에게 더욱 편의성을 줄 수 있다. 따라서 위 약관은 유효하다고 생각된다. 다만, 전자상거래 등에서의 소비자보호에 관한 법률 제21조 제1항을 고려할 때, 월정액 상품의 자동결제가 이루어지면 결제 시마다 그 결제내역을 소비자에게 안내하여야 한다.

관련 판례 | [서울고등법원 2014.6.11. 선고 2014나2001827 판결] 월정액 VOD 서비스는 가입 후 이용자가 해지할 때까지는 서비스가 제공되며 이에 따른 요금이 부과된다고 규정하고 있는 점, ③ 피고가 제공하는 서비스 중 '월 단위'로 가입하고서 1개월 만에 계약이 종료되는 서비스를 찾을 수 없을 뿐 아니라 이를 매월 갱신을 필요로 하는 것으로 한다면 오히려 이용자에게 큰 불편을 초래할 수 있는 점, ④ 다른 방송통신사업자들이 공급하는 제반 서비스 중에서도 1개월 만에 종료되는 서비스를 찾아보기 어려운 점 등에 비추어 볼 때, 이 사건 약관조항이 약관규제법 제6조 제2항 제1호의 '고객에게 부당하게 불리한 조항', 같은 항 제2호의 '고객이 계약의 거래형태 등 관련된 모든 사정에 비추어 예상하기 어려운 조항'으로서 같은 조 제1항의 '신의성실의 원칙을 위반하여 공정성을 잃은 약관조항' 또는 전자상거래법 제21조 제1항 제4호의 '거짓 또는 과장된 사실을 알리거나 기만적 방법을 사용하여 소비자를 유인 또는 소비자와 거래하거나 청약철회 등 또는 계약의 해지를 방해하는 행위'에 의한 약관조항에도 해당하지 아니한다.

[대법원 2008.12.24. 선고 2008다58961 판결] 자동결제를 알리는 문자메시지를 보내면서도 이를 받아보는 사람이 스팸 문자메시지 또는 결제 승인 요청 메시지인 것처럼 오인할 수 있도록 함으로써 매월 자동결제가 진행되고 있다는 사실을 정확히 알리지 않은 것이므로, 이러한 원고의 행위는 전자상거래법 제21조 제1항 제1호의 기만적 방법을 사용하여 소비자를 유인 또는 거래하거나 청약철회 등 또는 계약의 해지를 방해하는 행위에 해당한다.

사례 연구 | 사업자가 실제 판매 가격보다 낮은 가격으로 광고를 하는 경우 위법한가?

문제 | 온라인 오픈마켓 사업자인 A는 어느 한 입점업체가 팔고 있는 9,900원짜리 상품을 마케팅하기 위해 포털사이트 배너광고를 설치하였다. 그런데 고객들이 위 상품을 구입하기 위하여 배너광고를 클릭한 후 A의 오픈마켓 사이트에 접속하면, 반드시 주문 옵션을 선택하게 하여 13,900원이 추가된 금액으로 주문이 가능하였다. 이러한 광고 전략은 문제가 없는가?

해결 | 전자상거래 등에서의 소비자보호에 관한 법률 제21조 제1항은 허위광고를 금지하고 있는데, 제1호는 거짓 또는 과장된 사실을 알리거나 기만적 방법을 사용하여 소비자를 유인 또는 소비자와 거래하거나 청약철회 등 또는 계약의 해지를 방해하는 행위를 금지하고 있다. 만약 이를 위반하면 제32조 제1항에 의거 공정거래위원회의 시정조치를 받을 수 있다. 사안의 경우 A는 인터넷 포털사이트 배너광고를 통해 소비자에게 실제 자신의 사이트에서 판매되는 금액보다 낮은 가격을 알려주어 그 구입을 유인하였음을 알 수 있다.

따라서 이러한 행위는 허위광고로서 공정거래위원회의 시정조치를 받게 된다.

> **관련 판례 |** [대법원 2012.6.28. 선고 2010두24371 판결] 온라인 오픈마켓 사업자인 갑 주식회사가 포털사이트 초기화면에 배너광고를 설치하여 슬리퍼를 광고하였으나, 실제 소비자가 나이키 슬리퍼를 구입하기 위해서는 옵션 주문을 통하여 "+13,900"으로 표시된 부분을 선택해야 하고 주문 및 결제 화면에서 21,800원을 지불해야 함에 따라 실제 상품 내역과 배너광고 사이에 불일치가 발생하게 된 사실에 대하여 공정거래위원회가 시정명령 등을 한 사안에서, 배너광고는 전자상거래 등에서의 소비자보호에 관한 법률 제21조 제1항 제1호의 허위광고에 해당한다고 본 원심판단은 정당하다.

소비자가 요구하면 환불할 의무가 있는가

환불에 대한 문제는 소비자의 청약에 사업자가 승낙하여 이루어진 계약을 다시 소비자가 청약을 철회할 수 있는지의 문제와 관련된다. 즉, 소비자에게 청약철회권이 인정된다면 자신의 청약이 처음부터 없던 것으로 함으로써 계약을 파기하고 자신이 지불한 돈을 환불받을 수 있게 된다.

그렇다면 소비자에게 언제 청약을 철회할 권리, 즉 청약철회권이 인정되는가? 소비자가 언제나 사업자에 대하여 청약을 철회할 수 있는 것은 아니다. 소비자가 사업자와 비교하여 약자의 위치에 있는 경우, 즉 개별 소비자보호법에서 규정한 특수한 거래 형태에 국한하여 청약철회권을 인정할 수 있다.[8] 특히 스타트업 사업자에게 있어서는 개별 소비자보호법이 정한 특수한 거래 유형 중 ① 전자상거래 및 통신판매, ② 콘텐츠 거래, ③ 할부거래가 관련될 수 있다.[9]

① 전자상거래 및 통신판매의 경우

전자상거래 및 통신판매에 대한 청약철회권을 살펴보기로 한다. 이에 대한 청약철회권은 전자상거래 등에서의 소비자보호에 관한 법률(이하 전자상거래소비자보호법)을 통하여 규정되어 있다. 전자상거래란 우리가 흔히 말하는 인터넷쇼핑만을 의미하는 것이 아니고 청약과 승낙부터 결제에 이르는 거래의 과정에서 그 일부 또는 전부가 전자문서에 의해 처리되는 방식을 의미한다(전자상거래소비자보호법 제2조 제1호). 통신판매는 소비자와 사업자가 대면하지 아니하고 전기통신, 방송, 잡지 등을 통하여 거래하는 방식을 의미한다(전자상거래소비자보호법 제2조 제2호). 예를 들어, TV홈쇼핑, 인터넷쇼핑, 모바일쇼핑 등에서 물건을 판매하고 그 결제를 카드나 인터넷뱅킹으로 하는 경우, 소비자가 TV나 인터넷을 통해 상품의 정보를 얻어 청약을 한다는 점에서 통신판매라고 할 수 있으며 그 대금을 카드나 인터넷뱅킹 등 전자적으로 지불한다는 점에서 전자상거래라고 할 수 있다. 즉, 실제 거래에서는 대부분의 통신판매가 전자상거래의

---

8   고형석(2015), 『디지털콘텐츠거래와 소비자보호법』, 선문대학교 출판부, pp.17~19.
9   이 밖에도 개별 소비자보호법은 방문판매 등에 대해서도 청약철회권에 관한 규정을 두고 있다.

방법을 활용해 이루어지고 있다.[10, 11]

전자상거래소비자보호법은 전자상거래와 통신판매 중 통신판매에 대해서만 청약권철회를 인정하고 있다(전자상거래소비자보호법 제17조 제1항). 그럼에도 바로 위에서 살펴보았듯이 TV나 인터넷을 통하여 거래를 하는 경우 통신판매와 전자상거래의 특성을 모두 지닌 거래에 해당하는 경우가 많은바, 소비자는 청약철회권을 행사할 기회가 많다. 참고로 오픈마켓과 같이 인터넷을 통하여 판매자와 소비자가 거래할 수 있는 플랫폼을 제공하는 사업자는 이른바, 통신판매중개업자로 규정되고 통신판매중개업자와 소비자 사이에는 청약철회권에 관한 규정이 적용되지 아니한다.[12]

소비자에게 인정되는 청약철회권은 사업자의 채무불이행에 따른 청약철회권과 사업자의 채무불이행이 없더라도 인정되는 임의 철회권으로 세분화된다. 전자는 사업자가 판매한 실제 물건이 광고 내용과 다르거나 계약 내용이 다르게 이행된 경우에 인정되는 것이다(전자상거래소비자보호법 제17조 제3항). 후자는 소비자가 자신의 계약 내용과 상관없이 아무런 이유를 제시하지 않고도 청약철회를 할 수 있도록 하는 것이다(전자상거래소비자보호법 제17조 제1항). 다만, 임

---

10 국가법령정보센터 생활법령정보, '인터넷쇼핑, 홈쇼핑–소비자의 청약철회 및 계약해제', http://oneclick.law.go.kr/CSP/common/CnpClsMain.laf?popMenu=ov&csmSeq=553&ccfNo=1&cciNo=1&cnpClsNo=1, 2015년 4월 15일자 작성.
11 참고로 판매자들이 소비자들에게 적극적으로 정보를 제공하여 쇼핑몰에서 물건을 구매하는 것이 아니라 소비자들이 스스로 판매자의 쇼핑몰에 들어와서 물건을 구매하는 경우에는 통신판매에 해당하지 않는다는 견해도 있다.(고형석(2015), 『디지털콘텐츠거래와 소비자보호법』, 선문대학교 출판부, p.262.)
12 참고로 소셜커머스는 통신판매업자에 해당한다.

의철회권이 인정된다고 할지라도 사업자가 상품포장이나 기타 방법을 통해 '소비자가 상품을 구매하고 이를 보관 중 상품의 가치가 현저히 감소시킨 경우에는 철회권이 제한된다'고 고지한 경우라면 그 상품의 가치가 현저히 감소된 이상 임의철회권이 제한될 수 있다(전자상거래소비자보호법 제17조 제2항).

청약철회권은 행사할 수 있는 기간이 정해져 있다. 사업자의 채무불이행에 따른 청약철회권은 재화 등을 공급받은 날부터 3개월 이내 또는 그 사실을 알거나 알 수 있었던 날부터 30일 이내에 행사하여야 한다(전자상거래소비자보호법 제17조 제3항). 임의철회권은 사업자로부터 계약서를 받은 날부터 7일, 재화 등을 공급받거나 공급이 시작된 날부터 7일, 사업자의 주소를 안 날 또는 알 수 있었던 날부터 7일 중 가장 긴 기간에 행사하되, 약관상 더 긴 기간 동안 행사할 수 있도록 한 경우에는 그 기간 내에 행사하면 족하다(전자상거래소비자보호법 제17조 제1항).

② 콘텐츠 거래의 경우

콘텐츠 거래에 대한 청약철회권을 살펴보기로 한다. 이에 관한 청약철회권은 콘텐츠산업진흥법을 통하여 규정되어 있다. 콘텐츠란 부호·문자·도형·색채·음성·음향·이미지 및 영상 등의 자료 또는 정보를 의미하는데, 특히 콘텐츠산업진흥법은 일정한 유형물에 내장되어 공급되는 오프라인 콘텐츠와 인터넷망을 통하여 공급되는 온라인 콘텐츠를 모두 적용 대상으로 하고 있다. 따라서 오프라인 콘텐츠를 인터넷쇼핑을 통해 구매한 경우라면 콘텐츠산업진흥법뿐 아니라 전자상거래 소비자보호법에 기한 청약철회권

도 인정될 수 있다.[13]

콘텐츠 거래에 대한 청약철회권은 콘텐츠산업진흥법이 전자상거래소비자보호법의 주요 내용을 준용하고 있다. 따라서 사업자의 채무불이행에 따른 청약철회권과 사업자의 채무불이행이 없더라도 가능한 임의철회권 모두 인정된다(콘텐츠산업진흥법 제27조 제1항 및 제2항). 또한 청약철회권은 행사할 수 있는 기간 역시 전자상거래소비자보호법과 같은데, 다만 그 기산점이 되는 '재화의 공급을 받은 날'의 개념에 있어서 '온라인 콘텐츠를 다운로드할 수 있거나 이용할 수 있는 날'로 보아야 할 것이다.

③ 할부거래의 경우

할부거래는 상품을 구매한 소비자가 그 대금지급을 일정한 기간 동안 나누어서 지급하는 거래로, 대금이 완납되기 전에 소비자가 상품을 인도받는 후불식 할부거래, 대금지급이 완납된 후에야 소비자가 상품을 인도받는 선불식 할부거래로 구분된다. 이러한 할부거래들은 소비자의 충동구매를 야기할 수 있다. 때문에 소비자를 보호하기 위하여 할부거래에 관한 법률은 소비자로 하여금 할부구매 후 일정기간 동안 이를 재고할 수 있는 기간을 주고 이 기간 내에 임의로 청약을 철회할 수 있도록 하고 있다(할부거래에 관한 법률 제8조 제1항). 다만, ① 소비자의 책임 있는 사유로 재화 등이 없어지거나 훼손된 경우, ② 시간이 지남으로써 다시 판매하기 어려울 정도로 재화 등의 가치가 현저히 낮아진 경우, ③ 복제할 수 있는

---

13 고형석(2015), 『디지털콘텐츠거래와 소비자보호법』, 선문대학교 출판부, p.293.

재화 등의 포장을 훼손한 경우, ④ 할부가격이 10만 원 미만인 할부계약(단, 신용카드를 사용해서 할부거래를 할 시에는 할부가격이 20만 원 미만인 할부계약)인 경우, ⑤ 소비자의 주문에 따라 개별적으로 제조되는 재화의 경우 등에는 청약 철회권이 제한될 수 있다(할부거래에 관한 법률 제8조 제2항). 특히 ②~③의 사유로 청약철회권을 제한하기 위해서 사업자는 청약철회권이 제한될 수 있다는 사실을 포장이나 그 밖에 소비자가 쉽게 알 수 있는 곳에 분명하게 표시하여야 한다(할부거래에 관한 법률 제8조 제6항).

청약철회가 가능한 기간은 계약서를 받은 날부터 7일, 재화 등을 공급받은 날부터 7일, 할부거래업자의 주소를 안 날 또는 알 수 있었던 날로부터 7일[14], 청약을 철회할 수 있음을 안 날 또는 알 수 있었던 날부터 7일, 할부거래업자가 청약의 철회를 방해한 경우 그 방해 행위가 종료된 날부터 7일 중 가장 긴 기간으로 한다. 다만, 당사자 간 더 긴 기간 동안 행사할 수 있도록 약정한 경우에는 그 기간 내에 행사하면 족하다(할부거래에 관한 법률 제8조 제1항).

> **사례 연구** | 프로모션 기간에 저렴하게 판매한 상품이라면 소비자가 환불을 요구해도 사업자는 환불해줄 의무가 없는가?

---

14 할부거래업자의 주소를 안 날 또는 알 수 있었던 날은 소비자가 할부거래업자로부터 계약서를 받지 않았거나 계약서를 받았어도 할부거래업자의 주소가 적혀 있지 않거나 혹은 할부거래업자의 주소 변경이 있을 때 고려할 수 있다.

문제 | A는 신발을 판매하는 B의 쇼핑몰에서 부츠를 구매하였다. 그런데 컴퓨터 화면에서 본 것과는 다르다고 생각되어 B에게 환불을 요구하였다. 이에 B는 A가 구매한 상품은 프로모션 차원에서 저렴하게 판매한 제품이고, 이용약관에서 이미 프로모션 상품은 반품이나 환불이 불가능하다고 명시되어 있다며 환불을 거절하였다. 이 경우 A는 환불을 받을 수 있는가?

해결 | 전자상거래 등에서의 소비자보호에 관한 법률 제17조는 통신판매에 대해 소비자의 청약권철회를 인정하여 환불이 가능하도록 하고 있다. 따라서 이 사건에서 B가 약관에 프로모션 상품의 환불이 불가능하다고 명시하였다고 하더라도 그 사유만으로는 청약의 철회를 제한할 수 있는 경우에 해당한다고 인정할 수 없다. 따라서 B는 A의 환불 요구에 응하여 환불해줄 의무가 있다.

관련 조정례 | [사건 번호 CA07-2238]
피신청인의 이용약관에 청약 철회에 관한 제한 사유를 규정하고 있고, 특가 세일 기간 중에는 청약 철회를 제한한다는 상품 설명이 있었으며, 이에 대하여 고객이 인식하였다고 하더라도 위 약관 규정과 상품 설명은 전자상거래보호법 제17조 제2항과 대통령령 제21조에 규정한 청약 철회의 제한 사유에 해당하지 아니한다. 그리고 이 사건에서 청약 철회에 관한 기간 등 다른 요건을 갖추지 못했다고 볼 만한 사유가 없다. 따라서 피신청인은 신청인의 청약 철회를 받아들이고, 지급 받은 대금과 지연 손해금을 반환하여야 할 것이나, 신청인에게도 상품 설명에 있는 것처럼 신중하게 구매하지 못한 잘못이 있으므로 지연손해금의 지급을 면제함이 상당하다고 본다.

사례 연구 | 소비자가 통신판매로 구입한 MP3 플레이어의 포장을 개봉하였음에도 환불을 요구한다면 사업자는 환불해줄 의무가 없는가?

문제 | A는 B가 운영하는 인터넷쇼핑몰에서 MP 플레이어를 주문하여 배송을 받았다. A는 자신이 구매한 MP3 플레이어의 박스 포장을 조심히 개봉하여 상품을 살펴보았는데 자신이 생각과 달리 LED창이 없는 상품이었고, 결국 배송받은 당일 B의 인터넷쇼핑몰에 환불을 요청하였다. 이에 B는 해당 MP3 플레이어를 구매하는 웹페이지상 주의사항란에 '개봉 후 제품 반품 및 교환은 불가능합니다'라고 명시하였다는 이유로 환불을 거부하였다. B는 A에게 환불을 해주어야 하는가?

해결 | 전자상거래 등에서의 소비자보호에 관한 법률 제17조 제1항은 통신판매업자와 계약을 체결한 소비자는 7일 이내에 청약철회를 할 수 있다고 규정하고 있고, 제2항 제1호는 청약철회를 할 수 없는 경우로 '소비자에게 책임 있는 사유로 재화 등이 멸실 또는 훼손된 경우, 다만 재화 등의 내용을 확인하기 위하여 포장 등을 훼손한 경우는 제외한다.'고 규정하고 있다. 이를 근거로 사안을 살피면, A는 배송을 받은 날 환불을 요청하여 이는 적법한 기간 내 철회가 이루어진 것이고, 박스 포장을 개봉한 것만으로는 MP3 플레이어의 훼손한 것으로 보지 않는바, B는 A에게 환불을 해주어야 한다. 한편, B는 자신의 웹사이트에 '개봉 후 제품 반품 및 교환은 불가능합니다'고 알렸고 A가 이에 동의하여 구매한 것이라고 주장할 여지가 있는데, 전자상거래 등에서의 소비자보호에 관한 법률상 환불을 위한 청약철회 규정은 강행규정으로 이에 위반되는 약관은 무효라고 볼 수 있고 더욱이 약관의 규제에 관한 법률 제6조 제2항은 소비자에게 불리한 조항을 무효로 하고 있는바 결국 B의 주장은 받아들여지기 어려울 것이다.

관련 조정례 | [사건번호 CA05-1639]

통신판매업자 또는 사업자(피신청인)는 위 규정보다 불리한 조건으로 전자상거래를 할 수 없다고 보이고, 그렇다면 택배 상자의 포장지와 ○○○의 이 사건 제품에 관한 주의사항에 개봉 후에 반품이나 교환이 불가능하다고 기재하거나 게재하였다 하더라도 위 주의사항은 소비자에게 불리한 조항으로서 위 법률 제17조 제1항에 위반되어 효력이 없다고 보는 것이 합당하다. 그뿐만 아니라 포장을 개봉하였다는 사유가 위 법률 제17조 제2항 소정의 청약철회가 불가능한 경우에 해당된다고 볼 수도 없다. 그렇다면 피신청인이 ○○○의 이 사건 제품에 관한 설명에서 포장을 개봉한 후에는 반품이 불가능하다는 내용을 게재하였고, 택배 포장지에 위와 같은 내용을 충분하게 기재하였다고 하더라도 위 내용은 강행법규인 위 법률 제17조 제1항에 규정된 청약철회에 관한 소비자의 권리를 제한하는 것으로서 위 법률규정에 위반되어 무효이고, 위 법률 제17조 제1항 소정의 적법한 기간 내에 청약이 철회되었으므로, 피신청인은 신청인의 반품 요구를 받아줄 의무가 있다.

사례 연구 | 사업자는 할부판매 후 소비자의 환불 요구가 있으면 환불을 해줄 의무가 있는가?

문제 | 이지은은 예비창업인으로 스타트업을 창업하기 위하여 고민하던 중 스타트업관련 이러닝 회사인 주식회사 제노의 이러닝 강의를 듣기로 결심하고, 대금 480,000원짜리 이러닝 강의를 신용카드 12개월 할부로 결제하였다. 그러나 다음날 이지은은 창업을 할 시기가 아니라고 판단하고 아직 이러닝 강의를 하나도 듣지 않은 상태에서 환불을 요청하였다. 주식회사 제노는 이지은에게 환불을 해줄 의무가 있는가.

해결 | 할부거래에 관한 법률 제8조는 할부거래에 대한 소비자보호를 위하여 소비자에게 임의철회권을 인정하고 있고 제10조는 임의철회에 따른 환불을 규정하고 있다. 사안의 경우, 이지은이 주식회사 제노의 이러닝 강의를 할부구매를 하였으나 강의를 하나도 듣지 않는 상태로 바로 다음 날 환불을 요청한바, 할부거래에 관한 법률에 의거 환불을 요구할 수 있다. 한편, 이러닝 강의 역시 콘텐츠라고 볼 수 있는데, 콘텐츠산업진흥법 제27조는 콘텐츠 구매시 임의철회권을 인정하고 있는바, 이를 근거로 환불을 요구할 수도 있을 것이다.

관련 조정례 | [사건 번호 CA08-1291]
신청인은 2008년 5월 23일 본건 계약을 해지하고 본건 교재를 피신청인에게 반송했는데, 동 계약 해지의 적법 여부를 살펴보건대 할부 계약의 매도인은 할부거래법이 규정하는 사항을 매수인에게 고지하고 할부계약서를 서면으로 작성하여 매수인에게 교부할 의무가 있다고 할 것인데, 본건의 경우 신청인에게 피신청인은 회원등록신청서 1부와 약관 1부를 송부했을 뿐 본건 계약에 관한 할부수수료의 실제 연간요율 등 일정사항이 신청인에게 고지되었고 계약서가 신청인에게 교부되었음을 인정할 자료가 없다. 그러므로 피신청인은 할부거래상 일정 사항을 신청인에게 고지하고, 그와 같은 내용의 계약서를 교부할 의무를 위반했다고 할 것이다. 나아가 피신청인이 신청인에게 교부한 약관 제5항은 상품사용손료를 규정하면서 계약 취소를 인정함을 전제로 하여 규정하고 있어 고객은 약관 제5조가 규정하는 상품사용손료를 부담함을 조건으로 계약을 취소할 수 있다고 해석할 여지도 있다(약관의 규제에 관한 법률 제5조 제2항은 약관의 뜻이 명백하지 아니할 때에는 고객에게 유리하게 해석하여야 한다고 규정하고 있다). 따라서 신청인은 할부거래법 위반을 이유로 또는 본건 계약 약관 제5항을 근거로 본건 계약을 해제할 수 있다고 할 것이다. 그러므로 신청인의 2008년 5월 23일자 본건 계약 해지 통지로서 본건 계약은 적법하게 해제되었다고 할 것이다.

― Chapter 3 ―
기업과 표준계약서를 통하여 계약하기

표준계약서에 어떠한 내용이 들어가야 하는가

기업들 사이에 불공정한 계약을 방지하기 위하여 정부가 거래유형이나 업종에 따라 사용될 수 있는 표준계약서 마련하고 그 사용을 권고하고 있음을 설명한바 있다. 스타트업과 관련하여 살펴볼 만한 표준계약서는 아래 표와 같으며, 자신의 사업에 관련된 표준계약서를 그대로 이용하거나 자신에게 맞게 수정하여 이용함으로써 계약상 리스크를 줄이는 데 도움이 될 것이다.[15]

표준계약서 명칭	제정기관
광고업종표준하도급기본계약서	공정거래위원회
디자인업표준하도급계약서	공정거래위원회

15 이 책에 기재한 표준계약서 이외에도 다수의 표준계약서가 마련되어 있으며, 공정거래위원회 홈페이지(http://www.ftc.go.kr/info/bizinfo/stdDealContractList.jsp)에서 다운로드 받을 수 있다.

표준계약서 명칭	제정기관
디지털콘텐츠제작(도급) 표준계약서	미래창조부
디지털콘텐츠제작(하도급) 표준계약서	미래창조부
디지털콘텐츠(위탁매매) 표준계약서	미래창조부
디지털콘텐츠(중개) 표준계약서	미래창조부
디지털콘텐츠(퍼블리싱) 표준계약서	미래창조부
디지털콘텐츠(모바일) 공급표준계약서	문화체육관광부
디지털콘텐츠(영상) 공급표준계약서	문화체육관광부
디지털콘텐츠(음악) 공급표준계약서	문화체육관광부
디지털콘텐츠(이러닝) 공급표준계약서	문화체육관광부
디지털콘텐츠(포털일반) 공급표준계약서	문화체육관광부
방송업종표준하도급계약서	공정거래위원회
소프트웨어사업표준하도급계약서(상용소프트웨어 공급 및 개발구축분야)	공정거래위원회
이러닝콘텐츠개발용역표준계약서	산업통상자원부
자기상표부착제품표준하도급기분계약서(의류, 가전, 식품, 생필품 등 관련)	공정거래위원회
전기업종표준하도급계약서	공정거래위원회

책의 지면을 빌어 상기의 표준계약서를 모두 살피는 것은 불가능할 것이다. 따라서 스타트업에서 실무상 가장 많이 이용될 수 있는 '디지털콘텐츠제작(도급) 표준계약서'를 대표로 살펴보기로 한다. 디지털콘텐츠제작(도급) 표준계약서는 어느 한 사업자(도급인)가 다른 사업자(수급인)에게 디지털콘텐츠의 제작을 의뢰할 때 사용하는 계약서이다. 물론 이 계약서의 내용을 양자 간의 합의에 따라 수정하여 사용할 수 있다. 이러한 계약은 이른바 도급계약[16]이라고 하는데. 주요 내용은 아래 표와 같으며 이를 간략히 살피기로 한다.

---

16 도급계약은 '일의 완성'을 계약의 목적으로 하는 계약으로, 예컨대 수급인은 계약에서 정한 디지털 콘텐츠 제작을 완성하여야 도급인으로부터 대금을 받을 수 있다.

주요 내용	관련 조항
정의	제2조
비밀유지	제5조
사무내용 변경	제9조
지적재산권 이용 및 귀속	제10조, 제11조, 제12조, 제19조
대금지급 및 방법	제23조, 제24조
원재료의 가격변동에 따른 대금조정	제21조, 제22조
납품 및 검수	제14조, 제15조, 제17조, 제18조
손해배상	제26조, 제27조, 제28조
해제 및 해지	제30조

정의

계약서에서 사용되는 용어에 대한 정의를 명확히 함으로써 그 해석에 대한 분쟁을 방지하고 있다.

비밀유지

도급인과 수급인이 계약을 체결 및 이행하는 과정에서 알게 된 상대방의 업무상 비밀을 이용하거나 제3자에게 누설하는 것을 금지하는 합의로, 이를 위반하는 경우 일정한 손해배상을 해야 한다고 규정할 수 있다.

사무내용의 변경

여기서 말하는 사무내용은 수급인이 계약에 따라 콘텐츠를 제작하는 사무내용을 의미하는데, 상황에 따라 사무내용을 변경할 수 있다고 미리 조항으로 규정함으로써, 콘텐츠 제작 중 알고 보니 유사한 콘텐츠가 이미 제작되어 있다는 등의 사정이 있으면 이 조항을 근거로 서로 합의하에 사무내용을 변경할 수 있다. 아울러 사무내용의 변경에 따라 비용의 증액 또는 감액이 발생한다면 대금에 대한 조정을 어떻게 할 것인지도 함께 규정할 수 있다.

지식재산권의 이용 및 귀속

계약에 따라 콘텐츠를 제작하는 과정과 관련하여, 도급인이나 제3자의 지식재산권을 이용해야 할 수도 있고 그 경우 지식재산권의 이용에 따른 비용을 누가 부담해야 하는지 그리고 어떠한 절차로 이용할 수 있는지를 규정한다. 한편, 계약에 따라 제작한 콘텐츠와 관련하여, 지식재산권을 누가 소유하게 되는지 그리고 수급인이 자기 자신이나 제3자를 위해 유사한 콘텐츠를 제작해도 되는지 등을 규정할 수 있다.

대금지급 및 방법

도급인이 수급인에게 지급해야 하는 대금과 관련하여 선급금을 얼마로 할 것인지, 대금지급을 언제 완납할 것인지, 대금지급이 늦어질 경우 손해배상(이자)을 얼마로 할 것인지, 대금을 은행계좌 또는 직접 지급할 것인지 등을 규정한다.

원재료의 가격변동에 따른 대금조정

계약을 체결한 이후, 기획이 변경되거나 콘텐츠의 제작에 필요한 물품 등의 가격이 변동되어 콘텐츠의 제작에 추가비용이 들 경우, 그 대금을 증액 또는 감액할 수 있다고 규정할 수 있다. 다만, 상대적으로 약자의 위치에 있는 수급인을 보호하기 위하여 대금감액은 예외적으로 이루어지도록 해야 한다.

납품 및 검수

납품은 수급인이 완성된 콘텐츠를 도급인에게 인도하는 일체의 행위를 말한다. 이와 관련하여 콘텐츠를 어느 매체에 저장할 것인지, 어느 장소에서 인도할 것인지, 수급인이 상당한 이유가 있는 경우에 납품기일을 연장할 수 있는지 여부, 납품이 지연된 경우에 수급인이 어떠한 책임을 지는지, 도급인이 정당한 이유 없이 납품을 수령하지 않은 경우에 어떠한 책임을 지는지 등을 규정할 수 있다. 한편, 검수는 수급인이 계약의 내용대로 콘텐츠가 제작되었는지를 확인하는 일체의 행위를 말한다. 검수와 관련하여서는 수급인이 언제까지 검수를 마쳐야 하는지, 도급인은 수급인의 검수결과에 어떠한 절차로 이의를 제기할 수 있는지, 만약 검수결과가 불합격이라면 어떻게 반품 및 재제작하고 그에 따른 손해배상을 청구할 수 있는지 등을 규정한다.

손해배상

도급인 또는 수급인이 계약에 부여된 일체의 의무를 위반하여 상대방에게 손해를 끼친 경우, 그 손해배상의 책임이 있음을 규정할 수 있다. 물론 비밀유지, 대금지급 및 방법, 납품 및 검수 등 개별 의무에 대한 손해배상을 관련된 개별 조항에 직접 명시해도 무방하다. 한편 구체적인 유형으로는 손해배상액의 예정, 위약벌, 대금감액, 하자보완 등이 있다.

해제 및 해지

상대방이 계약을 위반하거나 기타 사유로 계약의 목적을 달성할 수 없는 경우에 계약의 해지 또는 해제가 가능하다고 규정할 수 있다. 기타 사유로는 도급인이 금융기관으로부터 거래정지처분을 받은 경우, 도급인 또는 수급인이 영업취소·영업정지 등의 처분을 받은 경우, 도급인 또는 수급인이 해산, 영업의 양도 또는 타 회사로 합병된 경우 등을 들 수 있다. 물론 해지 및 해제 절차에 대해서도 설명이 필요하다.

실무상 계약에서 심사숙고해야 할 조항이 있는가

법률적인 시각에서 공정한 계약이 성립되었다고 할지라도 비즈니스 실무상 특정한 조항이 때로는 본인에게 이익이 되고 때로는 본인에게 불리하게 작용할 수 있을 것이다. 이는 법률적인 시각에서 접근하기보다는 실무 경험의 견지에서 계약 전에 검토되어야 할 것이다. 그렇다면 계약을 하기 전에 주의해야 할 조항이 무엇인가. 공정거래위원회에서 10년간 대·중소기업 간 불공정행위를 단속·시정하는 업무를 담당해 온 이경만 과장은 자신의 저서를 통해 계약 시 중소기업에 독소가 될 수 있는 7가지 조항을 아래 표와 같이 설명하고 있는바 스타트업 사업자들에게 이를 간단히 소개하고자 한다.[17] 물론 이 조항들은 본인이 처해 있는 상황에 따라서

---

17   이경만(2011), 『거래의 7가지 함정』, 21세기북스, pp.239~240.

독소조항이 아닐 수도 있겠으나 실무전문가의 의견인 만큼 고심해볼 만한 내용이다.

No.	조항 내용	문제점
1.	배타적 전속 거래	계약기간 중 각종 비용부담을 요구하는 횡포가 발생할 수 있음. 장기적 성장 가능성을 저해함.
2.	납품 전 모든 기술자료 확인 요구	기술이 유출되어 기업의 생사여탈이 상대방으로 넘어감.
3.	전산 시스템은 언제든지 열람 가능	상대방 직원이 사무실에 무단으로 출입하여 기술과 중요 정보를 유출할 위험이 있음.
4.	환율, 원자재값 변동은 반영 불가	국제 시세의 변동이 심한 경우 상황 반영이 안 되면 자금 운영에 장애 발생.
5.	반품에 따른 전적인 책임	본인이 전적인 책임을 지도록 하는 경우 반품 원인에 대한 규명 없이 무조건 반품되어 재정적 부담이 가중.
6.	3개월 이상 기간의 어음지급 조건	초기 거래 시에 3개월 이상 되는 어음을 지급하는 자는 재정적 문제를 갖고 있을 여지가 크며 그 지급을 볼모로 향후 불공정한 요구가 발생할 수 있음.
7.	이면 계약서 요구	불법적 거래에 얽혀 문제 발생 소지가 많음.

계약서의 서명 날인은 누가 해야 하는가

계약서의 서명 날인은 계약 체결을 완결하는 행위이다. 따라서 서명 날인은 실제 계약을 이행할 당사자가 하여야 한다. 그렇다면 당사자가 법인인 경우에는 누가 서명 날일을 해야 하는가. 법인은 법률이 인정하는 사람을 의미하지만 실제로 법인 자체가 사람과 동일하게 움직일 수 없기 때문에 대표를 두어 대표에 의하여 법인이 움직일 수 있다. 따라서 '주식회사 어비팩토리'가 다른 회사와 계약을 체결하고자 한다면 '주식회사 어비팩토리 대표이사 송태민'과 같이 기재하고 법인인감을 날인함으로써 계약의 당사자가 될 수 있을 것이다.

계약의 당사자가 되어야 할 사람이 바빠서 계약 체결 당일에 참석할 수 없다면 다른 사람 즉, 대리인을 이용하여 계약을 대신 체결할 수 있을까? 결론적으로 가능하지만 몇 가지 요건을 갖추어야 한다. 이를 살피면, 계약에 참석하지 못하는 당사자가 대리인에게 당해 계약을 체결할 수 있도록 권한을 주는 '위임계약'이 체결되어야 한다. 이는 위임장을 작성함으로써 이루어지는데, 위임장에는 대리인에게 부여된 권한을 명시하고 위임인의 서명 날인을 기재하면 된다. 만약 법인이라면 앞서 살펴본 법인의 계약 체결에서와 같이 '주식회사 어비팩토리 대표이사 송태민'을 기재하고 법인인감을 날인하도록 한다. 위임계약에 따라 위임장이 작성되었다면 대리인은 이를 상대방 당사자에게 제시하여 자신이 해당 계약을 체결할 권한이 있음을 증명하여야 한다. 그리고 실제 계약서에는 '주식회사 어비팩토리 대표이사 송태민, 대리인-신지웅'이라고 기재하고 대리인의 서명 날인을 하도록 한다. 한편, 계약서에 위임장을 첨부하는 것이 향후 대리인에 의한 계약이 유효함을 증빙하는 데 도움이 될 수 있다.

한편, 민법은 '당사자(A)'의 '대리인이 아닌 자(C)'가 마치 대리를 할 수 있는 권한이 있는 것처럼 행동하면서 '다른 당사자(B)'와 계약한 경우, 원칙적으로 A와 B는 유효한 계약을 맺은 것이 아니지만, 예외적으로 A와 B가 유효한 계약을 맺은 것으로 인정하는 경우가 있다. 이를 표현대리라고 하는데, 거래의 안전성을 보호하기 위하여 그 계약의 효력을 인정하고 있는 것이다. 예외적인 경우는

3가지 유형으로 정리할 수 있는데, ① A가 마치 C에게 적법한 대리권을 부여한 것처럼 B에게 표시한 때(민법 제125조), ② C는 A의 대리인이긴 하지만 대리권의 범위가 특정되어 있음에도 C가 그 특정된 범위를 넘어서 B를 상대로 대리행위를 하고, B는 C의 행위가 A가 부여한 권한 내의 행위라고 믿고, 그 믿음에 정당한 이유가 존재할 때(민법 제126조), ③ C는 A의 대리인이었지만 현재는 C의 대리권이 소멸하였음에도 B를 상대로 대리행위를 하고, B는 C가 대리권이 소멸하였음을 과실 없이 알지 못했을 때(민법 제129조)가 그것이다. 이렇게 예외에 해당할 경우, A와 B의 계약이 유효한 이상 A와 B는 계약상 의무와 권리를 준수하고 행사할 수 있다.

사례 연구 | 대리인이 대리할 수 있는 권한을 넘어 계약을 체결한 경우 계약상 책임은 누가 져야 하는가?

문제 | 스타트업 개인사업자 A의 조카 B는 A와 함께 A의 아파트(이하 '부동산1'이라고 함)에서 살고 있다. B는 A의 '부동산1'을 몰래 팔아서 한몫 챙기고자 자신이 A로부터 '부동산1'을 타인에게 매도할 수 있는 대리권을 수여받은 것처럼 행세하면서 C에게 매도하기로 하고 결국 '부동산1'에 관한 매매계약까지 체결하였다. 이후 이와 같은 사정을 알지 못한 A는 자금 부족으로 힘들어 '부동산1'을 D에게 담보로 제공하여 돈을 빌리기로 하고, 조카 B에게 인감도장, 인감증명서를 주면서 자신을 대리하여 D를 만나고 올 것을 부탁하였다. 이를 기회 삼아 B는 A로부터 받은 인감도장, 인감증명서를 이용하여 자신이 몰래 C에게 이미 매도한 '부동산1'을 C 명의로 소유권이전등기까지 경료하려 하였다.

하지만 곧 B의 계략은 A에게 들통이 났고 A는 '부동산1'의 매매계약은 정당한 대리인이 아닌 B가 체결한 것인바 무효라고 주장하였으나, 반면에 C는 B가 민법상 표현대리에 해당하는바 '부동산1'의 매매계약은 유효하다고 주장하였다. 누구의 주장이 타당한가?

해결 | B는 A의 '부동산1'을 매도할 대리권이 없으면서도 C에게 대리인인 것처럼 매도해 버린바 원칙적으로 이 계약에서 A는 C에게 책임이 없다. 하지만 A는 B에게 D와 만나 자금을 빌려올 수 있는 대리권을 부여한 바 있고, B는 그 대리권의 범위를 넘어 C와 '부동산1'을 매도한바 C는 B의 행위가 A가 부여한 권한 내의 행위라고 믿고 그 믿음에 정당한 이유가 존재한다면 민법 제126조 표현대리가 성립하여 A가 C에게 계약상 책임을 질 수 있을 것이다. 이를 자세히 검토하면, B가 A 몰래 C와 '부동산1'에 관한 매매계약을 체결할 당시에는, B는 A로부터 어떠한 대리권도 받지 못한 상태였고, 그 이후 비로소 A가 B에게 D로부터 자금을 빌려올 수 있는 대리권을 준 것이다. 그렇다면 C는 B와 '부동산1' 매매계약을 할 당시, 자신이 A의 대리인이라는 B의 말을 아무런 근거 없이 그대로 믿은 바(즉, 대리권이 있는지 여부를 확인할 수 있는 인감증명, 위임장 등을 요구하지 않은 바), B가 A의 대리인이라고 믿을 만한 정당한 이유가 있다고 보기 어렵다. 따라서 표현대리는 성립될 수 없고 결국 A는 C에게 '부동산1'을 이전해주는 등의 계약상 책임을 지지 않아도 된다.

관련 판례 | [대법원 1981.12.8. 선고 81다322 판결] 권한을 넘은 표현대리에 있어서 무권대리인에게 그 권한이 있다고 믿을 만한 정당한 이유가 있는가의 여부는 대리행위(매매계약) 당시를 기준으로 결정하여야 하고 매매계약 성립 이후의 사정은 고려할 것이 아니므로, 무권대리인이 매매계약 후 그 이행단계에서야 비로소 본인의 인감증명과 위임장을 상대방에게 교부한 사정만으로는 상대방이 무권대리인에게 그 권한이 있다고 믿을 만한 정당한 이유가 있었다고 단정할 수 없다.

계약서를 체결한 이후 오탈자를 수정할 수 있는가

계약서를 작성하는 과정에서 오탈자가 있으면 그때마다 계약서를 수정한 후 최종본으로 계약을 체결하면 되겠지만, 계약이 체결된 이후에 오탈자가 발견된 경우에 그 수정이 가능한지 문제가 된다. 일단 계약이 체결된 이후에는 명백하고 작은 오류라고 할지라도 당사자 일방이 이를 수정할 수 없다. 다만, 당사자 쌍방의 합의에 의해 이를 수정할 수는 있는데, 실무상 삭제할 부분에 대해서는 붉은색으로 두 줄을 긋고 그 뒤에 당사자 쌍방이 서명 날인 및 수정일자를 표기하도록 하고, 추가할 부분은 삽입표시(√)를 하고 그 위에 문구를 끼워 넣은 후 당사자 쌍방이 서명 날인 및 수정일자를 표기를 한다. 다만, 오탈자가 계약의 내용의 변질을 가져올 정도에 이르렀다면 계약서를 수정하는 것에 한계가 있는바, 기존 계약을 해제하고 새로이 계약서를 작성하고 계약을 체결하는 것이 바람직할 수 있다.[18]

> **사례 연구 |** 계약서상 매매하려는 상품이 잘못 표기된 경우 계약의 효력은 유효한가?
>
> **문제 |** 비콘을 이용하여 재난안전시스템을 개발하는 B회사는 비콘을 제작·판매하는 A회사에 방문하여 비콘을 구매하고자 하였다.

---

18   채정원·이은미(2015), 『법률실무가를 위한 계약서 작성 실무』, 영화조세통람, p.25.

A회사는 B회사에 두 개의 비콘을 순차적으로 보여주었는데, B회사는 A회사가 처음 보여준 비콘(상품명: 어비콘2)이 나중에 보여준 비콘(상품명: 어비콘1)보다 자사의 시스템에 적합하다고 판단하고 이를 구매하기로 B회사와 합의하였다. 그런데 계약서를 작성하는 날, A회사와 B회사는 매매하기로 합의한 비콘의 상품명이 '어비콘2'임에도 그 이름을 혼동하여 '어비콘1'을 100대를 구매한다는 내용으로 계약을 체결하였다. 이 경우, 계약의 효력은 어떻게 되는가?

해결 | 계약을 체결함에 있어 당사자의 의사가 합치되었음에도 불구하고 계약서에 그 내용이 잘못 표시된 경우, 그 계약의 효력이 문제가 될 수 있는데, 학계와 판례는 이른바 오표시무해의 원칙을 인정하고 있다. 즉, 잘못된 표시가 당사자의 의사와 상관없이 이루어진 경우에는 '잘못 표시된 내용이 본래 법률행위에 해를 끼치지 않는다'는 것이다. 이를 고려하여 사안을 살피건대, A와 B는 '어비콘2'를 매매하기로 합의하였는데 계약서상 '어비콘1'으로 표시되었으나, 오표시무해의 원칙에 따라 A와 B는 '어비콘2'를 매매한 것으로 계약효력이 발생하게 된다. 따라서 A는 B에게 '어비콘2' 100대를 제공하고 B는 A에게 그에 대한 대금을 지급하면 될 것이다.

관련 판례 | [대법원 1993.10.26, 선고, 93다2629, 판결] 부동산의 매매계약에 있어 쌍방 당사자가 모두 특정의 '갑 토지'를 계약의 목적물로 삼았으나 그 목적물의 지번 등에 관하여 착오를 일으켜 계약을 체결함에 있어서는 계약서상 그 목적물을 갑 토지와는 별개인 '을 토지'로 표시하였다 하여도 갑 토지에 관하여 이를 매매의 목적물로 한다는 쌍방당사자의 의사 합치가 있는 이상 위 매매계약은 갑 토지에 관하여 성립한 것으로 보아야 할 것이다.

사례 연구 | 계약 체결 후 상대방 동의 없이 마음대로 계약서를 수정하면 처벌을 받는가?

문제 | 스타트업 사업자 A는 '스마트 워치'를 개발하는 회사인데, 유통업체인 B회사와 '스마트 워치' 1,000개를 1,000만 원에 납품하는 계약을 체결하고 그 계약서를 작성하였다. 그런데 A는 '스마트 워치'를 생산하는 데 필요한 자금이 부족해 위 계약서를 근거로 정부로부터 저리의 융자를 받고자 하였고, 더 많은 융자를 받고자 위 계약서상 '1,000만 원'을 '2,000만 원'으로 고쳐 정부부처에 제출하였다. 이러한 A의 행위는 처벌의 대상이 되는가?

해결 | 형법 제231조는 행사할 목적으로 타인의 문서를 변조한 자를 사문서변조죄로 처벌하도록 하고 있고, 제234조는 변조한 문서를 실제로 행사한 경우 변조사문서행사죄로 처벌하도록 하고 있다. 사안의 경우, A가 정부로부터 융자를 받을 목적(즉, 행사할 목적)으로 B와의 계약서상 금액을 '1,000만 원'에서 '2,000만 원'으로 고친바 이는 사문서변조죄에 해당하고, 변조된 계약서를 실제로 정부부처에 제출한바 이는 변조사문서행사죄에 해당한다. 결국 A는 사문서변조죄 및 변조사문서행사죄로 처벌받을 수 있다.

관련 판례 | [울산지방법원 2015.2.3. 선고 2014고합356 판결] 피고인은 2013.11.29.경부터 2013.12.2.경까지 사이에 피고인의 위주거지에서, 종전에 피고인이 운영하던 식당인 '울산 북구 진장동(9블럭 8롯트)'에 대한 부동산임대계약서상의 임대보증금 10,000,000원, 계약금 1,000,000원, 잔금 5,000,000원이었다.

> 그럼에도 임대보증금을 부풀려 양친이 될 자력이 있는 것처럼 입양기관에 제출할 목적으로, 위 부동산임대계약서의 임대보증금란, 계약금란의 '1' 부분을 불상의 서류에서 '6'을 오려 붙여 각각 변경하고, 잔금란의 '5' 부분을 불상의 서류에서 '50'을 오려 붙여 변경한 후, 위 계약서를 복사하였다. 이로써 피고인은 행사할 목적으로 G명의의 권리·의무에 관한 사문서인 부동산임대계약서 1부를 변조하였다.

계약서상 의무를 위반한 경우 어떠한 책임을 지게 되는가

앞서 살펴보았듯이 계약서에는 일반적으로 당사자의 의무가 명시된다. 이러한 계약서상 의무를 준수하지 아니할 경우 계약을 위반한 것으로 상대방에게 책임을 부담하게 된다.

계약서의 내용을 위반함에 따라 발생하는 책임은 보통 계약서의 조항으로 명시되는데 이미 간략하게 설명한 바 있는 계약 해제·해지, 손해배상 등이 대표적이다.

계약 해제·해지의 개념과 사전 통지 요부와 관련해서는 이미 B2C 파트에서 살핀 바 있으니 자세한 내용은 참고바라며, 계약 해제·해지와 관련한 계약서 조항만 간단히 예를 들자면, '갑은 을이 계약서에 규정된 기간 내에 대금을 지급하지 않을 경우 즉시 서면에 의한 통지로 해당 계약을 해제(또는 해지)할 수 있다', '을은 갑의 상품이 계약서에 규정된 품질에 미치지 못할 경우 시정을 요청하는 통지를 하고 그 통지를 받은 날로부터 2주 이내에 갑이 시정하지 아니한 경우 해당 계약을 해제(또는 해지)할 수 있다' 등의 문구를 고려할 수 있다.

B2B 그리고 스타트업의 시각에서 발생할 수 있는 손해배상의 유형은 소비자를 대상으로 한 B2C보다 복잡할 수 있다. B2C는 이미 만들어진 상품을 제공하는 계약이지만 B2B는 이미 만들어진 상품을 제공하는 경우는 물론 새로이 상품을 만들어서 제공해야 하는 경우 등도 상정할 수 있기 때문이다. 따라서 B2C 파트에서 살펴본 ① 위약금의 한 예인 손해배상액의 예정 이외에도, B2B는 ② 위약금의 또 다른 예인 위약벌, ③ 대금감액, ④ 하자보완 등이 실무상 중요하다.[19]

손해배상액의 예정은 계약을 위반할 경우에 지급할 금액을 미리 약정하여 계약을 실제 위반하게 되면 그 금액을 기준으로 손해를 배상하는 것을 의미하며 그 내용은 이미 B2C 파트에서 살펴본 바 자세한 설명은 생략하기로 한다.

위약벌은 채무를 이행하지 않을 경우, 채무자가 채권자에게 납부하는 벌금으로 계약서상에 특별히 '위약벌로 얼마를 지급한다'는 내용을 조항에 명시하여야만 인정된다. 특히 위약벌은 손해배상액의 예정과 달리 원칙상 법원이 이를 적당히 감액할 수 없다 할 것인데, 다만 판례는 채권자의 이익에 비하여 약정된 벌이 과도하게 무거울 때에는 그 일부 또는 전부가 공서양속에 반하여 무효로 된다고 판시함으로써(대법원 1993.3.23. 선고 92다46905 판결), 사실상 위약벌이라 하더라도 극히 일부의 상황에서는 명시한 금액의 일부 또

---

19 물론 손해배상액의 예정 이외의 다른 손해배상의 유형도 B2C를 위한 약관에 명시하면 적용될 수 있다.

는 전부를 감액할 수 있도록 하고 있다. 한편, 계약서상 위약금에 관한 조항은 손해배상액의 예정으로 볼 것인지 혹은 위약벌로 볼 것인지 애매한 경우가 많고, 이러한 경우 손해배상액의 예정으로 해석한다(민법 제398조 제4항). 따라서 위약벌을 약정한 경우, 이를 명확하게 드러낼 필요가 있는데, 예를 들어 '특정 기일까지 상품을 납품하지 못할 경우 금 500만 원을 위약금(위약벌)으로 지급하여야 한다. 본 조항은 손해배상액이 예정이 아니므로 손해가 없더라도 지급하여야 한다'라는 문구를 통하여 위약벌임을 명시할 수 있을 것이다. 또한 위약벌은 손해배상액의 예정과 달리 추가의 손해배상을 지급받을 수 있다. 손해배상의 예정은 그 자체로 손해배상의 성격을 갖지만, 위약벌은 특별한 벌칙으로 보기 때문이다. 따라서 위약금에 관한 조항에 '위약금(위약벌)과는 별도로 손해를 배상하여야 한다'라는 문구를 추가하는 것이 좋다.[20]

대금감액은 계약서에서 명시한 조건을 충족하지 못할 경우 그 대금을 감액하도록 하는 것이다. 예를 들어 '특정 기일까지 제조와 납품을 완료하지 못할 경우 납품을 하지 못한 상품마다 계약대금의 10%를 감액한다(또는 무료로 한다)'는 조항을 명시한 경우에 적용될 수 있다.

하자보완은 상품을 계약서에서 약속한 수준으로 제공하지 못한 경우 그 상품을 약속한 수준으로 시정하도록 하는 것이다. 하자보완은 상품이 특정한 목적을 달성할 것을 계약하는 이른바 도급을

---

20 채정원·이은미(2015), 『법률실무가를 위한 계약서 작성 실무』, 영화조세통람, pp.77~91.

주로 대상으로 한다.[21] 예를 들어 '상품의 성능이 특정 수준에 달하지 못할 경우 해당 상품을 전량 회수하고 30일 이내에 재공급하여야 한다'는 조항을 명시한 경우에 적용될 수 있다.

한편, 계약서에 계약의 해제·해지, 손해배상에 대한 조항을 담지 못한 경우라도 상대방이 부담하기로 한 의무를 준수하지 못하였음을 주장, 증명한다면 민법에서 규정한 채무불이행 법리에 기하여(민법 제390조 이하) 또는 도급의 책임(민법 제667조 이하) 또는 불법행위 법리(민법 제750조 이하)에 기하여 계약의 해제·해지나 손해배상을 청구할 수 있다.

사례 연구 | 매매계약에서 계약금을 지급한 후 계약을 해제할 수 있는가?

문제 | 스타트업 사업자 B는 다른 스타트업 사업자 A와 자신이 소유한 고가의 스마트 디바이스를 판매하는 계약을 체결하였다. 매매금액은 5천만 원인데 계약당일 계약금으로 1천만 원을 받았고 계약서상 'B가 위약시 계약금을 몰수당하고 A가 위약시 계약금의 배액을 상환한다'는 특약을 달았다. 이후 자금 사정이 안 좋아진 A는 어떻게 이 계약을 해제할 수 있겠는가?

---

21 다만 도급이 아닌 경우에도 당사자 간 합의로 하자보완을 명시할 수는 있다. 예를 들어 성형수술은 특정 수준으로 예쁘게 해줄 의무가 있는 도급이라기보다는 성실하게 수술을 해줄 의무가 있는 위임이라고 할 수 있는데, 비록 도급이 아닌 위임이라고 하더라도 '모발 이식으로 이마 라인이 1㎝ 낮아지지 않을 경우 재수술한다'라는 내용으로 계약할 경우 하자보완이 가능할 것이다.

해결 | 계약금의 본래 기능 중 하나로 해약금 기능이 있다. 이는 매수인이 계약을 이행하기 이전에 매도인에게 미리 계약금을 주었다면, 계약의 내용을 이행하기 이전에 계약을 해지할 수 있는 기능을 의미하는데, 매수인의 경우, 미리 준 계약금을 포기함으로써 계약을 해제할 수 있고 매도인의 경우, 미리 받은 계약금의 두 배를 돌려줌으로써 계약을 해제할 수 있는 것이다. 이러한 해약금 기능은 계약서상 별도의 문구가 없어도 당연히 인정된다(민법 제565조). 사안의 경우, 굳이 조항이 없더라도 당연히 인정되는 해약금의 기능이 계약상 명기되어 있다는 점이 특이하다. 이 경우, 계약금은 당연히 인정되는 해약금의 기능은 물론 당사자 간 조항으로 명시한 '손해배상액의 예정'의 기능도 병존하고 있다고 할 것이다. 따라서 A는 자신이 미리 지급한 1천만 원을 포기함으로써 계약을 해제할 수 있지만, 법원이 볼 때 그 금액이 과도하다고 판단된다면 손해배상액의 예정이라는 성격도 있음을 감안하여 민법 제398조 제2항에 의거 A가 포기할 금액을 감액해줄 여지도 있다.

관련 판례 | [대법원 1992.5.12. 선고 91다2151 판결] 매매당사자 사이에 수수된 계약금에 대하여 매수인이 위약하였을 때에는 이를 무효로 하고 매도인이 위약하였을 때에는 그 배액을 상환할 뜻의 약정이 있는 경우에는 특별한 사정이 없는 한 그 계약금은 민법 제398조 제1항 소정의 손해배상액의 예정의 성질을 가질 뿐 아니라 민법 제565조 소정의 해약금의 성질도 가진 것으로 볼 것이다.

―― Chapter 4 ――
제조물의 결함에 의해 소비자의 재산·신체에 발생한 손해에 대한 책임

만약 소비자가 구매한 상품에 결함이 있어 폭발하여 소비자 또는 다른 사람의 재산이나 신체에 손해가 발생하였다고 가정하자. 이 경우, 상품을 판매한 사업자는 완전하지 못한 상품 그 자체에 대한 책임으로 보상을 할 의무가 있고[22], 자신의 상품에 의해 추가로 발생된 재산 또는 신체에 대한 손해에 대해서도 보상할 책임이 있을 것이다. 특히 후자에 있어 민법상 불법행위책임을 근거로 손해배상을 청구한다면 ① 사업자의 고의 또는 과실, ② 재산 또는 신체에 대한 손해 발생, ③ '①'과 '②' 사이의 인과관계, ④ 사업자의 위법성을 증명하여야 하는바, 이는 손해가 발생한 사람에게 쉬운 일이 아니다. 때문에 제조물책임법은 피해 입은 사람을 보호

---

[22] 상품 자체에 대한 보상은 계약서에 관련 조항이 있다면 해당 조항을 통하여 이루어질 수 있다. 만약 보상에 관련한 조항이 없다 할지라도, 계약상 완전한 상품을 제공할 의무를 다하지 못할 때 부담하는 민법상 채무불이행책임 내지 상품의 하자가 있을 때 부담하는 민법상 하자담보책임을 근거로 소비자는 손해배상을 받을 수 있다.

하기 위하여 비교적 용이하게 재산 또는 신체에 대한 보상을 받을 수 있도록 하고 있다.[23]

이를 살피면, 제조물책임법상 제조물은 제조 또는 가공된 동산을[24] 일컫는 말로, 제조물 책임법 제3조 제1항에 의거 소비자는 ① 제조물의 결함[25], ② 재산 또는 신체에 대한 손해 발생을 증명함으로써 재산 또는 신체에 대한 보상을 받을 수 있다.[26] 특히 보상의 요구는 재산 또는 신체에 대한 손해가 발생한 사실과 그 보상 책임이 있는 자가 누구인지를 알게 된 날로부터 3년 이내 그리고 제조업자가 제조물을 공급한 날로부터 10년 이내 이루어져야 한다(제조물책임법 제7조 제1항 및 제2항). 잠복기를 거쳐 나타나는 신체에 대한 손해는 그러한 증상이 나타난 시점을 손해가 발생한 시점으로 본다(제조물책임법 제7조 제2항).

제조물책임법상 보상할 책임이 있는 자는 제조업자뿐 아니라 가공업자, 수입업자, 표시상 제조업자, 공급업자이며(제조물책임법 제2조), 하나의 상품에 대하여 여러 명이 관련되어 있으면 그들이 연대하여 보상을 해주어야 한다.[27] 다만, 제조업자는 당시 기술 수준으

---

23 제조물책임법은 상품 자체에 대한 보상을 위해서 적용되는 것이 아니라, 상품에 의해 추가로 발생된 재산 또는 신체에 대한 손해를 보상함에 있어 적용된다.
24 동산이란 토지나 건물과 같이 움직일 수 없는 재산인 부동산과 대별되는 것으로 움직일 수 있는 재산을 의미한다. 스타트업에 있어서는 각종 단말기, 부품 등이 동산에 포함될 것이다.
25 결함이라 함은 통상 갖추어야 할 안전성을 갖추지 못한 경우를 의미한다. 참고로 상품성 여부는 결함 여부와 관계가 없다(제조물책임법 제2조 제2호).
26 실무상 판례는 피해자에게 그 손해를 야기한 과실이 없다는 사실도 함께 증명할 것을 요구하고 있다(대법원 2000.2.25. 선고 98다15934 판결).
27 정확히는 부진정연대채무의 책임을 진다고 본다.

로는 결함을 알 수 없었다는 사실, 법령을 준수하여 제작하였는데 결함이 발생하였다는 사실 등을 주장함으로써 보상책임이 면제될 여지도 있는데, 적어도 그러한 결함을 알거나 알 수 있었던 시점에서 최소한 리콜 등의 조치를 취해주었어야 실제로 보상책임이 면제될 수 있다(제조물책임법 제4조 제1항 및 제2항).

한편, 제조물 책임과 관련한 상담을 원하거나 제조물의 결함에 관한 분쟁이 발생했을 때 소송 이외의 방법으로 간편하고 신속하게 해결하기를 원하는 경우에는 제조물 책임 상담센터를 이용할 수 있다. 제조물 책임 상담센터는 아래 표와 같이 각 업종별 사업자단체에서 운영하고 있다.[28]

센터명	대상 물품
대한상공회의소 PL센터 pl.korcham.net	-
한국PL센터 www.kplc.or.kr	-
전자제품 PL센터 www.eplc.or.kr	PC, TV, 비디오, 냉장고, 세탁기 등
자동차 PL상담센터 www.aplc.or.kr	자동차
화학제품 PL상담센터 www.kscia.or.kr	석유, 페인트, 염료, 접착제 등

---

28 국가법령정보센터 생활법령정보, '제조물 책임', http://oneclick.law.go.kr/CSP/CnpClsMain.laf?popMenu=ov&csmSeq=671&ccfNo=4&cciNo=1&cnpClsNo=1, 2015년 4월 15일자 작성.

사례 연구 | 스마트 TV의 발열반응이 심하여 사용하기 어려운 경우에도 제조물책임법에 의거 보상받을 수 있는가?

문제 | B는 A가 제작한 스마트 TV를 유통업자 C로부터 구매하여 자신이 거주하는 아파트의 거실 벽면에 걸어 사용하였다. 그런데 스마트 TV에서 거실이 더워질 만큼 과도하게 발열반응이 일어나 도저히 이를 사용할 수 없어, B를 상대로 제조물책임법에 근거하여 보상을 요구하였다. B는 이 법에 따른 보상 책임이 있는가?

해결 | 제조물책임법은 제3조 제1항에서 제조업자는 제조물의 결함으로 인하여 생명·신체 또는 재산에 손해를 입은 자에게 그 손해를 배상하여야 한다고 규정하고 있고, 또한 제2조 제2호에서는 '결함'이라 함은 통상적으로 기대할 수 있는 안전성이 결여되어 있는 것을 말한다고 규정하고 있다. 이는 거래상 직접적인 관계가 있는지 여부와 무관하게 제조물의 결함으로 인해 피해를 입은 자가 그 제조업자의 고의, 과실에 대한 입증 없이도 손해배상책임을 추궁할 수 있도록 하기 위하여 특별히 도입된 입법원리이다. 위와 같은 제조물책임법의 입법 목적 및 취지, 규정 내용 등에 비추어 보면, 사안에서 스마트 TV의 과도한 발열반응은 단순한 품질의 하자에 불과한바, 위 법을 적용할 수 없다고 할 것이다. 한편, 만약에 위 스마트 TV의 발열로 화재가 발생하여 시청자가 화상을 입거나 집안의 물품을 태웠다면 그러한 손해에 대해서는 제조물책임법에 의한 보상이 가능할 것이다.

관련 판례 | [수원지방법원 2009.8.20. 선고 2008가합27878 판결] 제조물책임법의 입법 목적 및 취지, 규정 내용 등에 비추어 보면, 제조업자가 손해를 배상할 책임이 인정되는 '결함'이라 함은 제품이 통상 갖추어야 할 안정성을 결여함으로써 그 제조물로 인하여 그 이용자 또는 제3자에게 생명, 신체, 기타 재산상의 피해를 발생시킬 위험성을 가지고 있는 것을 말하고, 안전성과 관련되는 손해를 발생시키지 않는 단순한 품질의 하자는 위 법의 적용대상이 아니다.

PART 7

개인정보·위치정보 활용하기

― Chapter 1 ―
들어가며

개인정보와 위치정보란 무엇인가

국내에서는 여러 법률이 개인정보의 개념을 정의하고 있다. '개인정보보호법'은 살아 있는 개인에 관한 정보로서 성명, 주민등록번호 및 영상 등을 통하여 개인을 알아볼 수 있는 정보를 개인정보라고 정의[1]하고 있고, 이러한 개인정보가 부호·문자·음성·음향 및 영상 등으로 구성된 경우에는 '정보통신망 이용촉진 및 정보보호 등에 관한 법률'상의 개인정보[2]로 분류된다. 또한 개인정보 중 개인의 신용도와 신용거래능력 등을 판단할 때 필요한 성명, 연락처, 대출, 보증, 금융거래 정보 등인 신용정보법상의 개인 신용정보[3]에 해당한다.

---

1 개인정보보호법 제2조 제1호
2 정보통신망 이용촉진 및 정보보호 등에 관한 법률 제2조 제1항 제6호
3 신용정보의 이용 및 보호에 관한 법률 제2조 제2호 및 동법 시행령 제2조 제1항

개인정보에 해당하는 정보는 아래 그림과 같이 매우 다양하다. 특히 최근에는 방범, 단속 등의 목적으로 CCTV(영상정보처리기기) 설치가 확대되고 있는데, CCTV를 통해 촬영된 영상 역시 개인정보란 점을 간과해서는 안 된다.[4]

또한 해당 정보만으로 개인을 알아볼 수 있는 경우뿐만 아니라, 다른 정보와 쉽게 결합하여 특정 개인을 알아볼 수 있는 경우에는 그 정보도 개인정보에 해당한다. 예를 들어, 주민등록번호는 그 자체로 특정 개인을 알아볼 수 있으므로 당연히 개인정보에 해당한다. 하지만 이메일 주소, 전화번호 등은 그 자체만으로 개인을 알아볼 수 없지만, 다른 정보들과 결합하면 특정 개인을 알아볼 수 있게 되므로 역시 관계 법령상의 개인정보에 해당한다.

한편, 위치정보 역시 개인정보의 한 유형이라 할 수 있는데, 특별히 그 중요성을 반영하여 '위치정보의 보호 및 이용 등에 관한 법률' 제2조 제1호 및 제2호는 위치정보의 개념을, 이동할 수 있는 물건 또는 개인이 특정한 시간에 존재하거나 존재하였던 장소에 관한 정보로서 정보통신기기 등을 이용하여 수집된 것으로 정의하고 있다. 만약 위치정보만으로는 특정 개인의 위치를 알 수 없는 경우라 할지라도 다른 정보와 용이하게 결합하여 특정 개인의 위치를 알 수 있다면 이 역시 위치정보로 정의된다.

---

4 개인정보보호법 제2조 제7호에 의거 CCTV는 일정한 공간에 지속적으로 설치되어 사람 또는 사물의 영상 등을 촬영하거나 이를 유·무선망을 통하여 전송하는 장치를 의미한다.

<개인정보의 유형>

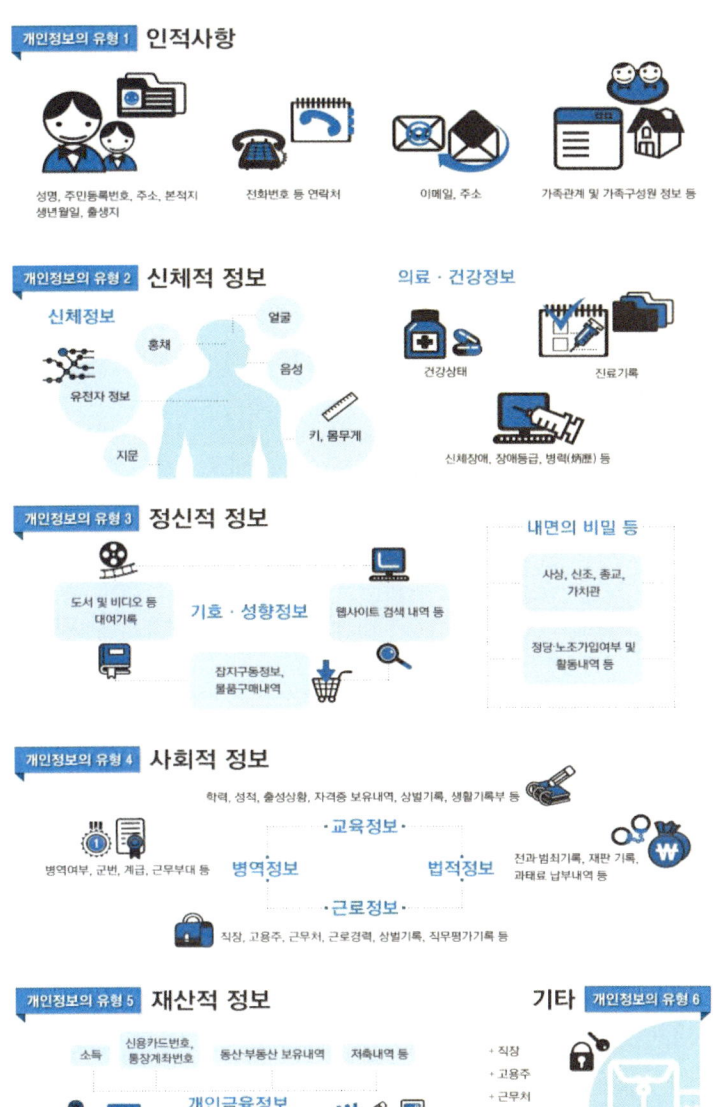

출처: 개인정보보호포털, www.i-privacy.kr/intro/define1.jsp

개인정보 및 위치정보는 자유롭게 수집할 수 있는가

오늘날 개인은 일상생활에서 빈번하게 개인정보와 위치정보의 제공이 불가피해지고 있다. 비단 국가에 대해 사회복지를 신청하는 것과 같이 공공의 시각에서는 물론 자신이 원하는 상품이나 서비스를 구매하거나 이용하는 경우에도 개인정보와 위치정보의 제공을 강요받기 때문이다.

그렇다면 사업자는 개인에게 일정한 혜택이나 상품 또는 서비스를 부여해준다는 명목으로 특정 개인의 개인정보와 위치정보를 자유롭게 수집하고 이용할 수 있는가. 이와 관련하여 헌법재판소는 개인이 자신에 관한 정보가 언제 누구에게 어느 범위까지 알려지고 또 이용되도록 할 것인지를 그 정보 주체가 스스로 결정할 수 있는 권리, 즉 정보 주체가 개인정보의 공개와 이용에 관하여 스스로 결정할 권리로써 개인정보 자기결정권을 정의하고 이를 헌법상에 명시되지 아니한 기본권이라고 판단한 바 있다.[5] 즉, 사업자가 일방적으로 불특정 다수의 개인정보와 위치정보를 수집·이용할 수 없고 스스로 제공하겠다고 결정한 자의 정보만을 수집·이용할 수 있는 것이다. 이는 개인정보와 위치정보가 그 개인에 대한 사적이고 내밀한 정보인바, 원칙적으로 당사자 이외에는 알려져서는 안 되고, 그 개인의 동의가 있어야만 외부로 알려질 수 있다는 것이다.

실제로 원하지 않는 개인정보와 위치정보가 외부로 유출된다면, 그 개인에게는 정신적인 충격을 야기할 수 있고 더 나아가 그 개인

---

5 헌법재판소 2005.05.26. 선고 99헌마513 결정.

의 안전과 재산에 큰 피해를 줄 수도 있다. 후술하겠지만, 이와 같은 시각에서 개인정보에 관한 법률들은 일정한 절차와 요건하에서 사업자가 개인정보를 수집·이용할 수 있도록 제한하고 있다.

스타트업 사업자에게 개인정보, 위치정보는 어떠한 의미인가

스타트업 사업자는 자신의 상품이나 서비스를 기획함에 있어서 이를 이용하는 소비자의 개인정보나 위치정보의 활용이 필연적으로 요구될 수밖에 없다. 예를 들어, 애플리케이션 하나를 만들더라도 이용자에게 최적화된 서비스를 제공하기 위해서는 기본적으로 이용자의 성별, 나이, 거주지, 이메일 주소, 연락처, MAC 주소 등의 개인정보를 이용자로부터 수집, 활용하여야 한다. 또한 하드웨어를 기반으로 하는 스타트업 사업자라고 할지라도 자신의 단말기가 이용자에게 '스마트'한 기능을 제공하기 위해서는 이용자로부터 단순하게는 개인정보를 수집하고, 더 나아가 혈액형, 심박수 등과 같이 생체정보를 요구할 것이다. 무엇보다 사업자가 SMS, 이메일, 팝업창 등을 활용하여 자신의 사업을 홍보하기 위해서는 개인정보의 활용이 필수불가결하다. 결국 스타트업 사업자는 이용자 지향적인 상품을 통해 이용자로부터 선택받아 시장에서 생존하기 위해, 더 많은 개인정보와 위치정보를 수집하려는 욕구를 느낄 수밖에 없다. 다시 말해, 오늘날 개인정보와 위치정보의 활용은 스타트업 사업자들의 필수요건이라 할 수 있다.

다만, 앞서 살펴본 바와 같이 개인정보와 위치정보는 그 개인 스스로의 결정이 있어야만 타인이 수집·이용할 수 있다. 만약 스타트업 사업자가 개인의 의사에 반하여 개인정보나 위치정보를 수집·이용한다면, 관련법에 의거 과태료 부과처분을 받거나 그 개인에게 손해배상을 해야 하는 등의 제재를 피할 수 없다.[6] 결국 개인정보와 위치정보의 활용은 일정한 절차적인 규범하에서만 이루어질 수 있는 것이다.

 정리하자면, 개인정보나 위치정보의 활용은 스타트업 사업자에게 수익을 창출하기 위한 필수적 요소가 되고 있지만, 그 절차에 있어서 준수해야 할 규범으로서의 의미가 있다고 할 것이다.

---

[6] 제재의 내용과 관련법은 뒤에서 자세히 살피기로 한다.

— Chapter 2 —
개인정보의 활용

스타트업 사업자에게 어떠한 법률이 적용되는가

개인정보보호에 관한 기본 법률로는 개인정보보호법이 있고, 이에 대한 특별법적 지위로서 정보통신망 이용촉진 및 정보보호 등에 관한 법률(이하 '정보통신망법')과 신용정보의 이용촉진 및 정보보호 등에 관한 법률(이하 '신용정보보호법')에서 각 분야에서 특별히 요구되는 개인정보 수집·이용··제공·관리 등에 관하여 규정하고 있다. 따라서 정보통신 분야에서는 정보통신망법이, 금융거래 분야에서는 신용정보보호법이 우선 적용되고, 양 법률이 미처 규정하지 못한 사항에 대해서는 개인정보보호법의 적용을 받게 된다.[7]

정보통신망법은 전기통신서비스 제공자 즉, 영리를 목적으로 전기통신사업자의 전기통신역무를 이용하여 정보를 제공하거나 정

---

[7] 양제민, 고도희, 하영주(2013), 『스마트 미디어 시대에서의 개인정보 유출에 대응한 바람직한 정책 방향』, CHONBUK LAW JOURNAL, 제3권 제1호, pp.49~70.

보의 제공을 매개하는 자를 규율의 대상으로 하는 반면, 개인정보보호법은 업무를 목적으로 개인정보 파일을 운용하기 위하여 스스로 또는 다른 사람을 통하여 개인정보를 처리하는 공공기관, 법인, 단체 및 개인 등의 개인정보 처리자를 규율의 대상으로 한다. 따라서 스타트업 사업자가 단순히 하드웨어를 제작·판매하고 A/S 등의 이유로 개인정보를 수집한다면 개인정보보호법의 적용을 받겠지만, 유무선 인터넷상에서 쇼핑몰, 포털 등을 운영하거나 애플리케이션을 제공하면서 이용자의 가입과 이용에 있어 개인정보를 수집한다면 정보통신망법의 적용을 우선적으로 받게 된다.[8]

한편, 최근 대두되고 있는 핀테크(Finance+Technology) 사업의 경우, 개인정보를 수집·이용·제공하는 방식에 따라 신용정보보호법, 정보통신망법, 개인정보보호법 모든 법률의 적용을 받게 된다. 그러나 모든 법률의 적용을 받는다고 하여 절차가 까다로워지는 것은 아니다. 위 법률들은 개인정보 수집 및 활용 등에 대하여 유사한 내용을 기술하고 있기 때문이다. 이러한 복잡성을 해결하고자 최근 개인정보보호법의 내용을 신용정보보호법, 정보통신망법에 각 반영시키기 위하여 법제를 개정하고 있는 추세다.

본 장에서는 일반적인 스타트업 사업자와 특히 밀접하게 관계가 있는 정보통신망법을 중심으로 살펴보되, CCTV 등 정보통신망법에서 규정하지 않고 있는 사안에 관해서는 이를 보충하는 개인정보보호법을 살피고자 한다. 물론 일부 스타트업 사업자는 자

---

8 방송통신위원회·한국인터넷진흥원(2012), 『앱 개발자를 위한 개인정보보호 안내서』, 3월, p.7~8.

신의 상품이나 서비스에 따라 정보통신망법 이외에도 추가적으로 신용보호법 등이 적용될 수 있겠으나 양 법률의 내용이 크게 다르지 않고, 이 책을 통해 정보통신망법을 이해한 후 직접 다른 법률을 읽어보면 충분히 다른 법률들도 이해할 수 있을 것이다.

주민등록번호를 수집·이용할 수 있는가

정보통신망법 등은 원칙적으로 정보통신서비스를 제공하는 스타트업 사업자가 이용자의 주민등록번호를 수집·이용·제공할 수 없도록 하고 있다. 예외적으로 사업자가 본인 확인기관으로 지정된 경우이거나, 사업자가 특정한 서비스를 제공함 있어 특별히 수집·이용할 수 있도록 방송통신위원회가 고시한 경우, 어느 법률이 특별히 수집·이용할 수 있도록 규정하고 있는 경우에는 예외적으로 주민등록번호를 수집할 수 있다(정보통신망법 제23조의 2 제1항). 만약 이를 위반하여 주민등록번호를 수집한 경우 3천만 원 이하의 과태료를 부과받을 수 있다(동법 제76조 제1항 제2호). 이와 같이 주민등록번호의 수집이용이 제한되면서, 스타트업 사업자로서는 이를 대체할 수단으로 아이핀, 휴대폰인증, 공인인증서인증 등을 활용할 수밖에 없게 되었다.

아이핀은 인터넷에서 주민등록번호를 대신하여 인터넷 이용자에게 부여하는 개인식별번호로 NICE평가정보, 서울신용평가정보 등의 기관에서 발급하는데 아이핀을 발급받은 이용자는 인터넷상에서 아이핀 아이디와 비밀번호를 입력함으로써 주민등록번호를 대신하여 본인임을 확인받는다.

휴대폰인증은 SK텔레콤, KT, LG유플러스 등 국내 이동통신사업자의 이동통신서비스에 가입하여 휴대폰을 이용하고 있는 자에 한하여 인터넷상에서 이동통신가입정보와 인증번호를 입력하도록 함으로써 본인임을 확인받도록 하는 것이다. 공인인증서인증은 한국정보인증, 코스콤, 금융결제원, 한국전자인증, 한국무역정보통신 등의 기관으로부터 인증서를 발급받아 PC, 스마트폰 등의 저장공간에 보관하고 필요시 자신이 설정한 인증서 비밀번호를 입력하도록 함으로써 본인임을 확인받도록 하는 것이다.

결국 스타트업 사업자는 자신의 상품이나 서비스를 기획함에 있어서 이용자가 가입하거나 이용하는 과정에서 개별 이용자의 식별이 필요하다면, 아이핀, 휴대폰인증, 공인인증서 등을 통해 별도로 본인을 인증하는 프로세스를 고려하여야 할 것이다.

> **사례 연구 |**
> **문제 |** 회사 내 직원들의 주민등록번호를 수집하여도 무방한가?[9]
>
> **해결 |** 개인정보보호법 제24조의2 제1항 제1호에 따라 개인정보처리자는 법령에서 구체적으로 주민등록번호 처리를 허용하는 경우에 한하여 주민등록번호를 이용할 수 있으나, 사업자의 경우 소속 근로자의 국민연금·고용보험·건강보험·산재보험 등 4대 보험 가입과 세금 원천징수 등을 위하여 해당 근로자의 주민등록번호를 수집할 수 있다(소득세법 등).

---

9 주민등록번호 수집금지제도 가이드라인, 안전행정부

> 따라서 사업주는 소속 직원의 주민등록번호를 수집하여 인사관리나 급여지급 등의 목적으로 이용할 수 있다.

> **사례 연구 |**
>
> **문제 |** 생년월일(주민등록번호 앞자리)는 수집할 수 있는가?
>
> **해결 |** 주민등록번호 앞자리의 생년월일은 주민등록번호 체계에 따라 생성되는 것이 아니라, 출생신고 시 공공기관에 신고된 날짜를 토대로 등록되는 숫자 열에 불과하다. 즉, 생년월일을 의미하는 주민등록번호 앞자리와 성별을 의미하는 주민등록번호 뒷자리 첫 번째 숫자까지는 주민등록번호에 해당하지 않으므로 별도의 주민등록번호 수집 근거가 없다 하더라도 정보 주체의 동의만 있다면 적법한 수집이 가능하다.

개인정보를 어떻게 수집·이용할 수 있는가

스타트업 사업자는 이용자의 개인정보를 수집함에 있어 자신이 제공하는 서비스에 최소한으로 필요한 개인정보만을 수집할 수 있고, 이용자가 그 최소한의 개인정보 외의 개인정보를 제공하지 않았다는 이유만으로 서비스 제공을 거부해서는 안 된다(정보통신망법 제23조 제2항). 그렇다면 위 최소한의 정보는 어떠한 절차로 수집하여야 하는가? 원칙적으로 아래의 내용을 알리고 이용하는 당사자로부터 동의를 받아야 한다. 동의를 받아야 할 내용은 ① 개인정보의 수집·이용 목적 ② 수집하는 개인정보의 항목 ③ 개인정보의 보유·이용 기간으로, 스타트업 사업자는 자신의 상품이나 서비스를 이용자가 가입 또는 이용하는 과정에서 별도로 위 동의를 받아야 한다(동법 제22조 제1항). 만약 당사자가 만 14세 미만이라면 법정대리인의 동의를 받아야 하고, 법정대리인의 동의가 없다면 민법에 의거 미성년자가 계약을 취소할 수 있다.

한편, 이용자의 동의를 받지 않고 개인정보를 수집한다면 5년 이하의 징역 또는 5천만 원 이하의 벌금에 처해질 수 있고(동법 제71조 제1호), 위반행위와 관련하여 발생한 매출액의 1% 이하의 금액을 과징금으로 부과 받을 수 있다(동법 제64조의3 제1항 제1호 및 제2호).

다만, 예외로 스타트업 사업자가 유료서비스를 제공하고 있다면 이용자로부터 요금을 정산하기 위해 이용자의 이용내역, 이용시간 등의 개인정보가 필요한데, 이러한 정보는 수집이 불가피한 것으로 특별히 동의 없이 수집할 수 있다(동법 제22조 제2항).

<개인정보를 수집하기 위하여 동의받는 방법>

① 인터넷 사이트에 동의받을 내용을 게제하고 이용자가 체크박스 등을 통해 동의 여부를 표시하도록 하는 방법
② 동의받을 내용이 기재된 서면을 이용자에게 직접 교부하거나 우편 또는 팩스를 통해 전달하고 이용자가 그 서면에 서명 날인한 후 제출하도록 하는 방법
③ 동의 내용이 적인 전자우편을 발송하여 이용자로부터 동의의 의사 표시가 적힌 전자우편을 전송받는 방법
④ 전화를 통해 동의받을 내용을 이용자에게 알려 동의를 받거나 인터넷 사이트 등에서 동의받을 내용을 확인할 수 있도록 게재하고 전화 통화를 통해 동의를 받는 방법

한편, 스타트업 사업자는 이용자를 속이고 개인정보를 수집해서는 안 되고(동법 제49조의2 제1항), 자신이 수집한 개인정보를 본래의 목적 이외로 이용하여서도 안 된다(동법 제24조). 이용자를 속이고 개인정보를 수집한 자는 3년 이하의 징역 또는 3천만 원 이하의 벌금을 받을 수 있고(동법 제72조 제1항 제2호), 목적 이외로 이용한 자는 5년 이하의 징역 또는 5천만 원 이하의 벌금에 처해질 수 있다(동법 제71조 제3호).

<개인정보수집·이용에 대한 동의서>

개인정보 수집항목	수집목적	보유 및 이용기간
- 성명 - 이메일 주소 - 자택/휴대폰 - 포인트 거래정보	- 제공 서비스를 위한 본인 확인 절차에 활용 - 당사가 제공하는 서비스 정보 제공 - 기념일 쿠폰 및 이벤트 정보 제공 - 경품 및 쇼핑 물품 배송에 대한 배송지 확보	멤버십 탈퇴 시까지

☐ 동의   ☐ 동의하지 않음

사례 연구 |

문제 | 수집할 개인정보 항목에 '성명, 연락처, 주소 등'으로 기재하여 향후 필요시 별도의 동의절차 없이 추가정보 수집이 가능한가?[10]

해결 | 정보통신망법은 서비스 제공을 위하여 필요한 최소한의 개인정보만을 수집하도록 규정하고 있다(정보통신망법 제23조 제2항).

---

10 개인정보보호법령 및 지침고시 해설서, 행정안전부

따라서 '등'이라는 용어를 사용하여 추가적인 개인정보를 받을 수 있도록 한다면 무분별한 개인정보 수집으로 이어질 소지가 있으므로, 이용자로부터 개인정보를 수집하는 때에는 반드시 수집할 구체적 항목을 나열하여야 한다. 추후 업무상 새로운 개인정보가 필요하다면 별도의 동의절차를 거쳐야 한다는 점에 유의하자.

사례 연구 |
문제 | 블로그 등 홈페이지에 게시된 개인정보를 수집하여 마케팅에 활용할 수 있는가?

해결 | 블로그 등을 통하여 정보 주체로부터 개인정보를 수집하게 된 경우, 본인의 개인정보를 인터넷 홈페이지 등에 게시하거나 게시하도록 허용한 정보 주체의 동의 의사가 명확히 표시되거나 인터넷 홈페이지 등의 표시 내용에 비추어 사회 통념상 동의 의사가 있었다고 인정되는 범위 내에서만 이용 가능[11]하므로, 일방적으로 게재된 개인정보를 수집하여 회사의 마케팅에 활용할 수 없다.

사업자가 수집할 수 있는 개인정보의 범위는 어디까지일까. 앞서 살펴본 바와 같이 사업자는 개인정보를 수집하는 경우 서비스 제공을 위해 반드시 필요 최소한의 정보(필수적 항목)만을 수집하여야 하고(동법 제23조 제2항), 만약 마케팅 등 부가서비스 제공을 위해 추가적인 정보(선택적 항목)가 필요하다면 별도의 동의를 받아 수집하여야 한다. 이때 필수적 항목과 마케팅 등을 위한 선택적 항목을

---

11 개인정보보호법령 및 지침고시 해설서, 행정안전부

구분시켜 별도의 동의를 얻어야 하며, 정보 주체로 하여금 선택적 동의에 해당함을 주지시켜야 하고, 이용자가 선택적 항목에 동의하지 않더라도 서비스 이용이 제한되지 않도록 해야 한다(동법 제23조 제3항).

<선택적 정보 동의 기재례>

멤버십 가입 서비스	
☐ 이용약관 동의	[상세보기]
☐ 개인정보 제공 위탁 동의	[상세보기]
☐ 개인정보 제공 위탁 동의	[상세보기]
☐ 고육식별정보 처리 동의	[상세보기]
☐ 마케팅정보 수신 동의(선택)	[상세보기]

위와 같이 적법한 절차에 따라 수집한 정보라 하더라도, 정보통신 서비스 제공자는 개인정보를 수집하는 과정에서 이용자로부터 동의받은 목적과 다른 목적으로 이용하여서는 아니 된다(동법 제24조). 즉, 원칙적으로 회원가입이나 이벤트 참여 또는 서비스 이용 시 고지한 수집·이용 목적 내에서 이용자의 개인정보를 이용하여야 하며, 만약 본래의 수집·이용 목적이 변경되거나 추가되는 경우, 변경 또는 추가되는 목적에 대해 별도의 동의를 얻어야 하는 것이다.

사례 연구 |

문제 | 상품배송 목적으로 수집한 개인정보를 마케팅에 활용할 수 있는가?

해결 | 개인정보 수집 과정에서 이용자로부터 동의받은 목적 범위 내에서만 이용 가능하므로, 상품배송 목적으로만 활용 가능하며, 해당 정보를 마케팅 내지는 부가서비스 제공 등의 목적으로 사용할 수는 없다. 이를 위반할 경우 5년 이하의 징역 또는 5천만 원 이하의 벌금에 처해질 수 있으므로(정보통신망법 제71조 제3호), 수집한 정보는 반드시 동의받은 목적 범위 내에서만 활용하여야 한다. 따라서 상품배송 목적으로 수집한 개인정보를 활용하여 마케팅에 사용하는 것은 정보통신망법 등 관계 법령에 저촉된다. 수집한 개인정보를 마케팅에 활용하기 위해서는 반드시 수집과정에서, 혹은 마케팅으로 활용하기 이전에 이용자로부터 별도의 동의를 받아 진행함을 유의하자.

사례 연구 |

문제 | 졸업앨범, 동창회 명부 등에 기재된 정보를 이용한 마케팅이 가능한가?

해결 | 공개된 개인정보는 당초 공개된 목적 내에서만 이용할 수 있으므로, 동창회 명부 역시 해당 회원들의 상호 연락 및 친목 도모에서만 이용할 수 있으며, 회원의 동의가 없는 한 해당 정보를 마케팅 등 다른 목적에 활용할 수는 없다.[12]

---

12 개인정보보호법령 및 지침고시 해설서, 행정안전부

개인정보 수집·이용 후 사업자가 부담할 의무는 무엇인가

앞서 살펴보았듯이 스타트업 사업자는 이용자로부터 개인정보를 수집할 때 이용자로부터 동의를 받아야 하는 등의 적법한 절차를 거쳐야 한다. 나아가 수집한 이후로도 여전히 일정한 의무를 부담하는데 파기의무, 누설금지의무, 열람 및 정정조치의무, 삭제의무, 정보제공의무가 대표적이다.

먼저, 이용자로부터 개인정보를 수집한 스타트업 사업자는 이용자로부터 동의를 받을 때 명시하였던 개인정보의 수집목적을 달성하거나 보유기간이 끝난 경우, 스타트업 사업자가 폐업할 경우, 이용자가 3년 이상 해당 서비스를 이용하지 않은 경우, 이용자가 개인정보 제공동의를 철회한 경우 등에는 개인정보를 파기할 의무를 부담한다.[13]

여기서 개인정보의 수집목적을 달성하였는지에 관해서는 개인정보를 수집할 당시 이용자에게 명시하였던 내용을 기준으로 엄격하게 해석하여야 한다. 예를 들어, 서비스 이용목적에 한정하여 동의를 받았다면, 별도의 동의가 없는 한 해당 고객을 대상으로 온라인 이벤트를 진행하거나 위 고객들에게 홍보 메일을 보내는 등의 마케팅 활동이 제한된다. 따라서 초기 가입단계에서 홍보 및 이벤트 참여에 대한 동의를 미리 받아놓는 것이 좋다.

아울러 3년 이상 서비스를 이용하지 아니한 이용자에 관한 개인정보를 파기하여야 할 의무가 있더라도 무조건 그 즉시 파기하여야 하는 것은 아니고 파기 전에 전화, 팩스, 이메일, 팝업창 등 온·

---

[13] 개인정보보호법 제29조 제1항 및 제2항, 동법 제30조 제3항

오프라인 수단을 통해 해당 이용자에게 개인정보가 파기된다는 내용을 알림으로써 늦어도 3년이 되는 날의 30일 전까지는 이용자가 그 사실을 알 수 있도록 하여야 한다(정보통신망법 제16조).

만약 스타트업 사업자가 위와 같은 파기의무를 다하지 아니한다면 3천만 원 이하의 과태료를 부과받게 된다(정보통신망법 제76조 제1항 제4호 및 제5호).

두 번째, 이용자로부터 개인정보를 수집한 스타트업 사업자는 자기 자신 또는 자신의 직원이 알게 된 이용자의 개인정보를 누설하지 않도록 해야 한다. 이를 위반하여 스타트업 사업자가 직접 개인정보를 누설하면 5년 이하의 징역 또는 5천만 원 이하의 벌금에 처해진다. 그리고 스타트업 사업자의 직원이 개인정보를 누설하면 그 직원에 대해 5년 이하의 징역 또는 5천만 원 이하의 벌금에 처해지고, 동시에 스타트업 사업자가 이를 막기 위한 상당한 주의를 하지 않았다면 스타트업 사업자도 직원을 고용한 회사의 입장에서 5천만 원 이하의 벌금에 처해질 수 있다(정보통신망법 제28조의2 제1항 및 제2항, 제75조).

세 번째, 개인정보의 수집·이용에 동의한 이용자는 언제든지 자신이 제공한 개인정보를 열람하거나 정정을 요구할 수 있고, 이러한 요구에 대하여 개인정보를 수집한 스타트업 사업자는 지체 없이 필요한 조치를 하여야 한다(정보통신망법 제30조 제4항 및 제7항). 특히 중요한 점은 개인정보의 열람 및 정정을 위한 절차가 그 수집·이용에 관한 동의 절차보다 방법보다 용이해야 한다는 것이다(정보통신망법 제30조 제6항 및 제7항). 만약 스타트업 사업자가 직접 또는 그 직원이 이를 위반하여 열람 및 정정조치의무를 다하지 않을 경우, 5

년 이하의 징역 또는 5천만 원 이하의 벌금에 처해지고, 스타트업 사업자는 회사의 입장에서 5천만 원 이하의 벌금에 처해질 수 있다(정보통신망법 제75조 제1항 및 제2항).

네 번째, 스타트업 사업자가 제공하는 유무선 인터넷, 애플리케이션 등을 통해 이용자의 사생활 침해나 명예훼손 등으로 이용자의 권리를 침해하는 문제가 발생하는 경우, 이용자는 자신의 침해사실을 알리고 그 정보의 삭제 또는 반박내용의 게재를 요청할 수 있으며, 이에 대해 스타트업 사업자는 지체 없이 해당 정보의 삭제하는 등의 조치를 할 의무가 있다(정보통신망법 제44조의2 제1항 및 제2항). 다만, 스타트업 사업자는 이용자의 요청에도 불구하고 실제로 이용자의 권리를 침해하는지 여부를 판단할 수 없는 경우에는 30일 이내로 블라인드와 같은 임시조치를 할 수 있다(정보통신망법 제44조의2 제4항). 스타트업 사업자는 삭제나 임시조치 등을 함으로써 이용자에 의한 손해배상책임의 범위를 줄이거나 면할 수 있다(정보통신망법 제44조의2 제6항).

다섯 번째, 정보 주체는 개인정보를 수집하여 활용하는 회사(개인정보처리자)에 자신의 개인정보에 대한 열람을 요구할 수 있으며, 이러한 요구가 있을 경우 회사는 특별한 사정이 없는 한 10일 이내에 정보 주체가 해당 개인정보를 열람할 수 있도록 하여야 한다(개인정보보호법 제35조 제1항 및 제3항). 또한 특정 이용자의 정보게재나 유통으로 인하여 사생활이 침해되었거나 명예가 훼손되는 등 권리를 침해당하였다면, 해당 피해자는 민·형사상의 소를 제기하기 위하여 명예훼손 분쟁조정부에 특정 이용자의 정보를 청구할 수 있다(정보통신망법 제44조의6 제1항).

자신이 수집한 개인정보를
어떻게 제3자에게 넘길 수 있는가

스타트업 사업자는 자신의 상품 또는 서비스를 기획함에 있어 ① 자신의 업무 중 일부를 외부 회사에 위탁하거나 ② 공동마케팅, 업무제휴 등을 위해 외부 회사에 이용자의 개인정보를 제공하는 경우가 있다. 전자를 '개인정보의 취급위탁', 후자를 '개인정보의 제3자 제공'이라고 한다.

구체적인 차이를 살피면, '개인정보의 취급위탁'은 개인정보를 수집한 스타트업 사업자가 '자신의 업무처리'를 위해 개인정보를 제공하되 개인정보의 수집, 보관, 처리, 이용, 제공, 관리, 파기 등의 업무까지 함께 위탁하는 것으로, 개인정보를 제공한 이후에도 위탁자(개인정보를 제공하는 스타트업 사업자)는 개인정보의 관리·감독 책임을 진다. 반면에 '개인정보의 제3자 제공'은 개인정보를 수집한 스타트업 사업자가 외부 회사의 업무를 위해 개인정보를 제공하는 것으로, 일단 개인정보가 제공된 이후에는 개인정보를 제공받은 회사에 개인정보의 관리·감독 책임이 넘어가게 된다.

한편, 정보통신망법은 '개인정보의 취급위탁'에 비해 '개인정보의 제3자 제공'의 요건을 더욱 엄격하게 규정하고 있다.

먼저 정보통신서비스 제공자 등이 개인정보의 취급업무를 제3자에게 위탁하는 경우, ① 개인정보 취급을 위탁받는 자와 ② 개인정보취급위탁의 업무 내용에 대해 이용자에게 고지하고 동의를 얻어야 한다(정보통신망법 제25조 제1항). 즉, 개인정보를 누구에게 왜 주는지를 알리고 동의를 받으면 되는 것이다. 다만, 서비스 제공에 관한 계약을 이행하기 위하여 필요한 경우 홈페이지 등에 '개인정보

취급방침'을 공개하거나 이메일 등을 통해 이용자에게 통지하는 경우에는 이용자 사전 고지와 동의절차를 거치지 않고 제공할 수 있다.

반면, 개인정보 제3자 제공의 경우 ① 개인정보를 제공받는 자, ② 제공받는 자의 개인정보 이용목적, ③ 제공하는 개인정보 항목, ④ 제공받는 자의 개인정보 보유 및 이용기간을 이용자에게 알리고 동의를 받아야 한다. 즉, 누구에게 어떠한 개인정보를 왜 제공하며, 제공받은 자는 제공받은 개인정보를 언제까지 보유하는지를 이용자에게 알리고 동의를 받아야 하는 것이다.

<개인정보 제3자 제공 및 취급위탁 시 고지사항>

개인정보 제3자 제공시	개인정보 취급 위탁시
① 개인정보를 제공받는 자 ② 제공받는 자의 개인정보 이용목적 ③ 제공하는 개인정보 항목 ④ 제공받는 자의 개인정보 보유 및 이용기간	① 수탁업체명 ② 수탁 업무 내용

개인정보를 파기할 의무

개인정보를 수집하여 활용한 사업주체(정보통신서비스 제공자 등)는 적법한 동의하에 수집한 정보들을 무기한 보유할 수 없다. 즉, 개인정보의 수집 및 이용목적을 달성하였거나, 정보 주체로부터 동의를 얻은 보유 및 이용기간이 종료되는 경우, 또는 사업을 폐업하는 경우 등에는 보유하고 있는 회원들의 개인정보를 파기하여야 한다. 예컨대, 이용자가 회원탈퇴를 요청하거나 고지한 서비스 제공 등의 목적이 달성되었다면 사업자는 지체 없이 해당 정보들을 삭제하여야 한다. 다만, 요금 정산과 같이 서비스가 종료되었더라도 개인정보를 일정기간 보유해야만 하는 합리적 이유와 근거가 있다면 일정 시점까지는 해당 정보들을 보유할 수 있다. 그러나 이러한 경우에도 원칙적으로는 이용자의 동의를 얻어야 하며, 예외적으로 다른 법률 규정에 의해 의무적으로 보유해야 하는 경우[14] 별도의 동의를 득할 필요는 없으나 개인정보 취급방침을 통해 보유 목적 등을 고지하여야 한다. 한편, 개인정보 수집 및 이용목적 등이 달성되었음에도 이와 같은 파기의무를 다하지 않을 경우 3천만 원 이하의 과태료를 부과받을 수 있음을 유의하자(동법 제76조 제1항 제4호).

---

14 통신비밀보호법에 따라 사업자가 통신사실 확인자료를 제공할 때 필요한 전화번호, 위치추적자료, 전기통신일시 등의 경우 종료일로부터 12개월.

M&A 등 영업 양도·양수시 개인정보 처리 방안

적법한 절차에 따라 수집한 개인정보 역시 그 회사의 자산으로 볼 수 있으므로, M&A 등을 통하여 회사를 매각하거나 반대로 경쟁업체 등을 인수하는 경우, 사업의 연속성을 위하여 그동안 수집한 회원들의 정보 역시 양수인에게 양도하여야 할 것이다. 외형상 수집한 개인정보를 제3자인 양수인 등에게 이전하게 되는 것이므로 정보 주체로부터 동의가 필요한 '개인정보의 제3자 제공'으로 보아야 할 것이나, 사업을 양도하면서 수천수만 명의 회원에게 일일이 동의를 구한다는 것은 현실에 부합하지 않는다. 이와 같은 시장의 현실성을 감안하여 정보통신망법은 사업 양도시 별도의 동의를 득할 필요 없이 해당 사실을 이용자에게 통지만 하면 되도록 규정하고 있다. 즉, 양도인은 정보 주체로부터 별도의 동의를 받을 필요 없이, ① 개인정보를 이전하려는 사실 ② 개인정보를 이전받는 자의 주소, 전화번호 ③ 개인정보 이전을 원하지 않는 경우 동의 철회방법과 그 절차 등을 인터넷 홈페이지[15] 내지는 이메일 등의 방법을 통하여 알려주는 것으로 동의를 갈음할 수 있다.

---

15 이메일, 서면, 전화 등의 방법으로 알리지 못할 경우 인터넷 홈페이지에 최소 30일 이상 게시하여야 한다(정보통신망법 제26조 제1항 및 동법 시행령 제11조).

<예시>

○○은 2016년 1월 1일자로 xx멤버십 서비스를 yy사에 양도하게 되었습니다.
이로 인하여 회원 여러분의 개인정보를 yy사에 이전하게 되었으며, 양도할 구체적 내용은 다음과 같습니다.

1. 개인정보를 이전받는 자
   - 법인명: yy사
   - 주소: 서울시 강남구 서초동
   - 전화번호: 02-123-4567
   - 기타 연락처: yy@yy.net
2. 만약 yy사에 개인정보 이전을 원하지 않는 분은 아래로 연락하시어 개인정보 수집·이용에 대한 동의를 철회하시기 바랍니다.
   - xx사 고객관리팀
   - 전화번호: 02-987-6543
   - 메일: xx@xx.net

― Chapter 3 ―

위치정보의 활용

위치정보란 무엇인가

위치정보란 물건 또는 개인이 특정한 시간에 존재하거나 존재하였던 장소에 관한 정보를 말하는 것으로(위치정보의 보호 및 이용 등에 관한 법률 제2조), 사물인터넷(IOT) 시대에 있어 가장 중요한 정보자원 중 하나로 각광받고 있다. 스마트폰을 비롯한 각종 전자기기들의 지리적 위치를 손쉽게 파악할 수 있게 되었고, 이로 인해 해당 기기들을 소지한 각 개인들의 위치정보(개인위치정보)를 간접적으로 수집할 수 있게 되면서 해당 정보를 활용한 무한한 서비스 제공과 기술 발전이 가능해졌기 때문이다. 위치정보를 기반으로 운영되는 내비게이션 기술은 더 이상 놀랍지도 않다. 이용자의 위치정보를 활용하여 근처의 맛집을 소개해주기도 하며, 방문한 상점에서 할인받을 수 있는 쿠폰을 알아서 제공해주기도 한다. 그 외에도 위치정보를 활용한 콜택시 서비스나 미아방지를 위한 유아 위치추적 단말기가 출시되는 등 위치정보를 활용한 다양한 서비스와 상품들이 폭포처럼 쏟아져 나오고 있다.

이처럼 위치정보를 활용한 위치기반서비스 산업이 급부상하고 있으나, 무분별한 위치정보 수집은 일반 개인정보보다 더 심각한 사생활침해를 초래할 뿐 아니라 경제적·사회적 문제를 야기할 수 있으므로, 정부는 위치정보의 보호와 이용을 균형 있게 추구하고 국민 생활의 향상과 공공복리 증진에 기여할 수 있도록 '위치정보의 보호 및 이용 등에 관한 법률'을 제정하여 위치정보사업 및 위치기반서비스사업 등을 규제하고 있다.

위치기반서비스사업 신고

위치기반서비스사업이라 함은 위치정보를 이용한 서비스를 제공하는 것을 사업으로 영위하는 것을 말한다(동법 제2조 제7호). 즉, ① 위치정보사업자 등 위치정보를 수집하는 자로부터 위치정보를 제공받아 ② 상점 안내, 쿠폰 제공, 택시 연결 등의 서비스를 제공하는 일체의 사업을 의미한다. 위치기반서비스사업을 하려는 자는 ① 사업계획서와 ② 사업용 주요설비의 내용 및 설치장소를 확인할 수 있는 서류 ③ 위치정보의 보호조치를 증명하는 서류 등을 첨부하여 방송통신위원회에 신고하여야 한다(동법 제9조 및 동법 시행령 제9조 참조). 이러한 신고절차를 이행하지 않거나 부정한 방법으로 신고를 한 경우 3년 이하의 징역 또는 3천만 원 이하의 벌금에 처하게 되므로 사업을 시작하기에 앞서 반드시 신고절차를 이행하도록 하자(동법 제40조 제2호). 나아가 위치기반서비스 사업자는 제공하고자 하는 위치정보의 수집, 이용 및 제공에 관한 요금 및 조건 등의 이용약관을 정하여 방송통신위원회에 신고하여야 한다(동법 제12조 제1항).

> **사례 연구 |**
> **문제 |** 위치기반서비스사업자는 어떤 사업자를 의미하는가?[16]
>
> **해결 |** 위치기반서비스사업이라 함은 위치정보를 이용한 서비스를 제공하는 것을 사업으로 영위하는 것을 말한다. 즉, 휴대폰 위치정보를 본인이 지정한 자에게 알려주는 친구 찾기 서비스 제공사업자, 길 안내 등의 서비스를 제공하는 사업자, 위치정보사업자로부터 특정 위치에 접근한 고객의 위치정보를 제공받아 할인권 등을 발송하는 서비스사업자 등이 위치기반서비스사업자에 해당한다.

> **사례 연구 |**
> **문제 |** 휴대폰 단말기의 위치정보를 개인위치정보로 볼 수 있는가?
>
> **해결 |** 대부분의 사람들은 휴대폰 단말기를 항상 소지하고 다니기 때문에, 휴대폰 단말기의 위치정보는 곧 그 소지자 개인의 위치라고 볼 수 있다.

---

[16] 위치정보법률해설서, 방송통신위원회, 한국인터넷진흥원

> 즉, 휴대폰 위치를 파악하게 되면 해당 단말기의 소유자인 개인의 위치가 파악되므로 위치정보법상 개인위치정보에 해당하게 된다. 다만, 분실한 휴대폰을 찾는 경우 그 목적이 소지자가 아닌 그 물건의 소재를 파악하고자 하는 것이므로, 이동성 있는 물건의 위치정보에 해당할 뿐 개인위치정보로 보기는 어려울 것이다.[17]

개인위치정보의 이용

일반 개인정보와 마찬가지로 개인위치정보 역시 정보 주체의 동의 없이 수집하거나 이용할 수 없다(동법 제15조 및 제19조). 즉, 위치기반서비스사업자가 특정 개인의 위치정보를 수집하기 위해서는 ① 위치기반서비스사업자의 상호, 주소, 전화번호 그 밖의 연락처 ② 개인위치정보 주체 및 법정대리인의 권리와 그 행사방법 ③ 위치기반서비스사업자가 제공하고자 하는 위치기반서비스의 내용 ④ 위치정보 이용·제공사실 확인자료의 보유근거 및 보유기간 ⑤ 개인위치정보의 수집방법 등을 이용약관에 명시한 후 정보 주체로부터 동의를 얻어야 한다.

한편, '친구 찾기 서비스'와 같이 개인위치정보를 정보 주체가 지정하는 제3자에게 제공하는 서비스를 할 경우, 위치기반서비스사업자에게는 보다 강화된 고지 및 동의획득 의무가 부여된다. 즉, 개인위치정보 이용시 이용약관에 명시하여야 할 위 5가지 사항을

---

17 위치정보법률해설서, 방송통신위원회, 한국인터넷진흥원

이용약관에 명시하고, ⑥ 개인위치정보를 제공받는 제3자 및 제공 목적을 추가로 정보 주체에게 고지한 후 동의를 얻어야 한다. 뿐만 아니라 동의를 얻어 정보 주체가 지정하는 제3자에게 개인위치정보를 제공하는 경우에도 사후, 매회 개인위치정보를 제공받은 제3자와 제공일시 및 목적 등을 정보 주체에게 즉시 통보하여야 한다.[18]

---

18 위치정보법률해설서, 방송통신위원회, 한국인터넷진흥원

— Chapter 4 —
영상정보처리기기(CCTV등) 설치 및 운영

영상정보처리기기란 일정한 공간에 지속적으로 설치되어 사람 또는 사물의 영상 등을 촬영하거나 이를 유·무선망을 통하여 전송하는 장치로서, 폐쇄회로 텔레비전이나 네트워크 카메라 등의 장치(이하 'CCTV 등'이라 함)를 의미한다(개인정보보호법 제2조 제7호 및 동법 시행령 제3조).

사례 연구 |

문제 | 차량용 블랙박스가 개인정보보호법상 영상정보처리기기에 해당하는가?

해결 | 영상정보처리기기란 일정한 공간에 지속적으로 설치되어 해당 공간을 '지속적'으로 촬영하는 것을 말하므로, 차량 외부를 촬영하는 블랙박스는 개인정보보호법상 영상정보처리기기에 해당하지 않는다.

> 다만, 차량 외부뿐 아니라 내부를 촬영하는 블랙박스는 일정한 공간을 지속적으로 촬영하게 되므로 개인정보보호법상 영상정보처리기기에 해당한다.[19]

음식점을 가거나 길거리를 돌아다니다 보면 여기저기서 손쉽게 CCTV 등을 찾아볼 수 있을 것이다. 그렇다면 어느 곳이든 영상정보처리기기를 설치하여 영상정보 등을 수집할 수 있는 것일까? 원칙적으로 법에서 정하는 몇 가지 경우를 제외하고는 '공개된 장소'에 영상정보처리기기를 설치·운영할 수 없다. 즉, ① 법령에서 구체적으로 허용하고 있는 경우 ② 범죄의 예방 및 수사를 위하여 필요한 경우 ③ 시설안전 및 화재 예방을 위하여 필요한 경우 ④ 교통단속을 위하여 필요한 경우 ⑤ 교통정보의 수집·분석 및 제공을 위하여 필요한 경우를 제외하고는 공개된 장소에 CCTV 등을 설치·운영할 수 없다(동법 제25조 제1항). 또한 불특정 다수가 이용하는 목욕탕, 화장실, 탈의실 등 개인의 사생활을 현저히 침해할 우려가 있는 장소의 내부를 볼 수 있도록 CCTV 등을 설치하는 것 역시 금지된다(동법 제25조 제2항). CCTV 등의 설치·운영이 제한되는 '공개된 장소'란 공원, 도로, 지하철, 상가 내부, 주차장 등 불특정 다수가 접근하거나 통행하는 데에 제한을 받지 않는 장소를 의미한다.

---

19 CCTV 설치운영 가이드라인, 행정자치부

사례 연구 |

문제 | 사무실은 개인정보법상 '공개된 장소'에 해당하는가?

해결 | 출입이 통제되어 해당 사무실의 직원만 출입 가능한 곳이라면 개인정보법상의 '공개된 장소'에 해당하지 않으나, 출입이 통제되지 않고 불특정 다수인이 빈번하게 출입하는 곳이라면 개인정보법상 '공개된 장소에 해당한다 할 것이다. 다만, 이 경우에도 범죄예방 등의 목적이라면 CCTV 등을 설치할 수는 있다.

한편, CCTV 등의 영상정보처리기기로는 영상녹화만이 가능할 뿐, 녹음기능을 사용할 수 없고(동법 제25조 제5항), 영상정보처리기기 운영자는 설치 목적과 다른 목적으로 영상정보처리기기를 임의로 조작할 수 없다. 또한 운영자는 촬영된 개인정보가 분실·도난·유출 또는 훼손되지 않도록 안전성 확보에 필요한 조치를 취하여야 한다. 나아가 CCTV 등을 설치한 운영자는 해당 기기가 설치·운영되고 있음을 정보 주체로 하여금 쉽게 알아볼 수 있도록 ① 설치 목적 및 장소 ② 촬영 범위 및 시간 ③ 관리책임자의 성명 및 연락처가 기재된 안내판을 설치하여야 한다(동법 제25조 제4항 및 시행령 제24조 제1항).

<CCTV 설치 안내문의 예시>

CCTV 설치 안내

1. 설치 목적: 범죄 예방 및 시설 안전
2. 설치 장소: 출입구의 벽면·천장, 엘리베이터 및 각 층의 천장
3. 촬영 범위: 출입구, 엘리베이터 및 각층 복도(360° 회전)
4. 촬영 시간: 24시간 연속 촬영
5. 관리책임자: 시설관리팀 나영상 (02-○○○-○○○○)

(설치·운영을 위탁한 경우) 수탁관리자: XX업체 나촬영 (02-○○○-○○○○)

마지막으로, CCTV 등을 통하여 수집된 영상정보는 특별한 사정이 없는 한 보유기간이 만료된 후 지체 없이 삭제하여야 한다. 설치 장소의 특성에 따라 보유목적의 달성을 위한 최소한의 기간을 산정하기 곤란할 때는 영상정보의 수집 후 30일 이내 삭제하는 것을 원칙으로 한다(표준지침 제45조 제2항).

사례 연구 |

문제 | 영상정보의 보관기간을 반드시 30일 이내로 정하여야 하는가?[20]

해결 | 반드시 30일 이내 삭제하여야 하는 것은 아니다. CCTV 설치 목적 등 해당기관의 특성에 따라 보관 목적 달성을 위해 필요한 최소기간이 30일을 초과하는 경우에는 이를 CCTV 운영·관리 방침에 반영하고 그 기간 동안 보관할 수 있다. 또한 다른 법령에 보관기간이 정해져 있다면 그에 따라야 한다.

---

[20] CCTV 설치운영 가이드라인, 행정자치부

— Chapter 5 —
전자적 전송매체를 이용한 마케팅 활동시 유의사항

영리 목적의 광고성 정보 전송

DM, SMS, 이메일, ARS, 앱 푸시 등의 매체(전자적 전송매체)를 이용하여 영리 목적의 광고성 정보를 전송하려면 같이 수신자의 명시적인 사전 동의를 받아야 한다(정보통신망법 제50조 제1항). 광고성 정보 수신동의를 이용약관에 넣어 일괄적으로 받는 경우 수신자로 하여금 약관 내용 중 광고성 수신동의규정을 별도로 고지하여 동의를 받아야 하고, 전자적 전송매체를 통한 광고성 정보를 전송하기 위해서는 각 수단에 대한 수신동의, 즉, 휴대폰, 유선전화, 팩스, 메신저, 이메일 등 각 전송수단에 대한 동의가 요구된다. 또한 오후 9시부터 그 다음 날 오전 8시까지의 시간에 이메일을 제외한 위 매체들을 통하여 광고성 정보를 전송하려는 자는 수신자로부터 별도의 동의를 받아야만 한다(동법 제50조 제3항).

최근 많이 활용되는 앱 푸시 광고의 경우 이용자가 단순히 설치만 한 상태에서는 광고성 정보를 전송하여서는 안 되고, 반드시 별도의 수신동의를 받아 진행하여야 한다. 이러한 수신동의를 얻을 목적으로 문자, 이메일 등을 전송하는 행위 역시 수신동의 없는 광고성 정보 전송에 해당할 수 있음을 주의하자.

한편, 원칙적으로 사업자가 발송하는 모든 정보들은 영리 목적의 광고성 정보로 간주하나, 고객의 요청에 의해 발송하는 1회성 정보이거나 수신자와 체결한 거래를 확인하는 것이 목적인 정보, 수신자가 신청한 경품 및 사은품 지급을 위한 정보, 발송자가 제공하는 서비스에 대한 수신자의 현황정보(포인트, 회원등급 안내 등) 등 기본서비스 제공과 연관되거나 고객의 요청에 따라 전송하는 정보는 영리 목적의 광고에 해당하지 않으나, 이러한 정보 이외에 부수적으로라도 광고성 정보가 포함되어 있으면 광고성 정보로 간주한다.

광고성 정보 전송시 명시사항

적법한 절차에 따라 광고성 정보를 전송하려는 자는 ① 전송자의 명칭 및 연락처 ② 수신거부 또는 수신동의 철회 의사표시를 할 수 있는 방법에 관한 사항 등을 광고성 정보에 기재하여야 한다. 또한 광고성 정보가 시작되는 부분에 '광고'임을 표기하고, 광고 본문 내용 전단에 전송자 명칭 등을 기재하여 수신자로 하여금 어디에서 온 광고인지를 쉽게 알 수 있도록 하여야 하며, 수신거부에 별도의 통신비가 발생하지 않음을 반드시 기재하여야 한다(정보통신망법 시행령 제62조 및 별표6).

<예시. 광고성 SMS 작성요령>

```
(광고)스타트업 쇼핑몰      : 1. 전단에 '광고'임을 명시하고, 업체명을
                              기재
블랙프라이데이 폭탄세일
코트 99,000부터          : 2. 광고 내용 기재
무료수신거부             : 3. 수신거부 방법 기재
080-1234-5678
```

수신동의 등 처리 결과의 통지

전자적 전송매체를 통하여 수신자에게 광고성 정보를 전송하려는 자는 수신자로부터 수신동의, 수신거부 또는 수신동의 철회 의사표시를 받은 날로부터 14일 이내에 전송자의 명칭과 수신동의·거부 등을 한 날짜 및 처리 결과 등을 기재하여 수신자에게 고지하여야 한다(동법 제50조 제7항). 원칙적으로 이메일 등 매체를 통하여 처리 결과를 통지하여야 하나, 홈페이지나 휴대폰 앱의 경우 팝업창 등을 통하여 처리 결과를 통지하면 되고, 080 번호 등을 통하여 유·무선으로 수신거부의 의사표시를 하는 경우에는 ARS를 통해 처리완료 사실을 즉시 통보해주면 된다.

광고성 프로그램 등의 설치

이용자의 PC나 태블릿 등에 광고성 정보가 보이도록 팝업창을 띄우는 등의 광고성 프로그램을 설치하거나 이용자의 개인정보를 수집하는 프로그램을 설치하기 위해서는 반드시 이용자의 동의를 받아야 한다(동법 제50조의5). 즉, 이용자에게 해당 프로그램의 용도

와 삭제방법을 고지하고, 해당 프로그램이 광고성 정보를 전송하는 프로그램이라는 사실을 명확히 인지시킨 후 동의를 받아야 한다. 이를 위반할 경우 3천만 원 이하의 과태료가 부과될 수 있고(동법 제50조의5), 프로그램을 통해 시스템을 훼손, 멸실, 변조시킬 경우 5년 이하의 징역 또는 5천만 원 이하의 벌금에 처하게 된다(동법 제48조 제2항).[21]

---

21 불법 스팸 방지를 위한 정보통신망법 안내서, KISA

PART 8

지식재산권 보호하기

― Chapter 1 ―
들어가며

스타트업에서 지식재산권 보호가 왜 필요한가

지식재산이란 인간의 창조적 활동에 의해 발견 또는 창출된 지식, 정보, 기술, 감정의 표현, 물건의 표시 등과 같이 재산적인 가치가 있는 무형의 것을 의미한다(지식재산기본법 제3조 제1호). 이러한 지식재산은 그 자체를 판매하여 수익을 얻을 수 있고, 사업의 홍보에 활용하거나 자신의 신뢰를 높이는 데 이용함으로써 사업의 중요한 수단이 될 수도 있다. 특히나 우리나라는 지식재산권에 관한 법들을 통하여 지식재산을 처음 발견 또는 창출한 사람에게만 이용할 수 있는 권리를 주고 타인의 무단이용을 금지하고 있는바, 지식재산의 적극적인 발견과 창출은 사업에서 비교 우위를 점할 수 있는 기회가 될 수 있다.

특히 스타트업은 특별한 기술이나 디자인 또는 독특한 상표 등을 기반으로 사업을 시작하는 경우가 많고 이러한 기술, 디자인, 상표를 어떻게 어필하느냐에 따라서 사업의 성패가 달라질 수 있기에 지적재산권이 중요하다고 할 것이다.

이러한 시각에서 본 장에서는 스타트업 사업자가 어떠한 지적재산권을 어떠한 조건하에서 보호받을 수 있고 어떠한 보호를 요청할 수 있는지에 관하여 기초를 쌓는데 중점을 두고자 한다. 물론 특허, 실용신안, 상표 등 지적재산권의 등록은 변리사의 도움이 필요하고 지적재산권과 관련한 민사·형사소송은 변호사의 도움이 필요하겠지만, 지적재산권의 기초를 알고 있는 사업자는 사업에 필요한 지적재산권을 창출함에 있어 실제 등록 가능한 요건들을 염두에 두어 효율적인 브레인스토밍을 할 수 있고, 나아가 분쟁을 사전에 방지할 수 있으며 설사 불가피한 분쟁이 발생할지라도 직접 최소한의 대응을 할 수 있을 것이다.[1]

스타트업에 관련된 지식재산권으로 어떤 종류가 있는가

지식재산권을 크게 분류하면, '기술'을 보호하는 권리들의 총칭으로서 산업재산권, '표현'을 보호하는 권리들의 총칭으로서 저작권, 산업재산권이나 저작권에 포섭되기 어려운 새로운 권리들의 총칭으로서 '신지식재산권'으로 나눌 수 있다.

스타트업의 비즈니스는 특히 '기술'을 중심으로 이루어진다는 시각에서 산업재산권이 중요한데, 그 세부적인 권리로서 특허권, 실

---

1 자신이 등록한 또는 다른 사람이 등록한 특허, 상표, 실용신안 등의 지식재산권은 특허정보넷 키프리스(www.kipris.or.kr)에서 검색할 수 있다.

용신안권, 상표권과 밀접한 관계를 갖는다. 따라서 이 책은 특허권, 실용신안권, 상표권을 중심으로 살피고자 한다.[2]

굳이 쉽게 구분하자면 특허권은 주로 원천기술에 대한 권리로서, 휴대폰의 이동통신기술, 배터리기술, 충격방지기술 등을 예로 들 수 있다. 실용신안권은 개량기술에 대한 권리로서 휴대폰의 충전용 젠더, 거치대, 카메라위치 등을 예로들 수 있다. 상표권은 상품의 명칭으로 휴대폰의 이름인 갤럭시S, 아이폰, G2 등을 예로들 수 있다.[3]

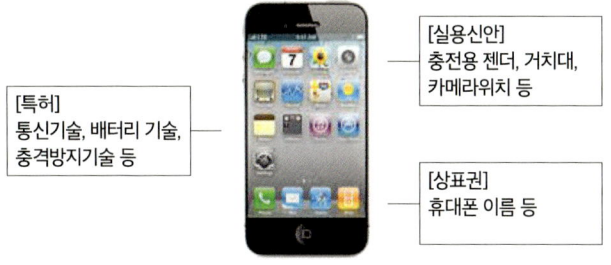

[2] 이 책에서 저작권에 대해 별도의 챕터로 다루지 않았다. 대신 간단히 개념을 정리하자면 저작권은 '인간의 사상이나 감정을 표현'한 창작물로서 저작권법에 의해 보호받는다. 특별한 등록이 없더라도 창작과 동시에 그 권리를 취득하게 되는데, 다만 저작자임을 쉽게 증명할 수 있도록 저작권등록제도가 운영되고 있다. 저작권은 저작자의 생존기간 및 상속인이 있는 경우 저작자의 사망 후 70년간 존속한다. 한편, 창작물이 '인간의 사상이나 감정을 표현'한 것으로 인정받지 못하고 '단순한 사실의 전달'로 인정되는 경우 저작권법상 보호를 받을 수 없겠지만 대신, 창작물이 상당한 노력으로 만들어진 콘텐츠로 인정되는 경우에는 콘텐츠진흥법에 의해 보호될 여지가 있다.
[3] 개량이라고 하여 무조건 실용신안의 대상이 되는 것은 아니다. 발명 중에서도 이미 발명되어 있는 발명(이를 기본발명이라고 함)의 미비점을 해결하기 위해 그 발명을 개량한 종속발명도 있는데 이 경우 기본발명에 대한 특허권자의 동의를 얻어야만 종속발명을 사업에 이용할 수 있다(특허법 제98조).

현실적으로 특허와 실용신안 둘 사이의 구분은 쉽지 않다. 특허법과 실용신안법을 보면, 양자의 차이를 발명과 고안으로 구분하고 발명은 '기술적 창작으로서 고도한 것'으로 표현하는 데 반해 고안은 '기술적 사상의 창작'으로 표현하고 있다(특허법 제2조 제1호, 실용신안법 제2조 제1호). 즉, 고도한지 여부에 따라 특허의 대상인 발명에 해당하는지, 실용신안의 대상인 고안이 되는지가 결정되는 것이다. 그렇다면 고도한 것이 무엇인가에 대하여 대법원의 판례를 보면, '기술 수준이 높아 관련 기술 분야의 전문가가 볼 때 자명한 것이 아니라 창작의 수준이 높은 것'으로 설명한다.[4] 결국 고도한지 여부는 명확하게 일반화하기 어렵다. 다만 실무상 전혀 새로운 물건이나 방법을 창작하는 경우 발명으로 볼 수 있고, 기존의 물건을 개량하여 그 실용적 가치를 높이는 것은 고안으로 보고 있다.[5]

> **사례 연구** | 유사한 게임 방식도 지식재산권(저작권)을 침해하는가?
>
> **문제** | A사는 동물 그림으로 같은 동물끼리 퍼즐을 맞추는 모바일 게임을 판매하였는데, 이미 B사가 유사하게 보석 그림으로 퍼즐을 맞추는 게임을 판매하고 있었다. 이 경우 A사는 B사의 지식재산권을 침해하는가?

---

4   대법원 1983.11.22. 선고 83후42 판결.
5   고영남·송호열·정상근·박상호(2015), 『과학기술과 지식재산권법』, 탑북스, p.277.

해결 | 지식재산 중 특별히 '표현'은 저작권법상 저작권을 통하여 보호된다. 여기서 저작권법상 보호되는 표현은 '인간의 사상이나 감정'을 표현한 것을 의미하고, '단순한 사실을 전달', '일정한 해법·규약', '특정한 표현 이외에는 달리 표현할 방법이 없는 경우' 등은 단순한 아이디어로 보아 저작권법상 보호되지 아니한다. 사안에서 퍼즐을 맞추는 게임 방식은 게임을 진행하기 위한 일정한 해법으로 볼 수 있다는 점, 컴퓨팅 환경은 모니터, 호환성 등의 한계로 표현이 제한될 수밖에 없다는 점을 고려할 때, 이 게임 방식 자체가 저작권법상 보호받는 표현이라고 할 수 없다. 따라서 A사는 B사의 저작권을 침해하지 않았다고 보아야 한다. 다만, 저작권법상의 표현이 아닌 아이디어라고 할지라도 특허권을 취득한다면 이를 보호받을 수 있을 것이다. 실제로 실무상 게임 중 아이템 구매와 관련하여 특허권을 인정받은 사례가 있다.

관련 판례 | [서울중앙지방법원 2007.01.17. 선고 2005가합65093 판결] 추상적인 게임의 장르, 기본적인 게임의 배경, 게임의 전개방식, 규칙, 게임의 단계 변화 등은 게임의 개념·방식·해법·창작도구로써 아이디어에 불과하므로 그러한 아이디어 자체는 저작권법에 의한 보호를 받을 수 없다.

─ Chapter 2 ─
특허권 보호하기

스타트업에서 특허권을 취득해야 하는 이유가 무엇인가

간단하게 특허등록 절차를 살피면, 발명을 한 자가 특허청에 특허를 부여해 달라고 요청하는 이른바, '특허출원'을 하면, 이에 특허청이 심사를 통해 특허결정 또는 특허거절결정을 하게 되는데 특허결정이 있어야 비로소 발명자의 발명에 대한 '특허등록'이 이루어진다.

특허가 등록되면 발명의 내용이 공개되는데,[6] 그 공개의 대가로 독점권이 보장된다. 이렇게 특허권이 부여된 발명을 공개하게 되면, 비록 다른 사람들이 그 발명을 무단으로 사용할 수는 없겠지만, 이와 동일한 발명을 불필요하게 하지 않도록 하고, 공개된 발명으로부터 영감을 얻어 더욱 진보한 발명을 할 수 있다는 사상에

---

6 단, 특허가 등록되기 이전인 출원단계라 할지라도 출원일로부터 1년 6개월이 경과하거나 1년 6개월이 경과하기 전이라도 출원인이 신청하는 경우, 특허출원내용이 특허공보를 통해 공개된다(특허법 제64조내지 65조).

서 특허권은 '공개'와 '독점'의 균형을 잡고 있는 것이다.

특히 스타트업의 경우 정보통신기술을 기반으로 아이템을 발굴한 후 사업을 시작하게 되는데, 요즘과 같이 손쉽게 새로운 디바이스와 소프트웨어를 접할 수 있는 시대에서는 누구든지 유사한 아이템을 발굴할 가능성이 크다. 다시 말해, 스타트업의 특성상, 내가 먼저 아이템을 갖고 사업을 시작하더라도 이와 유사한 아이템으로 경쟁하게 될 사업자가 다수 등장할 수 있다는 것이다. 따라서 자신의 새로운 아이템을 발명으로서 특허 등록하여 자신의 사업을 독점적으로 영위하는 전략이 중요하다. 스타트업은 공동으로 아이템을 발굴하여 동업을 하는 경우가 많은데, 이 경우에는 공동발명자로서 특허권을 공동을 받을 수 있으며 이때 특허권을 각자의 지분만큼 보유하게 된다(특허법 제33조 제2항).

특허권의 존속기간은 '실제 등록된 날'부터 '특허출원한 날 이후 20년이 되는 날'까지이다.[7] 또한 예외적으로 특허기간이 연장되는 경우가 있다. 예를 들어, 특허 등록 후 안전성 등의 시험을 위해 특허를 실시하지 못한 경우에는 일정기간 동안 연장할 수 있고, 특허를 출원한 자의 책임이 아닌 사유로 특허권 등록이 지연된 경우에도 일정기간 연장할 수 있다(특허법 제88조 제1항, 제89조 제1항, 제92조의2 제1항). 따라서 한 번 특허를 등록하면 충분한 기간 동안 그 보호를 받으면서 독점적으로 사업을 영위할 수 있다.

참고로 특허권처럼 특허의 대상을 공개하고 일정기간 특허법상

---

[7] 여기서 말하는 특허출원한 날은 원칙적으로 출원서가 특허청에 도달한 날을 의미하는데, 우편으로 출원서를 발송한 경우에는 발신한 날을 의미한다(특허법 제28조 제2항).

보호를 받기보다는 처음부터 공개를 하지 않는 비밀로 남겨두되, 기간의 제한 없이 독점적으로 이용하는 '영업비밀'이라는 개념이 있다. 영업비밀에 대해서는 특허법상 보호 대상은 아니지만, 부정한 방법으로 영업비밀이 유출되는 것을 방지하기 위한 장치로 부정경쟁방지법이 규정되어 있다. 영업비밀을 부정한 방법으로 유출하여 영업비밀을 침해하는 경우, 이 법에 의거 손해배상청구권, 신용회복조치청구권, 중지청구권, 형사적 처벌 등이 가능하다.[8]

사례 연구 | 특허 등록을 하지 않은 회사의 영업비밀을 그 직원이 빼돌리면 무조건 처벌을 받는가?

문제 | A사의 직원 B는 A사에 입사할 당시 A사가 영업비밀로 하고 있는 '스마트 시계 착용시 신축성을 높여주는 기술'을 유출하지 않겠다는 각서를 썼다. 하지만 B는 A사의 기술을 몰래 빼돌려 친구와 함께 유사한 시계를 만들었다. B의 행위는 부정하게 영업비밀을 빼돌린 행위인가?

해결 | 부정경쟁방지 및 영업비밀보호에 관한 법률 제2조 제2호는 영업비밀의 요건을 규정하는바, 공연히 알려지지 않았을 것(비밀성), 독립된 경제적 가치가 있을 것(경제적 유용성), 상당한 노력에 의하여 비밀로 유지되었을 것(비밀 관리성)이 인정되어야 영업비밀로서 보호받을 수 있다. 사안의 경우, 직원 B가 자신의 회사인 A사의 기술을 유출한바, 영업비밀을 침해한 행위로 인정받기 위해서는 그 기술에 대한 A사의 비밀 관리성이 문제가 된다. 이를 살피자면, A사는 B를 채용할 때 이 기술을 유출하지 않겠다는 각서를 작성하여 비밀유지 의무를 부과하였다.

---

8   윤선희·김지영(2012), 『부정경쟁방지법』, 법문사, p.229.

> 그렇다면 영업비밀의 요건 중 하나인 비밀 관리성이 인정될 수 있는바, B는 A사의 영업비밀을 침해하였다고 할 것이다.
>
> **관련 판례 |** [대법원 1999.3.12. 선고 98도4704 판결] 영업비밀 보유자가 직원들에게 비밀유지 의무를 부과하는 등 기술정보를 엄격하게 관리하는 이상 역설계가 가능하고 그에 의하여 기술정보의 획득이 가능하더라도 그러한 사정만으로 그 기술정보를 영업비밀로 보는 데에 지장이 있다고 볼 수 없다.

스타트업에서 가능한 발명은 어떤 종류가 있는가

스타트업과 관련하여 고려할 수 있는 발명의 대상은 하드웨어와 소프트웨어로 구분하여 살펴볼 수 있다. 먼저 하드웨어의 경우, 아이디어를 기계, 장지, 기구 등의 물건으로 구체화한 발명인 '물건 발명'으로서 발명을 인정받을 수 있다.

소프트웨어의 경우, 원칙상 이를 구성하는 코딩이 2진수라는 수학에 의하여 구성되는바 자연법칙 자체일 뿐 발명으로 인정하기 어렵다고 본다. 다만, 소프트웨어가 하드웨어와 일체가 되는 경우에는 발명으로 인정되고 있다(이른바, 컴퓨터프로그램발명).[9] 예를 들어, 소프트웨어가 실행되는 수순과 이를 기반으로 컴퓨터에 의하여 실행되는 현상을 기술함으로써, '방법 발명'을 인정받을 수 있다. 방법 발명은 일정한 목적 달성을 위한 시계열적인 방법을 의미한

---

9 대법원 2001.11.30. 선고, 97후2507, 판결.

다. 또한 소프트웨어와 하드웨어와 일체가 되어 하드웨어의 성능을 높이거나 제어하는 장치, 프로그램을 기록하고 이를 읽어 들이는 기록 매체 등에 대하여는 '물건 발명'이 인정될 수 있다.

아울러 소프트웨어와 하드웨어를 기반으로 경영분야에서 이윤을 발생시키는 구조에 대해서는 '영업방법발명(Business Model 발명, BM 발명)'이 인정될 수 있다.

특허권 침해기준과 구제적 수단은 무엇인가

이미 다른 기업이 새로운 발명에 대하여 특허를 받아 이를 통하여 영업을 하고 있음에도 불구하고 그 발명을 허락 없이 사용하여 물건을 생산하는 등의 영업활동을 하는 경우, 특허권을 침해한 것이 된다. 이를 구체화하여 특허침해가 인정되기 위한 요건은 ① 유효한 특허권이 있을 것, ② 침해혐의를 받는 물건(또는 방법)이 이미 특허권이 등록된 다른 발명과 비교하여 동일한 발명을 내용으로 하고 있을 것[10], ③ 침해혐의를 받는 자에게 그 특허 실시에 대한 정당한 권한이 없을 것, ④ 침해한 자의 행위가 영업으로서 실시한 행위일 것[11] 등으로 정리할 수 있다. 위와 같은 특허권 침해는 고의에 의한 경우뿐 아니라 과실에 의한 경우에도 인정된다. 이상의 요건을 갖

---

10 동일성 여부는 특허출원시 제출한 명세서에 기재된 특허청구범위의 해석에 의한다.
11 실시란 영업적으로 타인의 수요를 충족시키는 행위를 의미한다. 특허법은 물건 발명인 경우 그 물건을 생산, 사용, 양도, 대여, 수입하거나 양도 또는 대여를 청약하는 행위로 정의하고 방법 발명의 경우에는 그 방법에 의하여 생산한 물건의 사용, 양도, 대여, 수입하거나 양도 또는 대여의 청약행위로 정의한다(특허법 제2조).

추어 특허권 침해가 인정된다면, 침해한 자에 대하여 민사적 시각과 형사적 시각에서 책임을 물어 특허권자는 구제를 받을 수 있다.

민사적 시각에서 살피면, 침해한 자에게 이를 금지 또는 관련 상품과 설비의 폐기를 청구할 수 있고 손해배상도 청구할 수 있으며, 이미 특허권을 지닌 기업의 신용이 실추되었다면 신용회복을 위한 조치[12]를 이행하도록 청구할 수 있다(특허법 제2조, 제126조, 제128조, 제131조). 만약 회사의 직원이 업무를 하던 중 특허권을 침해한 경우, 실무상 특허권자는 그 회사를 상대로 손해배상 등을 청구한다. 참고로 이때 특허권을 침해한 회사는 특허권자에게 손해를 배상하고 그 금액 중 일부를 해당 직원에서 청구할 수 있을 것이다.

형사적 시각에서 살피면, 특허권을 침해당한 자는 수사기관(경찰, 검사)에 대하여 침해한 자를 처벌해 달라고 '고소'할 수 있으며[13], 침해행위가 인정된다면 법원은 7년 이하의 징역 또는 1억 원 이하의 벌금을 부과할 수 있다(특허법 제225조). 더욱이 어느 회사에 속한 대표자나 종업원이 업무를 수행하다가 다른 사람의 특허권을 침해한 경우, 그러한 행위를 한 대표자나 종업원은 당연히 위와 같은 처벌을 받게 될 것이고, 그 대표자나 종업원이 속한 회사도 이들이 특허권 침해하지 않도록 미리 상당한 주의와 감독을 다하지 아니하였다면 그 대표자와 종업원 함께 벌금형의 처벌을 받게 된다(특허법 제230조).

---

12 신용회복을 위한 조치로서는 사죄 광고, 제품 회수 등이 있다.
13 특허법 제225조상 처벌조항은 고소가 있어야 처벌을 할 수 있는 이른바 친고죄이다. 따라서 고소는 원칙상 범인을 안 날로부터 6개월을 경과한 후에는 할 수 없다 (형사소송법 제230조 제1항).

사례 연구 | 종업원이 업무를 하던 중 다른 회사의 특허권을 침해하였다면 그가 소속된 회사도 처벌을 받게 되는가?

문제 | A는 '스마트 안경'을 제작하는 B회사의 개발자로 G회사가 특허권을 취득한 '헤드업 디스플레이' 기술을 무단으로 적용한 제품을 개발하였다. 이에 G회사는 A가 자신의 특허권을 침해하였다는 이유로 경찰에 고소하였고 B회사에 대해서는 고소하지 않았다. 만약 A의 특허권 침해가 인정된다면 B회사도 처벌을 받게 되는가?

해결 | 특허법을 보면, 제225조는 특허권을 침해당한 자는 수사기관(경찰, 검사)에 대하여 침해한 자를 처벌해 달라고 '고소'할 수 있고, 이러한 고소가 있어야만 징역형 또는 벌금형의 처벌이 가능하다고 규정하고 있다. 또한 제230조는 회사에 속한 대표자나 종업원이 업무를 수행하다가 다른 사람의 특허권을 침해한 경우, 그들이 소속한 회사 역시 그들에 대한 상당한 주의와 감독을 다하지 아니하였다면 벌금형의 처벌을 받게 된다고 규정하고 있다. 그렇다면 회사 직원에 대해서 고소가 있어 제225조에 의거 직원이 처벌을 받으면, 그가 속한 회사에 대해서는 고소가 없더라도 제230조에 의거 회사가 처벌을 받게 되는지 문제가 된다. 검토하면, 제225조와 달리 제230조상에는 처벌의 조건으로 고소를 요구하고 있지 않다. 따라서 회사의 대표자나 종업원에 대해 고소가 있다면, 그들이 속한 회사에 고소가 없더라도 회사 역시 처벌을 받는 것이 마땅하다. 따라서 사안에서 비록 B회사에 대해 고소가 없었다 하더라도 그 직원인 개발자 A가 특허권을 침해한바, B도 A와 함께 처벌을 받을 수 있다.

> **관련 판례 |** [대법원 1996.3.12 선고 94도2423 판결] 고소는 범죄의 피해자 또는 그와 일정한 관계가 있는 고소권자가 수사기관에 대하여 범죄사실을 신고하여 범인의 처벌을 구하는 의사표시이므로, 고소인은 범죄사실을 특정하여 신고하면 족하고 범인이 누구인지 나아가 범인 중 처벌을 구하는 자가 누구인지를 적시할 필요도 없는바, 저작권법 제103조의 양벌규정은 직접 위법행위를 한 자 이외에 아무런 조건이나 면책조항 없이 그 업무의 주체 등을 당연하게 처벌하도록 되어 있는 규정으로서 당해 위법행위와 별개의 범죄를 규정한 것이라고는 할 수 없으므로, 친고죄의 경우에 있어서도 행위자의 범죄에 대한 고소가 있으면 족하고, 나아가 양벌규정에 의하여 처벌받는 자에 대하여 별도의 고소를 요한다고 할 수는 없다.

모든 발명에 대해 특허권을 부여할 수 있는가

특허권을 취득하기 위해서는 먼저 특허를 받으려고 하는 객체가 발명의 요건을 갖추어 발명으로서 인정되어야 하고, 그 발명에 대하여 절차상 특허등록의 요건도 갖추어야 한다.

먼저 발명으로 인정받기 위한 요건을 살피면, ① 자연법칙을 이용할 것, ② 기술적 사상의 창작물일 것, ③ 고도한 창작물일 것 등을 요구한다.

첫 번째 요건인 '자연법칙을 이용할 것'은 자연계에 이미 존재하는 법칙 그 자체는 발명이 될 수 없고 이를 최소한 이용한 것이어야 한다는 것이다. 예를 들어, 전기 자체는 자연법칙이지, 발명이라고 할 수 없으나 전기를 이용한 통신방법인 전신(telegraph)은 발

명이라 할 수 있다.[14]

두 번째 요건인 '기술적 사상의 창작물일 것'은 일정한 목적을 반복적으로 달성할 수 있는 기술적인 수단이어야 한다는 것이다. 다만 반드시 기술 자체가 아니라고 할지라도 장차 기술로 실현 가능성이 있으면 충분하다. 예를 들어, 숙련을 통해 달인이 된 특정인만 물건을 만들 수 있는 기술이라면 특허를 받을 수 없지만, 누구라도 동일한 물건을 만들 수 있는 기술이라면 특허를 받을 수 있다.[15]

세 번째 요건인 '고도한 창작물일 것'은 기술 수준이 높아 관련 기술 분야의 전문가가 볼 때 자명한 것이 아니라 창작의 수준이 높은 것이어야 함을 의미한다. 앞에서도 살펴보았듯이, 고도한지 여부는 일률적으로 판단하기는 어렵고 고도하다고 인정되지 않는다고 할지라도 실용신안권의 객체가 되는 고안으로서 인정받을 여지가 있다(특허법 제2조 제1호).

한편, 발명을 특허로 등록하기 위한 요건은 ① 산업상 이용 가능할 것, ② 신규성이 인정될 것, ③ 진보성이 인정될 것, ④ 공공의 질서나 공중위생을 해칠 우려가 없을 것 등이다.

첫 번째 요건인 '산업상 이용 가능할 것'은 발명이 실제로 산업에서 반복적으로 이용될 수 있을 것을 의미한다. 여기서 말하는 산업은 공업뿐 아니라 상업, 농업, 광업, 임업, 수산업, 기타 서비스업 등을 포괄한다고 본다. 그리고 기술을 통하여 경제적 이익을 창출

14　Adam Mossoff(2014), 「O'Reilly v. Morse」, George Mason University Law and Economics Research Paper Series, 14-22, pp.40~50.
15　고영남·송호열·정상근·박상호(2015), 『과학기술과 지식재산권법』, 탑북스, p.276.

할 수 있어야 한다거나 기술적 문제점이 없어야 한다는 점까지 요구하는 것은 아니다.[16] 이와 관련하여 인체와 관련하여도 산업상 이용 가능성을 인정하여 특허등록이 가능한지 문제가 되는데, 혈액, 인모 등 인체의 일부나 심장이식 방법, 뇌수술 방법 등 치료 방법은 산업상 이용 가능성이 부정되어 특허등록을 할 수 없다.

두 번째 요건인 '신규성이 인정될 것'은 발명의 내용이 이미 알려지지 않은 새로운 것이어야 함을 의미한다. 특허법은 원칙상 특허출원 전에 공연히 알려지거나 실시되는 경우, 간행물로 반포되는 경우, 인터넷을 통해 공개되는 경우 등에는 신규성을 상실한다고 규정하고 있다(특허법 제29조 제1항). 다만 예외로 발명자가 자의로 간행물, 인터넷 등을 통해 발표하거나 그 외 무단반출, 스파이 등에 의하여 타의로 공지된 경우에는 그로부터 12개월 이내 특허출원을 하면 신규성을 상실하지 아니한다고 규정하고 있다(특허법 제30조).

세 번째 요건인 '진보성이 인정될 것'은 발명의 난이도에 대한 판단으로 진보 정도가 미미한 경우에는 모방된 기술에 불과할 뿐 특허를 인정할 수 없다는 것이다. 특허법은 이에 대해 발명이 속한 기술분야에서 통상의 지식을 가진 자가 용이하게 발명할 수 있으면 진보성이 부정된다고 규정하고 있다(특허법 제29조 제2항). 예를 들어, 이미 사용하고 있는 피처폰을 스마트폰으로 바꿔주는 장치가 있다고 할 때, 이 기술이 휴대폰 업계에서 누구나 쉽게 할 수 있는 일이라면 진보성을 인정받을 수 없을 것이고 반대로 휴대폰 업계에서도 쉽지 않은 일이라면 진보성을 인정받을 것이다.

---

16 대법원 2005.11.10. 선고 2004후3546 판결.

네 번째 요건인 '공공의 질서나 공중위생을 해칠 우려가 없을 것'은 발명이 우리 사회의 질서나 선량한 풍속 또는 국민건강에 부정적인 영향을 미칠 우려가 있는 경우 특허를 인정할 수 없다는 것이다(특허법 제32조). 예를 들어 스마트폰을 해킹하는 장치, 보안인증서를 복제하는 장치 등은 특허를 위와 같은 시각에서 특허를 받을 수 없다.

사례 연구 | 인체가 아닌 동물을 대상으로 한 치료 방법은 특허등록이 가능한가?

문제 | A는 심장병을 치료할 수 있는 방법을 연구한 사람으로 인체를 대상으로 한 치료 방법은 산업상 이용 가능성이 부정되어 특허등록이 어렵다는 이야기를 듣고 동물을 대상으로 한 치료 방법으로 특허출원을 하였다. 이 경우 특허등록이 가능한가?

해결 | 학계에서는 인체를 필수적 구성요소로 하는 진단 및 치료 방법에 대하여 특허를 인정할 수 없다는 것이 다수의 견해이다.[17] 판례 역시 인체에 대한 의약의 조제방법 및 의약을 사용한 의료행위에 관한 발명은 산업에 이용 가능성을 부정한다. 다만, 판례는 인체가 아닌 동물에 대한 의약이나 치료 방법 등은 산업상 이용 가능성이 있다고 본다. 이러한 판례의 입장에 의할 때, 사안에서 A가 특허출원할 때 인체가 아닌 동물을 대상으로 특허의 내용을 작성한 바 산업상 이용 가능성이 인정되어 특허등록이 가능하다고 할 것이다.

---

17 이수웅(2006), 『특허법』, 한국교육문화원, p.256.

관련 판례 | [대법원 1991.3.12. 선고 90후250 판결] 사람의 질병을 진단, 치료, 경감하고 예방하거나 건강을 증진시키는 의약이나 의약의 조제방법 및 의약을 사용한 의료행위에 관한 발명은 산업에 이용할 수 있는 발명이라 할 수 없다. 그러므로 특허를 받을 수 없는 것이나, 다만 동물용 의약이나 치료 방법 등의 발명은 산업상 이용할 수 있는 발명으로서 특허의 대상이 될 수 있는바, 출원발명이 동물의 질병만이 아니라 사람의 질병에도 사용할 수 있는 의약이나 의료행위에 관한 발명에 해당하는 경우에도 그 특허청구범위의 기재에서 동물에만 한정하여 특허청구함을 명시하고 있다면 이는 산업상 이용할 수 있는 발명으로서 특허의 대상이 된다.

사례 연구 | 대학(원) 졸업논문에 기술한 발명도 특허등록이 가능한가?

문제 | 대학원생 A는 동물 세포 복제 방법을 연구하여 박사학위 논문을 작성하였고 이 논문은 2014.7.1. 심사를 위해 일부 복사되어 심사위원들에게 배포되었고, 졸업이 확정된 후인 2014.8.1. 다량 인쇄되어 대학 도서관 등에 입고되었다. 이후 2015.7.15. A는 자신의 박사학위 논문에 기술한 동물 세포 복제 방법을 특허등록하려고 하는데 이 경우 신규성이 상실되어 특허를 등록할 수 없게 되는가?

해결 | 특허등록 요건 중 '신규성이 인정될 것'은 발명의 내용이 이미 알려지지 않은 새로운 것이어야 함을 요구한다. 다만, 발명자가 자의로 간행물 등을 통해 발표한 경우에는 그로부터 12월 이내 특허출원을 하면 신규성을 상실하지 아니한다.

사안의 경우, 2014.7.1.에 심사를 위해 동물 세포 복제 방법이 담긴 논문이 일부 배포되었고, 2014.8.1.에는 완성된 논문이 도서관 등으로 배포된바, 2015.7.15.에 특허출원을 한다면 2014.7.14.로부터는 12월이 지난 시점이지만, 2014.8.1.로부터는 12개월이 지나지 않은 시점인바 간행물 등을 통해 발표한 날을 둘 중 언제로 볼지 문제가 된다. 검토하면, 논문 심사과정에서 심사위원에 대한 배포는 관례화되어 있고 그 배포 역시 심사위원으로 한정되어 이루어지는바 심사를 위한 배포만으로는 발명의 내용이 알려져 신규성을 상실하였다고 볼 수 없다. 따라서 논문을 완성하고 배포한 2014.8.1.을 기준으로 2015.7.15.은 12월 이내의 일자인바, A는 특허등록을 할 수 있다.

관련 판례 | [대법원 1996.6.14. 선고 95후19 판결] 박사학위 논문은 논문심사 위원회에서 심사를 받기 위하여 일정한 부수를 인쇄 내지 복제하여 대학원 당국에 제출하는 것이 관례로 되어 있다고 하더라도 이는 논문심사를 위한 필요에서 심사에 관련된 한정된 범위의 사람들에게 배포하기 위한 것에 불과하다. 그러므로 그 내용이 논문심사 전후에 공개된 장소에서 발표되었다는 등의 특별한 사정이 없는 한, 인쇄시나 대학원 당국에의 제출시 또는 논문심사 위원회에서의 인준시에 곧바로 반포된 상태에 놓이거나 논문 내용이 공지된다고 보기는 어렵다. 일반적으로는 논문이 일단 논문심사에 통과된 이후에 인쇄 등의 방법으로 복제된 다음 공공도서관 또는 대학도서관 등에 입고되거나 주위의 불특정 다수에게 배포됨으로써 비로소 일반 사람들이 그 기재 내용을 인식할 수 있는 반포된 상태에 놓이게 되거나 그 내용이 공지되는 것이라고 봄이 경험칙에 비추어 상당하다.

사례 연구 | 웨어러블 디바이스 제조 현장을 제3자에게 공개한 경우 관련 발명에 대한 특허를 포기한 것으로 볼 수 있는가?

문제 | A는 웨어러블 디바이스를 제조하는 사업자인데, 동종의 사업을 준비하는 후배들의 견문을 넓혀주자는 취지로 공장 견학을 허락하였다.

관련 판례 | [대법원 1996.1.23. 선고 94후1688 판결] 불특정 다수인이 인식할 수 있는 상태에서 실시되었다고 하여 반드시 그 기술의 내용까지 정확히 인식할 수 있는 것은 아니므로, 공용에 의하여 신규성이 부인되기 위해서는 다시 '당해 기술분야에서 통상의 지식을 가진 자가 그 기술사상을 보충, 또는 부가하여 발전시킴 없이 그 실시된바에 의하여 직접 쉽게 반복하여 실시할 수 있을 정도로 공개될 것'이 요구된다. 이 경우 A가 웨어러블 디바이스에 관련한 발명을 특허출원 전에 공개한 것인바, 신규성 요건을 흠결하여 사실상 특허등록을 포기한 것이라고 볼 수 있는가?

해결 | 사업자가 불특정인에게 제조 현장을 견학시킨 경우, 그 기술분야에서 통상의 지식을 가진 자가 제조 현장만으로도 그 기술내용을 알 수 있는 때에는 신규성이 상실된 것으로 볼 수 있고, 설사 그 제조 현장만으로 기술 내용을 알 수 없는 상황이라 할지라도 공장에 있는 종업원의 설명을 통해 기술 내용을 알 수 있다면 신규성이 상실되었다고 할 수 있다.[18] 사안의 경우, 제조 현장에서 발명의 대상이 되는 기술 내용을 후배 사업자들이 알 수 있었느냐에 따라 결론이 달라질 것이다.

---

18 특허청(2014), 『특허·실용신안 심사기준』, 6월, p.3202.

> 즉, 후배 사업자들이 공장의 생산라인 자체를 통해 또는 공장 종업원의 설명을 통해 발명의 대상이 되는 기술 내용을 알게 되었다면 A는 특허를 등록할 수 없을 것이며, 후배 사업자들이 그 기술 내용을 알 수 없었다면 A는 특허를 등록할 수 있을 것이다.

서로 다른 사람이 동일한 발명을 한 경우 누가 특허권을 갖는가

특허법은 동일한 발명이라면 먼저 특허출원한 사람이 특허를 받을 수 있는 이른바 선출원주의를 채택하고 있다. 따라서 서로 다른 사람이 동일한 발명에 대하여 특허출원을 하였다면, 출원서를 작성한 일자를 기준으로 하여 먼저 작성한 사람만이 결국 특허등록을 할 수 있다(특허법 제36조 제1항).

출원서상 같은 날짜에 출원한 경우 누가 특허를 등록할 수 있는가가 문제가 된다. 이 경우, 특허법은 원칙상 당사자 간 협의를 통해 한 명의 출원인을 결정하여 그에게만 특허를 부여하도록 규정하고 있다. 하지만 협의가 되지 아니할 경우 어느 출원자도 해당 발명에 대하여 특허를 등록할 수 없다(특허법 제36조 제2항).

> **사례 연구** | A사가 한국에서 특허출원을 한 후, 동일한 발명에 대해 B가 미국에서 특허출원을 하였다면 A사는 미국에서 특허권을 취득할 수 있는가?

문제 | A사는 자신의 발명품에 대하여 한국에서 특허출원을 하였다. 그리고 다른 나라에서도 국제특허를 취득하기 위하여 알아보던 중, 동일한 발명에 대하여 B가 미국에서 특허출원을 한 사실을 알게 되었다. A가 한국에서 특허출원을 한 날짜는 2014.7.12.이고, B가 미국에서 특허출원을 한 날짜가 2015.3.30.이고, 현재 날짜는 2015.9.20.이라고 할 때 A는 '파리루트(Paris Route)'를 통하여 미국에서도 특허를 취득할 수 있는가?

해결 | 특허는 원칙상 특허가 등록된 각국에서만 인정되는 출생지주의에 따르는 바, 다른 나라에서도 특허권을 인정받기 위해서는 이른바 국제특허를 취득하여야 한다. 국제특허를 취득하는 방법에는 파리루트, PCT루트(PCT Route)가 있다. 파리루트는 파리 협약에 가입한 국가 간에 인정되는데 C국에서 특허를 출원한 날로부터 12월 이내에 D국에서 동일한 특허를 출원하는 경우, C국에서의 특허출원 날짜를 D국에서의 특허출원 날짜로 보아 특허심사를 진행하는 것이다. PCT루트는 특허협력조약에 가입한 국가 간에 인정되는데 C국에서 특허를 출원한 후 12개월 이내에 C국의 특허청에 국제특허 취득을 원하는 국가로서 D를 지정하는 PCT국제특허를 출원하면, PCT국제특허를 출원한 날짜를 D국에서의 특허출원 날짜로 보아 특허심사를 진행하는 것이다.

사안의 경우, 파리루트를 근거로 A가 미국에서 특허취득이 가능한지 여부를 검토하면, A는 한국에서 특허출원을 한 2014.7.12.부터 12월 이내인 2015.9.20.에 미국에서 특허출원을 한바, 동일한 발명에 대하여 2015.3.30.에 미국에서 특허출원을 한 B보다 먼저 특허출원을 한 것으로 보아 이른바 선출원주의에 의거 A가 미국에서의 국제특허를 취득하게 된다.

관련 판례 | [특허법원 2000.7.14. 선고 98허8120 판결] 특허법상 조약에 의한 우선권이라 함은 공업소유권 보호를 위한 파리 협약(이른바 파리 협약) 가맹국 중 어느 한 나라에 출원한 후 1년 내에 그 출원을 기초로 하여 제2국에 특허출원하여 우선권을 주장하면 최초 출원에 포함된 내용과 동일한 내용에 대해서는 특허성 판단의 기준일을 최초 출원일로 소급하여 주는 제도이며, 특허법 제54조 제1항은 당사국 또는 다른 당사국에 특허출원을 한 후 동일발명을 대한민국에 특허출원하여 우선권을 주장하는 때에는 특허요건 및 선출원주의의 적용에 있어 그 외국에 출원한 날을 대한민국에 특허출원한 날로 본다고 규정하고 있다.

회사 종업원이 발명한 경우 누가 그 특허권을 소유하는가

2010년 기준, 법인에서 이루어지는 특허가 전체의 80.4%에 달한다는 통계가 있는 만큼, 회사의 종업원이 발명을 한 경우 그 특허권의 귀속 문제에 대한 이해가 중요하다.[19] 원칙상 발명한 자가 특허권을 가져야 하겠지만, 회사가 종업원을 고용하였고 종업원이 자신이 맡은 직무와 관련하여 발명을 한 경우에는 누가 소유권을 가져야 하는지 의문이 될 수 있다. 회사 입장에서는 자신이 제공한 설비나 자금을 통하여 종업원이 발명을 한 이상 자신의 특허라고 주장할 수 있을 것이고, 종업원 입장에서는 비록 회사의 지원이 있었다고 하더라도 발명 자체는 스스로 한 이상 자신이 특허권을 갖

---

19   특허청(2011), 『직무발명제도』, 12월, p.4.

아야 마땅하다고 주장할 수 있을 것이기 때문이다.

이와 관련하여 발명진흥법은 직무발명이란 개념을 도입하고 있다. 즉, 회사에 고용된 종업원이 직무와 관련하여 발명을 한 경우 종업원이 발명자로서 특허를 받을 권리를 가지되 회사는 그 발명에 대하여 로열티를 내지 않고도 마음대로 사용할 수 있으며[20], 특별히 회사와 종업원 간에 직무발명의 소유권을 회사에 주겠다고 한 경우(이른바 사전예약승계), 그 발명자는 종업원이 되지만, 발명의 소유자는 회사가 되어 회사가 그 발명에 따라 특허권을 받는 대신 그 종업원에게 정당한 보상금을 지급하도록 하고 있다. 특히 후자의 경우 발명을 한 종업원은 보상금을 청구할 권리를 갖는 대신, 발명사항을 회사에 보고하고 외부에 비밀을 유지할 의무를 부담한다(발명진흥법 제2조 제2호, 제15조, 제19조).

직무발명으로 인정하기 위해서는 종업원의 범위, 직무와의 관련성에 대한 판단이 중요하다. 먼저, 종업원의 범위를 살피면, 종업원뿐 아니라 임원, 공무원을 포함하는데 보수를 받는 한, 계약직, 고문, 비상근직 등도 여기에 포함된다고 본다.[21] 두 번째로 직무와의 관련성은 회사와 직원 사이에 체결된 근로계약, 근무규칙, 종업원의 지위와 직책, 회사가 제공한 시설과 자금을 이용하였는지 여부, 근무시간에 이루어진 발명인지 여부 등을 종합적으로 고려하여

---

20 이를 무상의 통상실시권이라고 하는데, 중소기업의 경우 특별한 계약이 없어도 기업에게 무상의 통상실시권이 부여되지만, 중소기업이 아닌 기업(즉, 대기업)의 경우에는 특별히 계약이 없다면 기업에게 무상의 통상실시권을 부여하지 아니한다(발명진흥법 제10조 제1항).
21 윤선희(2009), 『지적재산권법』, 세창출판사, p.56.

판단한다.[22]

　직무와의 관련성과 관련하여, 몇 가지 문제가 될 수 있는 상황을 상정할 수 있다. 예를 들어, 퇴직 후에 이루어진 발명에도 직무관련성을 인정할 수 있는지 문제가 될 수 있는데, 퇴직 후에 발명이라 할지라도 회사에 다니는 동안 획득한 지식이 발명에 영향을 미쳤다고 인정되는 경우에는 직무발명에 해당한다고 할 수 있다. 또 다른 예로 실제로 담당하는 직무와 관련성이 없는 직원의 발명에 대해서도 사전에 회사가 그 특허권을 갖는다고 약정한 경우 그 약정이 유효한지도 문제가 될 수 있는데, 이러한 약정은 무효로 본다(발명진흥법 제13조). 아울러 직원의 직무에는 해당하지 아니하나 회사의 업무영역에 해당하는 경우도 있을 수 있는데, 이 경우도 직무발명으로 인정되지 아니한다.

　한편, 발명을 한 직원이 한 명일 경우에는 보상을 받을 수 있는 직무발명자가 누구인가에 대한 문제가 발생하지 않겠지만, 수인의 발명에 참여한 경우에는 수인 모두가 직무발명자가 되는지 혹은 일부만 직무발명자가 되는지 문제가 될 수 있다. 수인이 참여한 발명에서는 각 참여자에 대하여 실질적 협력자인지, 단순한 협력자인지를 판단하여 따라 전자의 경우 공동직무발명자로 인정할 수 있지만 후자의 경우에는 인정할 수 없다. 그 구체적인 판단은 다음 표와 같이 정리할 수 있다.

22　대법원 1991.12.27. 선고 91후1113 판결.

<직무발명자 해당 여부 판단>[23]

직무발명자에 해당하는 자	직무발명자가 아닌 자
① 어떤 문제를 해결하기 위한 기술적 수단을 착상하고 이를 반복하여 실현하는 방법을 만든 자 ② 발명을 구체화하기에는 약간의 불완전한 신규의 착상을 하고 타인에 의해 일반적 지식의 조언 내지 지도를 얻어 발명을 완성한 자 ③ 구체화하기에는 충분하지 않고 불완전한 타인의 착상에 대하여 다시 별도의 신규 착상을 가미한 발명을 완성한 자 ④ 타인의 발명에 힌트를 얻고 다시 그 발명의 범위를 확장하거나 개량하여 발명을 한 자 ⑤ 도저히 구체화할 수 없는 정도의 타인의 착상에 대하여 그것을 구체화하는 기술적 수단을 생각하여 발명을 완성한 자	① 발명자에게 자금을 제공하여 설비 이용의 편의를 주는 등 발명의 완성을 원조하거나 위탁한 자 ② 조건만을 제시하고 그것을 해결할 착상을 제공하지 않은 자 ③ 발명을 구체화하기에는 약간의 불완전한 착상을 한 자에 대하여 단지 일반적 지식의 조언 또는 지도를 해주어 그 발명을 완성한 자 ④ 단지 해결해야 할 문제를 제시하였을 뿐 그것을 해결하는 기술적 수단을 구체적으로 제시하지 않았던 자 ⑤ 추상적인 착상만을 한 채 그것을 구체화할 어떤 수단을 생각하지 못하고 방임해둔 자 ⑥ 발명의 과정에서 연구자의 지시로 단순히 데이터를 정리하거나 제시된 실험을 한 것에 지나지 않은 단순한 보조자

사례 연구 | 종업원이 자신의 직무발명 이외의 발명도 회사에 넘기기로 한 약정은 유효한가?

문제 | A사와 종업원 B는 'B가 A사에서 재직하는 기간 중 B가 독자적으로 또는 타인과 함께 개발한 모든 발명은 발명 즉시 A사에 서면으로 공개하여야 하고, 그 발명에 대한 일체의 권리는 A사에 독점적·배타적으로 귀속되는 것으로 한다'는 약정을 체결하였다. 이 약정은 해석상 직무발명은 물론 직무발명이 아닌 경우에도 B가 A사에 발명을 보고하고 A사가 취득하도록 하는 사전예약승계를 담고 있다. 이처럼 직무발명 이외의 발명까지도 회사가 취득하도록 하는 약정이 유효한가?

---

23 특허청(2011), 『직무발명제도』, 12월, pp.39~40.

해결 | 발명진흥법 제10조 제3항은 직무발명 외의 종업원의 발명에 대하여도 회사가 특허를 취득하도록 하는 규정의 조항은 무효로 한다고 명시하고 있다. 다만, 회사와 종업원 간의 약정상, '직무발명과 직무발명 외의 발명도 모두 회사가 특허를 취득한다'고 규정하고 있는 경우, 발명진흥법 제10조 제3항에 의거 이 약정 전부가 무효인지 또는 직무발명 외의 발명에 대한 약정만 무효가 되는지 문제가 된다. 검토하자면, 직무발명 외의 발명에 대한 약정만 무효로 보는 것이 종업원의 이익과 발명을 장려하려는 발명진흥법의 취지에 부합한다고 할 것이다. 그렇다면 사안의 경우, A사와 B의 약정은 직무발명에 한하여 사전예약승계가 유효하게 적용되지만, 직무발명 이외의 발명에 대해서는 사전예약승계가 적용되지 않는다고 할 것이다.

관련 판례 | [대법원 2012.11.15. 선고 2012도6676 판결] 발명진흥법 제10조 제3항에서 '직무발명 외의 종업원 등의 발명에 대하여 미리 사용자 등에게 특허 등을 받을 수 있는 권리나 특허권 등을 승계시키거나 사용자 등을 위하여 전용실시권을 설정하도록 하는 계약이나 근무규정의 조항은 무효로 한다.'고 규정하고 있고, 위 조항은 직무발명을 제외하고 그 외의 종업원 등의 발명에 대하여는 발명 전에 미리 특허를 받을 수 있는 권리나 장차 취득할 특허권 등을 사용자 등에게 승계(양도)시키는 계약 또는 근무규정을 체결하여 두더라도 위 계약이나 근무규정은 무효라고 함으로써 사용자 등에 대하여 약한 입장에 있는 종업원 등의 이익을 보호하는 동시에 발명을 장려하고자 하는 점에 입법 취지가 있다. 위와 같은 입법 취지에 비추어 보면, 계약이나 근무규정이 종업원 등의 직무발명 이외의 발명에 대해서까지 사용자 등에게 양도하거나 전용실시권의 설정을 한다는 취지의 조항을 포함하고 있는 경우에 그 계약이나 근무규정 전체가 무효가 되는 것은 아니고, 직무발명에 관한 부분은 유효하다고 해석하여야 한다.

사례 연구 | 팀원에게 아이디어를 주지 않았지만, 개발과정에서 보고를 받고 일반적인 지적을 해준 팀장도 직무발명자인가?

문제 | A사의 팀장 전한량은 자신의 팀원인 나일해에게 IoT 관련 특허 개발을 지시하였고, 관련된 아이디어는 주지 않았지만 나일해의 보고를 받고 일반적인 지적을 해주었다면 나일해뿐 아니라 전한량도 직무발명자로 인정될 수 있는가?

해결 | 직무발명자로 인정되기 위해서는 단순한 협력자가 아닌 실질적 협력자로서의 지위가 인정되어야 한다. 사안의 경우, 전한량이 팀장으로서 팀원인 나일해에게 개발에 착수하도록 지시를 하고 이에 대해 보고를 받으며 일반적인 지적을 하였다고 하더라도, 문제 해결을 위한 아이디어를 제공하지 아니한 이상 위 지시, 보고, 지적은 팀장으로서의 통상적 업무수행에 지나지 않는다고 할 것이다. 그렇다면 전한량은 단순한 협력자의 지위에 불과하다고 할 것이고 전한량은 직무발명자로 인정될 수 없다.

관련 판례 | [서울고등법원 2006.6.22. 선고 2006나62159] 개발에 착수하도록 지시하였다고 하더라도 이는 생산팀장으로서 해야 할 통상적인 업무수행의 한 내용으로 볼 수 있을 뿐 특허발명에 대한 기여요소로 인정할 수 없으며 기술개발과정에 대한 개별적인 보고를 하는 경우에 원고(생산팀장)는 동종의 기술분야에서 누구나 손쉽게 지적할 수 있는 내용을 언급하는 데 그쳤을 뿐 당면한 기술개발의 어려움을 타개할 만한 새로운 아이디어를 제공하지 않았다. 따라서 원고는 기술담당자가 이 사건 발명하는 데 있어서 생산팀장으로서 통상적인 수준의 관리, 감독업무를 한 사실이 인정될 뿐이고 이에 더 나아가 이 사건 특허의 발명에 창작적으로 기여한 진정한 공동발명자라고 볼 수 없다.

사례 연구 | A사의 직원인 김영재가 B사에 파견되어 근무하던 중 직무발명을 한 경우 그 발명은 어느 회사의 직무발명으로 보아야 하는가?

문제 | A사의 직원인 김영재는 B사로 파견근무를 하게 되었다. 파견조건은 B사를 위하여 근무를 하고 임금도 B사로부터 받기로 하는 조건이었다. 만약 파견 중 김영재가 직무발명을 하였다면 그 발명은 본래 고용주인 A사 또는 파견고용주인 B사 중 누구의 소유로 인정되는가?

해결 | 직무발명에서의 종업원이라 함은 회사와 같은 사용자에 대한 노무제공의 사실관계만 있으면 되므로, 고용관계가 계속적이지 않은 임시고용직이나 수습공을 포함한다. 사안의 경우 김영재는 B사에 파견기간 중 B사에서 급여를 받고 B사의 지휘 내지 명령까지 받아 B사의 사원이 된 것으로 볼 수 있는바, 그 기간 중의 김영재의 발명은 B사에 대한 직무발명으로 인정된다.

관련 판례 | [서울중앙지방법원 2009.11.11. 선고 2009가합72372 판결] A사의 종업원이 타 회사(B사)에 출장 가서 직무발명을 한 경우 그 발명이 어느 회사의 직무발명이 되는지 문제되는바, 이때 출장기간 중 B사의 사원이 되어 B사에서 급여를 받고 B사의 지휘 내지 명령까지 받았다면 B사의, 그 반대라면 A사의 직무발명이 된다고 할 것이고, 이와 같은 법리는 종업원이 사내 창업을 위한 휴직을 하여 창업된 회사에서 근무하는 경우에도 마찬가지라고 할 것이다.

사례 연구 | 회사 이직 전후에 거쳐 발명이 이루어진 경우, 어떤 회사에 대한 직무발명이 인정되는가?

문제 | 과거 A사에 재직하다 B사로 이직한 양발명은 A사에 재직 당시 발명의 기본골격만 구성하였고, B사로 이직한 이후에야 구체적으로 발명을 완성하였다. 이때 어느 회사에 대한 직무발명이 되는가?

해결 | 직무발명자라고 하기 위해서는 고용관계에 기하여 회사의 종업원으로서 종사하고 있어야 한다. 그리고 특정 회사에 대한 종업원으로서의 지위는 발명 당시를 기준으로 판단한다는 것이 판례의 입장이다. 사안의 경우, 양발명은 A사에서는 발명의 기본골격만 구성하였을 뿐, B사로 이직한 후에 비로소 구체적인 발명을 완성한 바, 완성한 시점의 고용관계가 있는 B사에 대하여 직무발명이 인정된다.

관련 판례 | [서울고등법원 2007.8.21. 선고 2006나89086 판결] 직무발명자라고 하기 위해서는 그 종업원이 자신의 현재 또는 과거의 직무에 속하는 사용자의 업무 범위 내의 발명을 해야 하고, 또한 직무발명의 요건인 '고용관계의 존재'는 발명의 완성 당시를 기준으로 하므로 어떤 종업원이 과거의 재직회사에서 발명의 기본적인 골격을 구성하였다가 새롭게 이직한 회사에서 발명의 구체적인 내용을 완성한 경우에는 그 발명은 나중 회사의 직무발명이 된다.

사례 연구 | 회사에 특허권을 승계하기로 계약한 종업원이 회사 명의가 아닌 자기 명의로 특허를 출원한 경우 범죄행위가 되는가?

문제 | A사의 종업원인 박노동은 직무와 관련한 자신의 발명은 A사에게 승계하도록 사전에 계약하였으나 자신의 발명을 A사의 명의가 아닌 자신의 명의로 특허출원을 하였다. 이 경우 박노동은 회사에 대한 범죄행위가 성립하는가?

해결 | 박노동은 A사에게 자신의 발명을 승계하기로 한 이상, A사가 특허를 취득할 수 있도록 협력할 의무가 있으나 이러한 의무를 위반하여 자신의 명의로 특허를 출원한 이상, A사의 재산상 손해발생 위험을 야기하였다. 형법은 업무상 타인의 사무를 처리하는 자가 그 의무에 위반하여 재산상 이득을 취득하는 경우 업무상배임죄로 규율하고 있는바, 박노동은 업무상배임죄의 죄책을 질 수 있다.

관련 판례 | [대전지방법원 2010.1.26. 선고 2009노1274 판결] A학교와 B교수 사이에 사전예약승계 규정이 있는 사안에서, B교수는 A학교가 특허출원 등의 절차를 취할 수 있도록 협력하여야 하고, A학교가 특허출원하기 전에는 비밀을 유지하여야 하며, A학교의 승낙 없이 이를 무단으로 양도하여서는 안 될 임무가 있다고 할 것임에도 이러한 임무에 위배하여 C회사를 사실상 성립하고 위 회사에 특허를 받을 수 있는 권리를 양도하여 특허출원을 하게 하였으므로 B의 이러한 행위는 업무상배임죄에 해당한다.

특허권은 이전 또는 대여할 수 있는가

특허권자는 다른 사업자와의 계약을 통해 자신의 특허권을 이전(양도) 또는 대여(실시권 부여)할 수 있다. 특허권의 이전은 특허권의 내용은 그대로 유지하되 특허의 소유자를 교체하는 것을 의미한다(특허법 제99조 제1항). 공동으로 발명하여 특허권을 공동으로 갖고 있는 경우(즉, 지분을 갖고 있는 경우)에는 모두의 동의를 받아 자신이 갖고 있는 지분을 이전할 수 있다(특허법 제37조 제3항).

특허권의 대여는 특허권의 소유권은 그대로 유지하되 타인으로 하여금 자신의 특허를 사용할 수 있도록 허락하는 것을 의미한다. 특허법은 어느 한 사업자에게 독점적인 사용을 허락하는 전용실시권(특허법 제100조 제2항), 다수에 대해 사용을 허락하거나 일부 지정상품에 대해서만 사용을 허락하는 통상실시권(특허권 제102조 제2항)을 인정하고 있다.

> **사례 연구** | 이미 특허권을 양도하였으면서 이를 속이고 다른 사람에게 다시 양도한 경우 누가 특허권을 소유하는가?
>
> **문제** | 이미 특허를 등록한 A는 2015.9.9. B에게 자신의 특허권을 양도하였고 같은 특허권을 2015.10.9. C에게 다시 양도하였다. 이후 B는 2015.10.10.에 위 특허권을 양도받았음을 특허청에 명의변경신고를 하였고 C는 2015.10.11.에 위 특허권을 양도받았음을 특허청에 명의변경신고를 하였다. 이 경우 B와 C 중 누가 특허권을 유효하게 양도 취득하게 되는가?

해결 | 특허권자가 하나의 특허를 여러 사람에게 양도하는 행위를 특허권의 이중양도라고 한다. 이중양도의 효력, 즉 누가 특허권을 취득하게 되는지는 그 양도시기에 따라 달리 검토할 수 있다. 먼저 아직 특허출원을 하기 전에 이중으로 양도한 경우, 양도를 받은 사람들 중 가장 빨리 특허출원을 한 사람이 특허권을 취득하게 된다. 아울러 특허출원이 이루어진 후에 이중양도 된 경우, 원칙상 빨리 특허청에 명의변경신고를 한 사람이 특허권을 취득하게 되는데, 다만 이미 특허권이 양도된 것을 알면서도 특허권자에게 자신에게 다시 양도해줄 것으로 적극적으로 요구한 경우에는 그 요구한 사람이 비록 먼저 양도받은 사람보다 명의변경신청을 빨리했다고 하더라도 그러한 요구행위를 반사회질서의 법률행위로 보아 특허권을 취득할 수 없다.[24] 사안의 경우, A는 특허출원을 하여 등록까지 한 후 B와 C에게 이중양도를 하였는바, 그중 명의변경신고를 빨리한 B가 유효하게 특허권을 양도받아 특허권을 취득하게 된다.

관련 판례 | [특허법원 2006.12.28. 선고 2005허9282 판결] 제2 양수인(동일한 특허권을 두 번째로 양도받은 사람)이 '특허를 받을 권리'가 이미 제1 양수인(동일한 특허권을 첫 번째로 양도받은 사람)에게 양도된 사실을 잘 알면서도 양도인과 위 권리의 이중양도계약을 체결하여 그 이중양도행위에 적극적으로 가담한 경우, 그 이중양도계약에 기한 '특허를 받을 권리'의 양도행위는 반사회적 법률행위로서 무효이고, 제2 양수인이 위 이중양도계약에 근거하여 출원한 특허발명은 발명자가 아닌 자로서 특허를 받을 수 있는 권리의 승계인이 아닌 자가 출원한 것이므로 그 등록은 무효이다.

---

24 정상조·박준석(2015), 『지적재산권법』, 한국방송통신대학교출판문화원, p.122.

― Chapter 3 ―
실용신안권 보호하기

스타트업에서 실용신안권을 취득해야 하는 이유는 무엇인가

앞서 특허권은 고도성이 높은 기술의 발명을 대상으로 취득할 수 있음을 살펴보았다. 그렇다면 고도성이 낮아 특허권상 보호되는 기술의 수준에 못 미치는 경우에는 더 이상 지식재산권으로서 보호를 받지 못하게 되는지 의문이 들 수밖에 없다. 실용신안법은 고도성이 낮은 기술이라고 할지라도 고안으로 인정되는 경우 특허권과 유사하게 보호하여 기술과 산업의 발전을 꾀하고 있다. 때문에 특허법이 발명을 보호한다면 실용신안권은 소발명을 보호하고 있다고 할 수 있다.

최근 IT 시장은 상품이나 서비스의 변화와 혁신에 민감하게 반응하고 있다. 세상을 바꿀 만한 거창한 기술이 아닌, 미세한 차이를 가져오는 작은 기술로도 소비자의 호응을 이끌 수 있는 것이다. 특히 이와 같은 환경에서는 큰 기업보다는 창의성을 중시하고 의사결정이 빠른 작은 기업에 기회로 작용한다. 이러한 점들을 고려하여 스타트업 사업자에게 실용신안의 중요성을 강조하지 않을 수 없다. 즉, 스타트업 사업자는 고안에 불과한 아이디어라고 할지라도 이를 기반으로 신속하게 시장에 진입함으로써 시장을 선도하고 소비를 촉진할 수 있는바, 그 배타적이고 독점적인 권리 확보를 위해 실용신안권의 취득이 중요해지는 것이다.

간단하게 실용신안의 등록 절차를 살피면, 고안을 한 자가 특허청에 실용신안을 등록해 달라고 이른바, '실용신안등록출원'을 하면, 이에 특허청이 심사를 통해 등록 여부를 결정을 하게 되는데 심사를 통과해야만 그 고안에 대한 '실용신안등록'이 이루어진다.

실용신안권은 '등록일'로부터 '실용신안등록출원한 날 이후 10년이 되는 날'까지 존속한다(실용신안법 제22조 제1항). 특허권에 비하여 존속기간이 짧은 이유는 고안은 발명에 비하여 제품수명이 길지 않음을 고려한 것이다. 한편, 존속기간이 연장되는 경우도 있다. 예를 들어, 실용신안을 출원한 자의 책임이 아닌 사유로 실용신안권 등록이 지연된 경우에도 일정기간 연장할 수 있다(실용신안법 제22조의 2).

실용신안법과 특허법의 공통점과 차이점

실용신안법과 특허법은 기술적 사상을 보호라는 동일한 이념 아래에서 제정되었다. 따라서 상호 간 동일하거나 유사한 법규정이 다수 있다. 따라서 특허법 규정을 염두하고 실용신안법과 공통점과 차이점을 살핌으로써 실용신안권을 쉽게 이해할 수 있다. 실제 양자를 간단히 비교하면 다음 표와 같이 정리할 수 있다.[25]

<실용신안법과 특허법의 비교>

	특허권	실용신안권
존속기간	등록일로부터 출원 후 20년 되는 날	등록일로부터 출원 후 10년 되는 날
침해기준	유효한 특허권이 있을 것, 특허를 침해한 물건(또는 방법)에 쓰인 발명이 특허등록된 발명과 동일할 것, 침해혐의를 받는 자에게 그 특허 실시에 대한 정당한 권한이 없을 것, 침해한 자의 행위가 영업으로써 실시한 행위일 것	특허권과 기준이 같으나 물품(물건)에 대해서만 인정
권리행사요건	등록	특허권과 같음
구제수단	침해금지청구, 손해배상청구, 형사고소	특허권과 같음
보호대상	발명	고안
유형	물건 발명, 방법 발명	물품에 대한 고안만 인정
절차	선출원주의	특허권과 같음
권리부여요건	산업상 이용 가능성이 있을 것, 신규성이 인정될 것, 진보성이 인정될 것, 공공의 질서나 공중위생에 반하지 않을 것	특허권과 요건이 같으나 진보성의 해석에 있어 특허보다 완화됨
직무상 발명·고안	통상사용권 인정, 사전예약승계	특허권과 같은
이전·대여	가능	특허권과 같음

25 특허법과 실용신안법상 유사 또는 동일한 부분에 대한 자세한 내용은 특허권 파트를 참조하라.

주요 내용을 살피면, 첫째, 침해행위에 대한 기준은 실용신안권과 특허권이 기본적으로 동일하다. 특허권은 물건 또는 방법에 대한 침해를 요건으로 하지만, 실용신안은 물건(물품)에 대한 침해만을 요건으로 한다. 따라서 실용신안권에 대한 침해 여부는 유효한 실용신안권이 있을 것, 침해한 물건이 이미 등록된 고안과 동일할 것, 침해혐의를 받는 자에게 그 실시에 대한 정당한 권한이 없을 것, 침해한 자의 행위가 영업으로써 실시한 행위일 것 등을 요건으로 판단할 수 있다(실용신안법 제29조).

둘째, 보호대상에 있어 특허권은 발명을 대상으로 하는 데 반해, 실용신안권은 고안을 대상으로 하고, 특히 스타트업과 관련하여 특허권상 발명은 물건과 방법에 대한 발명이 인정될 수 있으나 실용신안법상 고안은 물건에 대한 것만을 인정한다(실용신안법 제29조).

셋째, 구제수단에 있어서도 실용신안권과 특허권은 동일한 바, 실용신안권의 침해를 받은 사업자 역시 앞서 특허권 파트에서 살펴본 바와 같이 민사적, 형사적 시각에서 구제가 가능하다(실용신안법 제30조).

넷째, 실용신안 역시 그 보호를 위해 특허권과 같이 출원 및 등록을 요구하는데, 출원절차 역시 선출원주의에 의하여 먼저 출원을 한 사람에게 그 권리를 부여한다. 아울러 출원서상 같은 날짜에 출원한 경우 원칙상 당사자 간 협의를 통해 한 명의 출원인을 결정하도록 하고 협의가 되지 아니할 경우 어느 출원자도 해당 고안에 대하여 실용신안을 등록할 수 없다(실용신안법 제7조).

다섯째, 특허와 실용신안에 대한 권리부여 요건에 있어서 모두 산업상 이용 가능성이 있을 것, 신규성이 인정될 것, 진보성이 인정될 것, 공공의 질서나 공중위생에 반하지 않을 것 등을 요구한다. 다만 진보성에 대한 판단에 있어서 실용신안은 완화되어 특허권을 등록할 정도로 진보된 것이 아니더라도 신용신안권으로 보호받을 여지가 있다(실용신안법 제2조 제2항).[26]

여섯째, 직무상 발명 또는 고안이 이루어진 경우, 특허권과 실용신안권 모두 회사의 통상사용권과 회사 및 종업원 간 사전예약승계가 인정된다(발명진흥법 제2조 제1호).

마지막으로 실용신안권 역시 특허권과 동일하게 이전 또는 대여할 수 있다. 실용신안권자가 공동으로 그 권리를 공유하고 있는 경우에도 특허권과 마찬가지로 공유자 모두의 동의를 받아 자신이 갖고 있는 지분을 이전할 수 있다(실용신안법 제28조).

---

26 물론 어느 것이 더 진보적이고 덜 진보적인지 여부는 구체적 사안에 따라 판단될 수 있을 뿐 일괄적으로 구분하기는 쉽지 않다.

사례 연구 | 컴퓨터 프로그램에 대하여 실용신안 등록이 가능한가?

문제 | 프로그램 개발자 나개발은 스타트업 사업을 시작하기 전에 '빅데이터에서 개인별 맞춤 정보를 찾아주는 방법'에 관하여 컴퓨터 프로그램을 개발하였다. 그리고 이를 보호받기 위하여 주변 사람들에게 알아보던 중 실용신안이 특허보다 등록될 수 있다는 이야기를 듣고 특허가 아닌 실용신안을 등록하기로 결심하였다. 나개발은 실용신안 등록이 가능한가?

해결 | 특허법은 방법에 대한 특허를 인정하고 있고 컴퓨터 프로그램에 대하여도 특별히 특허를 인정하고 있다. 반면에 실용신안법의 경우 물품에 대해서만 실용신안권을 인정하고 있고, 판례 역시 물품의 형태, 구조 등을 기준으로 등록 여부를 판단하고 있다. 사안에서 나개발의 컴퓨터 프로그램은 '방법'에 대한 것인바, 실용신안법에 의할 때 물품이 아닌 프로그램 자체에 대한 실용신안을 등록이 어려울 것이다.

관련 판례 | [대법원 1987.7.21. 선고 87후18 판결] 출원된 실용신안과 다른 고안과의 동일 또는 유사 여부를 판단함에 있어서는 각 물품의 형태, 구조 또는 조합에 관한 외형적 고안이 동일 또는 유사한지의 여부가 주요한 판단 기준이 된다. 한편 고안은 오로지 물품의 외형만을 그 내용으로 하는 의장과는 달라서 물품의 외형적 형태, 구조 또는 조합의 신규성에 의하여 이룩되는 산업상 이용될 수 있는 새로운 기술적 사상의 창작이 어느 정도는 존재하여야만 하는 것이므로 다른 고안에 다만 재료와 형태를 변경하는 정도에 불과하고 그 변경으로 인하여 아무런 작용, 효과상의 진보를 가져오지 않는 것이라면 이를 가리켜 실용신안의 등록을 받을 수 있는 고안이라고 말할 수 없다.

사례 연구 | 실용신안권을 위해 고안한 사항과 특허권을 위해 발명한 사항이 동일한 경우 누가 그 권리를 갖게 되는가?

문제 | 안윤아는 자신의 아이디어를 바탕으로 만든 비콘 온오프(on/off) 장치에 대해 2015.6.30에 이에 대한 실용신안을 출원하였다. 그런데 같은 날 양병욱 역시 동일한 장치에 대해 특허를 출원하였다. 이 경우 누구에게 권리가 인정되는가?

해결 | 실용신안법 제7조 제3항을 해석하면, 실용신안 출원된 고안과 특허출원된 발명이 동일한 경우, 원칙상 출원일자를 기준으로 권리를 인정하는 바 실용신안이든 특허든 선출원한 자만이 해당 권리를 등록받을 수 있다. 다만 그 실용신안등록출원과 특허출원이 같은 날에 출원되었다면 협의에 의하여 출원인을 결정하도록 하되 협의가 성립되지 아니하면 어느 출원인도 등록을 받을 수 없다. 사안의 경우, 안윤아와 양병욱의 고안, 발명이 같은 날에 출원된 바, 안윤아는 자신이 실용신안을 등록할 것을 양병욱과 협의하지 못하는 한 신용신안을 등록할 수 없다.

관련 판례 | [부산지방법원 2006.9.7. 선고 2005가합9527 판결] 등록고안의 출원일 후에 등록고안의 명칭과 동일한 명칭을 발명의 명칭으로 한 특허를 출원하여 설정등록을 마쳤고, 그 등록특허에 근거하여 물품을 제작·판매하더라도 등록고안에 관한 실용신안권을 침해한다.

— Chapter 4 —
상표권 보호하기

상표와 상호는 어떻게 다른가

상표는 하나의 상품을 다른 상품과 구별할 수 있도록 하는 표시를 의미하고, 특히 서비스업을 구별하기 위하여 표시한 경우 서비스표라고 한다. 상호는 기업이 자신을 나타낼 수 있도록 하는 명칭을 의미한다. 상표법상 상표나 서비스표는 소정의 등록절차를 통하여 등록되어야만 상표법상 보호를 받을 수 있고, 등록되지 않았다면 상표법상 보호는 받을 수 없으나, 이미 자신의 상표나 서비스표가 널리 알려져 있어 시장에서 사실상 자신의 것임이 공시되고 있다면 부정경쟁방지 및 영업비밀보호에 관한 법률에 의하여 보호받을 수 있다. 상호는 상법에 의거 등기할 수 있는데 등기되었을 때는 물론 설사 등기되지 않았더라도 상법상 일정한 보호를 받을 수 있다. 한편, 최근에는 상호와 상표를 일치시켜 상호와 상품의 통합된 이미지를 통해 대중에게 쉽게 자신을 홍보하는 사례가 많아지고 있다.

사례 연구 | A사의 비콘 단말기는 '어비콘'이란 상표로 대중에 널리 알려졌으나 상표를 미등록한 상황이라면, A사와 관계없는 B사가 어비콘이란 상표로 스마트 워치를 판매할 수 있는가?

문제 | A사의 비콘 단말기를 제작하여 '어비콘'이란 상표로 판매 중이다. 어비콘은 인기가 있는 제품이나 대중에 널리 알려졌으나, 차일피일 미루다 현재까지 상표를 등록하지 않았다. 이때 A사의 어비콘이 상표 등록되지 않았다는 점을 알게 된 B사는 스스로 스마트워치를 만들어 어비콘이란 상표로 판매하고자 한다. B사의 행위는 법적으로 문제가 없는가?

해결 | 상표법은 원칙상 등록된 상표나 서비스표에 대해서만 법적 보호를 하고 있다. 다만 등록되지 않은 상표나 서비스표도 일정한 조건하에 부정경쟁방지 및 영업비밀보호에 관한 법률에 의하여 보호받을 수 있다. 즉, 미등록된 상표나 서비스표라도 대중들에게 널리 알려져 있고 시장에서 해당 상표나 서비스표가 사실상 공시되고 있다면 이와 유사한 상표나 서비스표의 사용을 금지할 수 있고 손해배상을 청구할 수 있으며 신용회복을 위한 조치를 청구할 수 있다. 사안의 경우, A사의 어비콘이라는 상표가 대중에 널리 알려져 있고 시장에서 어비콘이 A사의 상품임이 사실상 공시되어 있다면, B사는 A사의 어비콘이란 상표가 미등록되어 있다고 해도 이를 사용할 수 없다.

관련 판례 | [대구지방법원 2006.11.9. 선고 2006노2020 판결] 부정경쟁방지법은 (중략) 상표권 침해행위와는 달라서 반드시 상표법상 등록된 상표(서비스표)와 동일 또는 유사한 상호를 사용하는 것을 요하는 것이 아니고, 등록 여부와 관계없이 사실상 국내에서 널리 인식된 타인의 상표 등과 동일 또는 유사한 것을 사용하거나 이러한 것을 사용한 상품의 판매 등을 하여 타인의 상품과 혼동을 일으키게 하는 일체의 행위를 금지한다.

사례 연구 | 특정 사이트에서 원래 보여야 하는 광고를 가리고 무단으로 자신의 광고가 보이도록 하는 애플리케이션은 서비스표를 침해하는가?

문제 | A사는 인터넷 광고회사로 자신의 애플리케이션을 설치한 후 B사의 포털사이트에 접속하면, 화면상 B사가 직접 제공하는 광고를 대신하여 A사가 제공하는 광고가 보이도록 하였다. 다만, A사는 이 애플리케이션을 통해 자신이 제공하는 광고의 하단에 'A사가 제공하는 광고입니다'라고 표시하고 있고 B사의 포털사이트는 다른 사이트의 영업과 구별될 정도로 널리 알려져 있으나, 서비스표를 등록하지 않았다. 이 사안에서 A사는 B사의 포털 서비스에 대한 서비스표를 침해하는가?

해결 | 어느 한 회사가 다른 회사의 서비스표(또는 상표)와 동일 또는 유사한 것을 사용하여 출처에 혼동을 야기하는 경우에는 서비스표 침해가 인정된다. 상표법은 원칙상 등록된 서비스표에 대해서만 법적 보호를 하고 있으나 등록되지 않은 서비스표도 대중들에게 널리 알려져 있고 시장에서 해당 서비스표가 사실상 공시되고 있다면 부정경쟁방지 및 영업비밀보호에 관한 법률에 의하여 보호받을 수 있다.

사인의 경우 A사가 서비스표를 아직 등록하지 아니한 B사의 포털 서비스에 부당하게 편승하여 자신의 영리활동을 하고 있으나, 적어도 광고의 하단에 'A사가 제공하는 광고입니다'라고 표시는 하고 있는바, 출처의 혼동을 야기하였다고 볼 수 없다. 따라서 부정경쟁방지 및 영업비밀 보호에 관한 법률상 서비스표 침해라고는 볼 수 없다. 하지만 B사의 노력으로 만든 포털사이트에 A사가 자신의 영업을 위해 무단으로 이용한 바, 이 행위 자체는 민법상 불법행위에 해당하여 B사는 A사의 행위를 금지시키거나 손해배상을 청구할 수 있다.

관련 판례 | [대법원 2010.8.25, 자, 2008마1541, 결정] 경쟁자가 상당한 노력과 투자에 의하여 구축한 성과물을 상도덕이나 공정한 경쟁질서에 반하여 자신의 영업을 위하여 무단으로 이용함으로써 경쟁자의 노력과 투자에 편승하여 부당하게 이익을 얻고 경쟁자의 법률상 보호할 가치가 있는 이익을 침해하는 행위는 부정한 경쟁행위로서 민법상 불법행위에 해당한다.

스타트업에서 상표권을 취득해야 하는 이유가 무엇인가

상표는 자신의 상품을 다른 상품과 구분하여 대중들로 하여금 쉽게 해당 상품을 인식할 수 있도록 한다. 또한 상표가 부착된 것만으로도 대중들은 어떤 회사로부터 제작되어 유통되는지 그리고 어떠한 품질 수준을 갖고 있는지를 가늠할 수 있다.[27] 이와 같은

---

27 박종태(2014), 『상표법』, 한빛지적소유권센터, pp.21~23.

상표의 기능을 사업자들에게 보장하고 활용할 수 있도록, 상표법은 기업이 상표를 등록한 경우 상표권을 부여하여 등록된 상표를 해당 기업만이 독점적, 배타적으로 이용할 수 있도록 하고 있다.

스타트업의 경우, 기업이 비교적 용이하게 시장에 진입하고 비교적 빨리 상품이나 서비스를 생산할 수 있다는 점, 상품이나 서비스의 생명주기가 비교적 짧다는 점 등을 고려할 때, 매 순간 경쟁관계에 놓이는 상품 또는 서비스가 폭발적으로 나타날 수밖에 없다. 이때 대중의 입장에서는 수많은 상품 중 하나를 고르는 데 상표가 중요한 기준이 될 수밖에 없을 것이다. 따라서 상표권을 취득하여 다른 사업자가 자신의 상표를 사용하지 못하게 하여 자신의 영리활동을 방어하고, 자신의 상표가 지닌 힘을 활용하여 비교 우위에 선 영리 활동을 전개하는 수단을 마련할 필요가 있다.

특히 상표권은 상표등록일로부터 10년간 보장되는데, 갱신 신청을 통해 매번 10년씩 기간을 연장할 수 있다(상표법 제42조 제1항 및 제2항). 즉, 한 번 등록하면 반영구적으로 상표권을 인정받을 수 있어 강력한 보호를 받을 수 있다.

상표권의 침해 여부를 판단하는
기준과 구제수단은 무엇인가

어떤 기업은 자신의 상품에 널리 알려진 다른 기업의 상표를 도용하여 마치 다른 기업에서 제작된 것처럼 출처의 혼동을 야기하여 매출을 올리려는 유혹에 빠질 수 있고, 이때 상표를 도용당한 기업은 매출이 감소함은 물론 상표에 대한 대중들의 신뢰가 저해될 수 있다. 이러한 상황을 상표권 침해라고 하는데, 상표권 침해가 인정되기 위해서는 ① 침해된 상표가 등록된 상표일 것, ② 등록된 상표에 대한 타인의 사용이 있을 것, ③ 등록된 상표와 도용된 상표가 동일 또는 유사할 것, ④ 등록된 상표가 부착된 상품·서비스와 도용된 상표가 부착된 상품·서비스가 동일 또는 유사할 것 등의 요건을 갖추어야 한다. 이러한 상표침해는 고의에 의한 경우뿐 아니라 과실에 의한 경우에도 인정된다. 이상의 요건을 갖추어 상표권 침해가 인정된다면, 상표권을 지닌 자는 침해한 자에게 민사적, 형사적 시각에서 책임을 물어 구제를 받을 수 있다.

민사적 시각에서 살피면, 도용한 기업에 이를 금지 또는 관련 상품과 설비의 폐기를 청구할 수 있고 이미 상표권을 지닌 기업의 신용이 실추되었다면 신용회복을 위한 조치[28]를 이행하도록 청구할 수 있다(상표법 제65조 제1항 및 제2항, 제66조의 2).

형사적 시각에서 살피면, 침해행위가 인정된다면 법원은 7년 이하의 징역 또는 1억 원 이하의 벌금을 부과할 수 있다(상표법 제93조). 더욱이 어느 회사에 속한 대표자나 종업원이 업무를 수행하다가 다른 사람의 상표권을 침해한 경우, 그러한 행위를 한 대표자나 종업원은 당연히 위와 같은 처벌을 받게 될 것이고, 그 대표자나 종업원이 속한 회사도 이들이 특허권 침해하지 않도록 미리 상당한 주의와 감독을 다하지 아니하였다면 그 대표자와 종업원 함께 벌금형의 처벌을 받게 된다(상표법 제97조).

---

28 신용회복을 위한 조치로서는 사죄 광고, 제품 회수 등이 있다.

사례 연구 | A사가 제작 및 수출한 비콘 단말기를 B사가 다시 국내로 수입하여 판매하였다면 상표권 침해로 볼 수 있는가?

문제 | A사는 한국과 미국에서 상표권을 등록한 비콘 단말기를 판매하고 있는 사업자이다. A사의 비콘 단말기가 한국보다 미국에서 더 낮은 가격에 팔린다는 사실을 안 B사는 이를 미국에서 구입하여 다시 한국 수입, 판매한 경우 B사는 상표법을 위반하게 되는가?

해결 | 상표권자가 국내와 국외에서 동일한 상표를 부착한 상품을 국내외에서 판매하였는데 제3자가 외국에서 그 외국법에 따라 적법하게 해당 상품을 수입하는 행위를 병행수입이라고 한다. 병행수입은 국내에서 해당 상품을 판매하기 위해 이루어지는데, 이때 판매자는 특별히 상표권자의 허락 없이 해외에서 판매된 상품을 국내에서 판매하게 되어 상표법을 위반하는 게 아닌가 하는 의문이 들 수 있다. 하지만 상표는 상품의 출처를 표시하고 상품의 품질 수준을 보증해주는 기능을 갖고 있다고 할 때, 병행수입업자가 적극적으로 상표권자의 상표를 사용하여 광고·선전행위를 하더라도 상표의 기능을 이용할 뿐 상표 자체를 훼손한다고 할 수 없다. 따라서 상표법 위반이라고 할 수 없다.

다만, 병해수입품을 판매할 때 외부 간판에까지 해당 상표를 내거는 등의 행위는 병행수입업자가 외국 본사의 국내 공인 대리점 등으로 오인하게 할 우려가 있으므로 부정경쟁방지 및 영업비밀보호에관한법률에 의해 허용될 수 없다.

관련 판례 | [대법원 2002.9.24. 선고 99다42322 판결] 병행수입 그 자체는 위법성이 없는 정당한 행위로서 상표권 침해 등을 구성하지 아니하므로 병행수입업자가 상표권자의 상표가 부착된 상태에서 상품을 판매하는 행위는 당연히 허용될 것이다. (중략)

일반 수요자들로 하여금 병행수입업자가 외국 본사의 국내 공인 대리점 등으로 오인하게 할 우려가 있으므로, 이러한 사용행위는 부정경쟁방지 및 영업비밀보호에관한법률 제2조 제1호 (나)목 소정의 영업주체 혼동행위에 해당되어 허용될 수 없다.

사례 연구 | 삼성의 갤럭시S 케이스를 제작하여 판매하는 A사가 광고를 위해 인터넷 포털에서 '갤럭시S'를 검색 키워드로 사용한 경우 상표권 침해에 해당하는가?

문제 | 삼성의 휴대폰 갤럭시S의 판매량이 급증하자 A사는 갤럭시S를 보호해주는 케이스를 만들었고, 이를 인터넷 포털에서 판매하기 위해 검색 키워드로 '갤럭시S'도 사용한 경우 삼성의 갤럭시S라는 상표권을 침해하게 되는가?

해결 | 상표의 기능 중 하나는 어떤 회사로부터 제작되어 유통되는지를 밝혀주는 것, 즉 출처를 밝혀주는 것으로 상표권자의 허락 없이 상표권자로부터 상품이 만들어진 것처럼 속이기 위해 상표를 사용한 경우에는 상표법을 위반한 것이 된다. 사안의 경우, 갤럭시S를 위한 케이스라는 점을 밝히기 위하여 검색 키워드를 '갤럭시S'로 사용한 것일뿐, 이 케이스가 삼성으로부터 만들어졌다고 혼동을 줄 목적이 없고, 소비자 역시 이를 삼성이 만든 것으로 혼동할 여지가 없는 이상 상표권을 위반하였다고 할 수 없다.

> **관련 판례** | [대법원 2011.1.13. 선고 2010도5994 판결] 타인의 등록상표를 그 지정상품과 동일 또는 유사한 상품에 사용하면 타인의 상표권을 침해하는 행위가 되나, 타인의 등록상표를 이용한 경우라고 하더라도 그것이 상표의 본질적인 기능이라고 할 수 있는 출처표시를 위한 것이 아니라 상품의 내용 등을 안내·설명하기 위하여 사용되는 등으로 상표의 사용으로 인식될 수 없는 경우에는 등록상표의 상표권을 침해한 행위로 볼 수 없다.

스타트업에서 어떤 상품(서비스)에 상표(서비스표)를 등록할 수 있는가

상표등록을 위해서는 상표등록을 요청하는 이른바, 상표등록출원을 하여야 하는데, 상표법은 1개의 출원서에는 1개의 상표만 등록출원이 가능하다는 '1상표 1출원 원칙'을 규정하고 있다.[29] 다만 1개의 출원서상 1개의 상표가 사용될 상품이나 서비스를 여러 개 지정할 수 있는데, 이렇게 지정된 상표와 서비스에 대해서만 독점적, 배타적인 상표 사용이 가능하다. 상표법 시행규칙은 지정할 수 있는 상품 및 서비스업을 총 45개 분류로 규정하고 있다.[30] 즉, 총 45개 분류에 속하는 상품이나 서비스에 대해서는 상표 내지 서비스표를 등록할 수 있는 것이다.

---

29 특허청(2015), 『상표심사기준』, 1월, pp.79~80.
30 상표법 시행규칙 제40조 제1항에서 총45개류가 규정되어 있고 각 분류에 속하는 구체적인 특허청장이 '상품고시'를 통해 지정상품을 지정하고 있다.

위 45개 분류 중 스타트업과 관련하여 살피면, 컴퓨터 소프트웨어, 정보처리장치 등에 관한 상품을 포함하는 제9 분류, 방송업, 통신업 등에 관한 서비스업을 포함하는 제38 분류, 컴퓨터시스템 및 프로그램 개발, 자료 및 문서의 디지털처리 등에 관한 서비스업을 포함하는 제42 분류 등을 상표지정에서 고려할 수 있다. 그리고 실제로 이들에 대하여 상표를 지정하기로 하였다면 출원서상 각 분류번호를 기재하여야 한다.

한편 상표 등록이 완료된 후라도 사업경과에 따라 지정된 상품이나 서비스를 추가할 수 있다.

사례 연구 | A사가 '어비'라는 상표로 사업을 하는 상황에서, A사와 전혀 관계없는 C가 uhbee.com이란 도메인을 등록 및 사용할 수 있는가?

문제 | A사는 스타트업 기업으로 '어비'라는 상표를 통해 스마트워치를 판매하고 있다. 그런데 A사와 아무런 관련이 없는 B사가 '어비'라는 상표를 영문화하여 uhbee.com을 도메인 등록한 경우 A사는 해당 도메인의 사용을 금지시킬 수 있는가?

해결 | 인터넷주소자원에 관한 법률 제12조는 '부정한 목적'으로 도메인 이름을 등록·보유 또는 사용한 자가 있으면 정당한 권원이 있는 자가 법원에 그 도메인 이름의 등록 말소 또는 등록 이전을 청구할 수 있도록 규정하고 있다. 특히 여기서 부정한 목적은 도메인을 등록한 자가 해당 상표를 알고 있었는지 여부, 도메인 이름을 통해 경제적 이익을 얻으려고 하였는지 여부 등을 바탕으로 판단한다.

> 사안의 경우, B사가 A사의 어비라는 상표를 사전에 알고 이를 이용하여 고객을 유치하여 돈을 벌고자 하였다면 부정한 목적이 인정되어 A사는 B사의 도메인 사용을 금지시킬 수 있다.
>
> **관련 판례 |** [대법원 2013.9.12. 선고 2011다57661 판결] 인터넷주소자원에 관한 법률 제12조는 (중략) 원칙적으로 도메인 이름은 선착순으로 자유롭게 등록할 수 있지만, 그 중복 등록이 불가능함을 악용하여 부정한 목적으로 도메인 이름을 선점하는 이른바 사이버스쿼팅(cybersquatting) 행위를 규제함으로써 정당한 권원이 있는 자의 도메인 이름 등록 및 사용을 보장하고 인터넷 사용자들의 도메인 이름에 대한 혼란을 방지한다.

상표는 어떻게 구성되어야 하는가

상표는 기본적으로 기호, 문자, 도형, 입체적 형상, 홀로그램, 동작으로 구성되며 이들을 서로 결합하여 만들 수도 있다. 문자는 한글뿐 아니라 외국어, 로마자, 숫자 등 광범위하게 포함한다. 입체적 형상은 상표를 3차원으로 표현한 그림이나 이미지를 의미하고, 동작은 일정 시간 동안 변화하는 일련의 그림이나 이미지를 의미한다.[31]

2007년 개정 상표법은 색채도 상표의 구성요소로 규정하게 되

---

31 입체적 형상의 예로 패스트푸드를 판매하는 맥도널드의 'M'을 들 수 있고, 동작의 예로서 영화가 시작하기 전 볼 수 있는 20세기 폭스사의 '포효하는 사자'를 들 수 있다.

었다. 색체만으로는 다른 상품과 구별시키기 어려워 색체 그 자체를 상표로서 인정하기는 어려우나, 앞에서 설명한 구성요소들과 색체가 결합할 경우 상표로서 인정될 수 있을 것이다.

2011년 개정 상표법은 소리, 냄새 등 비시각적인 요소라도 시각적인 방법으로 사실적으로 표현할 경우 상표의 구성요소가 될 수 있다고 규정하였다(상표법 제2조 제1항). 다만, 실무상 비시각적인 요소에 기한 상표권등록은 소극적으로 이루어지고 있고 그 등록이 매우 어렵다고 평가받는다.[32]

한편, 영화, 만화, 소설 등에 등장하는 캐릭터도 상표가 될 수 있는지 논란이 될 수 있는데, 캐릭터를 도형, 색체 등이 결합된 것으로 파악할 수 있는바 상표로 등록할 수 있다고 본다.[33]

상표등록을 출원하면 무조건 상표권을 취득할 수 있는가

상표법상 상표를 등록하여 상표권을 취득하기 위해서는 ① 기업의 상표에 대한 사용 의사가 있을 것, ② 상표 자체의 식별력이 있을 것, ③ 공익과 타인의 이익을 침해하지 않을 것, ④ 이미 잘 알려진 상표가 아닐 것 등을 요건으로 한다(상표법 제3조, 제7조 제1항).

첫 번째 요건인, '기업의 상표에 대한 사용 의사가 있을 것'은 상

---

32 정상조·박준석(2015), 『지적재산권법』, 한국방송통신대학교출판문화원, p.385; 이인종(2015), 『상표법개론』, 선학사, p.85.
33 황의창·황광연(2005), 『상표법』, 단국대학교출판부, p.375.

표등록 자체만을 목적으로 할 것이 아니라 등록 후 상표를 사용할 의사까지 있어야 한다는 것이다.

  두 번째 요건인, '상표자제의 식별력이 있을 것'은 상품을 구매하는 대중들로 하여금 상표만으로 누구의 상품인지를 알 수 있을 정도의 명칭이어야 한다는 것이다. 예를 들어, '어비'라고 하는 단어는 국어사전에 없는 새로운 단어인 바, 회사는 자신이 만든 상품에 대해 '어비'라는 상표를 등록하려 할 경우, 식별력을 인정받을 수 있다. 다만, 사전적 의미가 있는 보통명사를 사용하는 경우에는 식별력에 대한 판단이 달라질 수 있다. '스마트폰'이라는 단어는 컴퓨터와 같은 기능을 지닌 휴대폰이라는 뜻을 갖고 있는 보통명사인 바 이 자체를 특정 휴대폰의 상표로 사용한다고 해도, 다른 휴대폰과 구분되기 어려워 식별력을 갖추고 있다고 할 수 없다. 반면에, '애플'이라는 단어는 과일의 한 종류를 의미하는 보통명사이지만, 이를 과일과 전혀 무관한 컴퓨터의 상표로 사용한다는 다른 컴퓨터와 구분되는 식별력을 갖고 있다고 할 수 있다.

  세 번째 요건인, '공익과 타인의 이익을 침해하지 않을 것'은 상표가 국가나 공공단체 또는 저명한 타인을 모욕·비방하거나 평판이 나빠지게 해서는 안 되고, 사회질서를 어지럽힐 우려가 없어야 한다는 것이다. 예를 들어, '쪽바리'라는 단어는 일본인에 대하여 모욕감을 줄 우려가 있고, '보이스피싱'이라는 단어는 사기의 한 방법으로 사회질서에 반하는 바, 이들은 공익과 타인의 이익을 침해한다고 볼 수 있다.

  네 번째 요건인 '이미 잘 알려진 상표가 아닐 것'은 비록 타인이 사용하고 있는 상표와 유사하거나 동일한 상표를 사용할 수 없다는 것이다. 특히 타인의 상표가 등록되지 아니하였다고 하더라도 대중들이 잘 알고 있는 상표라면 이와 유사하거나 동일한 상표를 사용할 수 없다.

> **사례 연구** | 일인칭 대명사인 '우리'라는 단어를 상표로 사용할 수 있는가?
>
> **문제** | A사는 비콘 서비스업을 시작하면서 자신의 서비스를 '우리비콘'으로 서비스표 등록하려고 한다. '우리'라는 단어를 포함하여 상표를 등록할 수 있는가?
>
> **해결** | '우리'라는 단어는 자신을 포함한 복수를 지칭하는 일인칭 대명사인바, 일상에서 흔히 사용하는 단어로서 다른 상품이나 서비스와 구분지을 수 있는 식별력이 낮다고 할 것이다. '비콘' 역시 특정 기술을 의미하는 보통명사인바 식별력이 낮다. 따라서 두 단어의 결합된 '우리비콘'은 원칙상 식별력을 인정할 수 없어 서비스표 등록이 어려울 것으로 판단된다. 하지만 예외적으로 대중들로부터 '우리비콘'이 A사가 만든 서비스임이 널리 인식된다면 그때부터는 서비스업표 등록이 가능해질 여지가 있다.
>
> **관련 판례** | [대법원 2009.5.28. 선고 2007후3301 판결] '우리'는 '말하는 이가 자기와 듣는 이, 또는 자기와 듣는 이를 포함한 여러 사람을 가리키는 일인칭 대명사' (중략) 등으로 누구나 흔히 사용하는 말이어서 표장으로서의 식별력을 인정하기 어렵다.

그리고 '은행'은 그 지정서비스업의 표시여서 식별력이 없으며, 그 결합에 의하여 '우리'와 '은행'이 결합한 것 이상의 새로운 관념을 도출하거나 새로운 식별력을 형성하는 것도 아니므로, 이 사건 등록서비스표(우리은행)는 상표법 제6조 제1항 제7호의 수요자가 누구의 업무에 관련된 서비스업을 표시하는 것인가를 식별할 수 없는 서비스표에 해당한다.

사례 연구 | 이미 등록된 상표라도 다른 종류의 상품에 대해 동일한 상표를 등록할 수 있는가?

문제 | 제과회사 B사는 옥수수로 만든 과자에 대해 '어비콘'이라는 상표를 등록하였다. 이후 스타트업 기업인 A사는 자신의 비콘에 대하여 '어비콘'이라는 상표를 제작하여 등록할 수 있는가?

해결 | 상표법과 상표를 보호해주는 이유 중 하나는 동일 또는 유사한 상표를 단 상품들이 무분별하게 판매될 경우 상품 출처의 오인이나 혼동을 방지하기 위한 것이다. 또한 상표법 시행규칙인 상표가 사용될 수 있는 지정상품 제45 분류를 하고 있으며 상표등록시 이를 지정하도록 하고 있다. 사안의 경우, 과자와 비콘은 같은 종류의 상품이 아닌 바, B사의 상표등록 이후 A사가 상표등록을 하더라도 옥수수 과자인 어비콘은 B사가 만든 것이고, 단말기인 비콘은 A사가 만든 것임을 구분할 수 있는바, A사는 상표를 등록할 수 있다.

관련 판례 | [대법원 1993.2.26. 선고 92후1745 판결] 어떤 상표가 선등록상표와 동일 또는 유사하더라도 지정상품이 선등록상표의 지정상품과 서로 다른 경우에는 상품출처의 오인, 혼동은 생기지 아니하므로 상표등록을 거부할 수는 없다.

서로 다른 사람이 동일한
상표등록을 출원한 경우 누가 상표권을 갖는가

상표법은 유사 또는 동일한 상표라면 먼저 상표등록을 출원한 사람에게 상표등록을 해주는 이른바 선출원주의를 채택하고 있다. 따라서 서로 다른 사람이 동일한 상표에 대하여 등록출원을 하였다면, 출원서를 작성한 일자를 기준으로 하여 먼저 작성한 사람이 상표를 등록할 수 있다.

다만 예외로서 상표등록을 출원하기 전에 박람회에 해당 상표를 사용하여 상품을 출품하였고 그 출품날로부터 6월 이내에 상표등록을 출원한 경우에는 그 상품을 박람회에 출품한 날과 다른 사람이 상표등록을 출원한 날을 비교하여 앞선 사람에게 상표등록을 해주게 된다(상표법 제8조 제2항, 제21조).

출원서상 같은 날짜에 등록출원을 한 경우 누가 상표를 등록할 수 있는지도 문제가 된다. 이 경우, 상표법은 원칙상 당사자 간 협의를 통해 한 명의 출원인을 결정하여 그에게 상표등록을 해줄 것을 규정하고 있다. 하지만 협의가 되지 아니할 경우 특허청장이 실시하는 추첨을 통하여 상표등록을 받을 자를 결정하게 된다(상표법 제8조 제3항).

상표권을 이전 또는 대여할 수 있는가

상표권자는 다른 사업자와의 계약을 통해 자신의 상표권을 이전(양도) 또는 대여(사용권 부여)할 수 있다. 상표권의 이전은 상표권의 내용은 그대로 유지하되 상표의 소유자를 교체하는 것을 의미한다. 상표법은 상표권에 대하여 자유로운 매매, 증여 등을 허용하고 있으며 하나의 상표에 여러 개의 지정상품이 있는 경우 일부 지정상품만 분할하여 이전할 수 있도록 하고 있다(상표법 제54조 제1항).

상표권의 대여는 상표권의 소유권은 그대로 유지하되 타인으로 하여금 자신의 상표권을 사용할 수 있도록 허락하는 것을 의미한다. 상표법은 어느 한 사업자에게 독점적인 사용을 허락하는 전용사용권(상표법 제55조 제1항 및 제3항), 다수에 대해 사용을 허락하거나 일부 지정상품에 대해서만 사용을 허락하는 통상사용권(상표법 제57조 제1항 및 제2항)을 인정하고 있다.

PART 9

스타트업 청산하기

― Chapter 1 ―
들어가며

이제 막 스타트업을 시작하는 사람이라면 누구나 '대박'을 꿈꾸며 탄탄대로만을 기대한다. 그러나 100,000개의 아이템이 구상되면 1,000개만이 시장에 공개되고, 그중에서도 성공했다고 불릴 수 있는 아이템은 1개가 채 되지 않을 것이다. 따라서 '대박'을 쫓는 것도 중요하지만 '쪽박'을 위한 대비책을 마련해 놓는 것 역시 중요하다. 최소한의 '쪽박'을 차야 재기하여 '대박'을 칠 수 있기 때문이다.

사업이 실패하는 이유는 무엇일까? 아이템이 좋지 않아서일까? 사업자가 무능하기 때문일까? 꼭 그렇다고 볼 수는 없다. 운칠기삼運七技三이란 말이 있듯이 운이 따라주지 않으면 아무리 획기적인 아이템을 개발한 유능한 사업자라 하더라도 실패를 맛볼 수밖에 없기 때문이다. 예컨대 혁신적인 스마트폰을 개발한 사업자 A가 B에게 100억 원 상당의 제품제작을 의뢰하면서 제작비용은 6개월 후에 지급하기로 하고, A는 제작된 제품을 C에게 300억 원에

판매하되 대금은 3개월 후에 지급받기로 하였다. 그러나 C업체는 자금난 등의 개인적인 사정으로 폐업하였고, A는 C업체로부터 단 한 푼도 받지 못하게 되었다. 결국 A업체는 혁신적인 제품을 개발하고도 자신이 통제할 수 없는 사유로 인하여 100억 원 상당의 빚(채무)만 떠안고 사업에 실패하게 되었다. 나아가 B업체 역시 A업체로부터 제작비용을 받지 못하여 도산하게 되었고, 꼬리에 꼬리를 물고 거래업체들이 줄줄이 도산을 하게 되었다. 이처럼 사업의 실패는 불확실한 시장으로부터 초래되는 불운으로 인하여 발생되는 경우가 허다하므로 사업자의 능력과는 무관하게 누구에게나 일어날 수 있는 일이다.

한편, 스타트업 등 회사를 운영하다 보면 사업자는 많은 '채무(빚)'을 질 수밖에 없다. 물론 자본력이 막강한 사업자라면 자신의 주머니에서 자금을 조달할 수 있겠으나, 대다수의 스타트업 사업자는 금융기관 등으로부터 자금을 융통받아 Seed-Money를 마련할 수밖에 없고, 엔젤 투자자, 벤처캐피털, 크라우드 펀딩 등의 채널을 통하여 초기자금을 유치하였다 하더라도 거래관계에 있어 채무의 발생은 불가피하기 때문이다.

스타트업을 운영하던 중 자금난으로 인해 사업이 어려워졌다. 채권자들은 당장 돈을 갚으라며 독촉을 하고 있고, 돈을 갚지 않으면 사무실에 있는 집기들마저 경매에 넘길 작정이다. 수년 내에 분명한 수익이 예상되는데 회사를 존속시킬 방법은 없는 것일까? 변제기를 유예할 방법은 없는 것일까? 현 상황에서 회사를 정리한다면 평생 빚을 갚으면서 살아야 하는 걸까? 이 장에서는 이처럼 스타트업 사업자 또는 스타트업 회사가 자금난에 부딪혀 정상적으로 사업을 영위하기 어려운 경우, 사업자 구제를 위하여 채무를 감면해주거나 면책해주는 회생절차 및 파산절차에 대하여 살펴보고자 한다.

― Chapter 2 ―
개인·법인 회생절차

회생절차란 무엇인가

회생절차는 재정적인 어려움으로 파탄에 직면해 있는 채무자에 대하여 채권자, 주주·지분권자 등 여러 이해관계인의 법률관계를 조정하여 채무자 또는 그 사업의 효율적인 회생을 도모하는 제도로(채무자 회생 및 파산에 관한 법률 제1조), 쉽게 이야기하면 자신의 재산보다 갚아야 할 빚이 많은 채무자(즉, 채무초과 상태의 채무자)에 대하여 일정 금액만을 나누어 갚으면 남은 채무 잔액을 면책시켜주는 절차이다. 예를 들면, 1억 원의 채무를 부담하는 사업자 A에 대하여 회생개시 결정이 이루어지면 A는 3년에 걸쳐 6천만 원만 변제하면 되고, 나머지 4천만 원에 대하여는 면책을 받게 되는 것이다.

회생절차는 채무총액에 따라 ① 개인회생절차(무담보의 경우 5억, 담보부의 경우 10억 이하 한도)와 ② 회생절차로 구분되는데, 개인회생절차의 경우 채권자들의 결의절차가 생략된 간이·신속한 절차라는 점 등에서 일반회생절차와 차이가 있다. 나아가 소액영업소득자(총 채무액

30억 원 이하)를 대상으로 하는 ③ 간이회생절차도 있다.

> **사례 연구** | 스타트업 개인사업자가 자금난에 허덕일 경우 어떠한 회생절차를 이용할 수 있는가?
>
> **문제** | 스타트업 사업을 시작하면서 개인사업자로서 은행으로부터 11억 원 정도의 부동산 담보대출을 받았고, 거래업체 A에 2억 원, 거래업체 B에 2억 원 상당의 각 대금채무가 있다. 은행과 거래업체들은 당장 변제하라며 독촉을 하고 있지만, 현재 자금난으로 15억 원을 지급할 여력이 없다. 이 경우 자금난 해소를 위하여 어떠한 회생절차를 이용할 수 있는가?
>
> **해결** | 개인회생절차는 법인이 아닌 개인채무자만이 신청할 수 있는데, 여기서 '개인채무자'라 함은 저당권, 전세권 등 우선특권으로 ① 담보된 채무 10억 원 이하 ② 무담보채무 5억 원 이하의 채무를 부담하는 자를 (법 제579조 제1호) 의미한다.
> 사안의 경우 무담보채무는 5억 원 이하이므로 조건이 충족되나, 담보부 채무가 10억 원을 초과하므로 개인회생절차 이용은 불가하고, 일반적인 회생절차 내지는 간이회생절차를 통하여 구제받아야 할 것이다.

회생절차 신청요건

'개인회생절차'를 이용하기 위해서는 채무자가 일정한 수입이 있는 급여소득자이거나 영업소득자여야 하고, 현재 과다한 채무(무담보의 경우 5억, 담보부의 경우 10억 이하 한도)로 인하여 지급불능상태(채무를 변제하기 어려운 상태)에 빠져 있거나 지급불능상태에 빠질 염려가 있는 개인이어야 한다. 예를 들어, 개인사업자가 무담보채무 4억 원, 담보채무 9억 원만을 부담하고 있는 경우에는 개인회생절차를 신청할 수 있다.

반면, '회생절차'는 주식회사와 같은 법인이나, 위 개인회생절차의 채무한도액을 초과하는 개인이 신청할 수 있다. 예를 들어, 스타트업 회사를 법인으로 설립하여 ① 사업성은 있으나 일시적 유동성 위기나 금융비용 등으로 인하여 채무상환 능력을 상실한 경우 ② 지속적 매출이 있으나 설비투자 등으로 인하여 재정적 어려움이 발생하여 도산이 우려되는 경우 ③ 기타 사유로 회사가 어렵게 된 경우 등에 해당한다면 스타트업 회사의 대표이사는 회생절차를 신청할 수 있게 된다.

사례 연구 | 스타트업을 운영하는 법인도 개인회생절차로 구제받을 수 있는가?

문제 | 법인을 설립하여 스타트업 업체를 운영하면서, 은행으로부터 3억 원의 부담보부채무와 8억 원의 동산담보채무를 부담하고 있다. 이 경우 개인회생절차를 통해 구제받을 수 있는가?

해결 | 개인회생절차는 개인채무자만 이용 가능하므로, 주식회사나 유한회사, 사단재단 또는 재단법인과 같은 법인은 이용할 수 없다. 따라서 개인회생절차가 아닌 (일반)회생절차를 통하여 구제받아야 할 것이다.

회생절차의 흐름

개인회생절차 및 회생절차는 신청에서 결정에 이르기까지 다음 도표와 같은 절차로 진행된다.

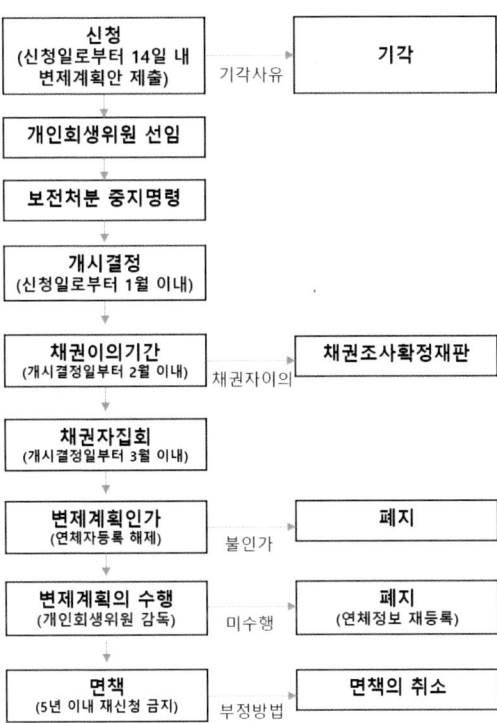

<개인회생절차 흐름도>

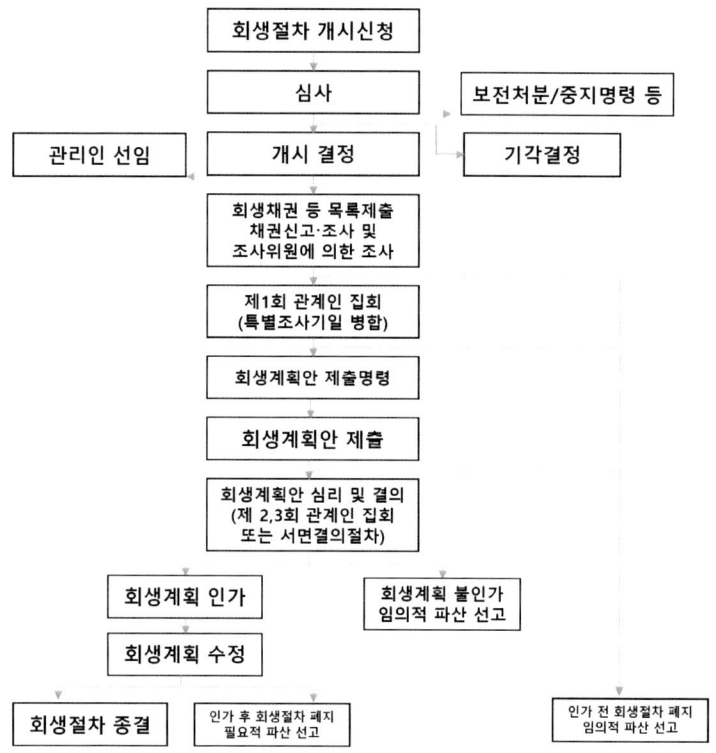

회생절차의 실익

채무자는 (개인)회생절차에 대한 개시신청을 한 후 법원에 자신의 재산에 대한 강제집행, 가압류, 임의경매 등의 중지 및 금지를 신청할 수 있으며, 이후 변제계획인가결정이 나오게 되면 위 중지된 채무자 재산에 대한 가압류 등의 조치는 효력을 잃게 된다. 즉, (개인)회생 신청을 하게 되면 채무자는 채권자들로부터 자신의 재산을 보전할 수 있게 되는 것이다.

한편, 회생 개시결정이 내려지면 회생계획안의 내용, 채권자집회의 동의에 따라 채무가 감액되며 일정기간 변제가 유예된다. 또한 채권자들의 권리가 감면되므로 인가 후 중도에 회생절차가 폐지되거나 회생계획을 제대로 이행하지 못하는 경우라도 회생채권자의 권리(채권)의 범위는 회생계획에 따라 변경된 범위로 제한되게 된다. 즉, 채무자는 회사의 경영권을 보장받으면서 채권액을 감액받는 한편 변제기가 유예되는 혜택을 누리게 되기 때문에 사업의 재기를 도모할 수 있게 된다.

회생절차개시의 신청과 절차

회생절차개시 신청권자

개인회생절차의 경우 개인채무자의 장래 수입으로 변제를 계속하는 것이므로 개인채무자 본인만이 신청 가능하다. 여기서 개인채무자라 함은 '급여소득자'와 '영업소득자'가 있는데, '급여소득자'라 함은 급여·연금 그 밖에 이와 유사한 정기적이고 확실한 수입을 얻을 가능성이 있는 개인을 말하고, '영업소득자'라 함은 부동산임대소득, 사업소득 등 이와 유사한 수입을 장래에 계속적으로 또는 반복하여 얻을 가능성이 있는 개인을 말한다.[1]

반면 회생절차의 경우 회생절차 신청 사유에 따라 차이가 있는데, ① 사업의 계속에 현저한 지장을 초래하지 아니하고는 변제기에 있는 채무를 변제할 수 없는 경우에는 해당 채무자만이, ② 채무자에게 파산의 원인인 사실이 생길 염려가 있는 경우에는 채무자뿐 아니라 채무자 회사에 대하여 일정한 지분을 가지고 있거나 채권을 가지고 있는 자[2]도 신청 가능하다.

강제집행 등의 중지, 취소명령 및 포괄적 금지명령과 보전처분

회생절차개시의 신청이 있은 경우에 필요하다고 인정되는 때에는 법원은 이해관계인의 신청 또는 직권으로 회생절차 개시 결정이 있을 때까지 회생채권 등에 기한 강제집행, 가압류, 가처분 또는 담보권실행으로 인하여 채무자의 재산에 대하여 이미 행하여지고 있는 것, 채무자의 재산에 관한 소송절차 또는 채무자의 재산에 관하여 행정청에 계속하고 있는 절차의 중지 또는 취소를 명할 수 있다. 다만, 무분별하게 인정되는 것은 아니고 강제집행 중지의 경우에는 ① 필요하다고 인정하는 때 ② 부당한 손해를 끼칠

---

1 채무자 회생 및 파산에 관한법률 제579조 제2호, 제3호.
2 채무자가 주식회사 또는 유한회사인 경우: 자본의 1/10 이상에 해당하는 채권을 가진 자, 자본의 1/10 이상에 해당하는 주식 또는 출자지분을 가진 주주, 지분권자.
채무자가 주식회사 또는 유한회사가 아닌 경우: 5천만 원 이상의 금액에 해당하는 채권을 가진 자, 출자총액 1/10 이상의 출자지분을 가진 지분권자.

염려가 없을 때, 강제집행 취소의 경우에는 채무자의 회생을 위하여 특히 필요하다고 인정하는 때에 한하여 인정된다.

나아가, 법원은 회생절차개시의 신청이 있는 경우 위 중지명령만으로 회생절차의 목적을 충분히 달성하지 못할 우려가 있다고 인정될만한 특별한 사정이 있을 때는 이해관계인의 신청 또는 직권으로 회생절차개시 신청에 대한 결정이 있을 때까지 모든 회생채권자 및 회생 담보권자에 대하여 회생채권 및 회생담보권에 기한 일체의 강제집행, 가압류, 가처분 또는 담보권 실행을 위한 경매절차 등을 금지할 수 있다. 이는 개별 건에 대한 강제집행 중지, 취소만으로는 혼란을 방지할 수 없고, 다수의 개별집행이 이루어진 경우 업무처리의 비효율이 발생하기 때문에 마련된 제도이다.

한편, 회생절차개시의 결정이 이루어지면 채무자의 업무 수행권 및 자신의 재산에 대한 관리, 처분권은 관리인에게 전속하게 되고, 또한 이해관계인의 채무자에 대한 개별적인 권리행사는 금지된다.

개인회생절차 신청 방법

개인회생절차개시신청서 제출법원

개인회생사건은 원칙적으로 채무자의 주소지를 관할하는 지방법원의 본원에 제출하여야 하는데, 서울의 경우에는 서울중앙지방법원에 신청하여야 한다. 예를 들면, 부천시에 거주하고 있는 채무자는 인천지방법원에 제출을 하여야 하고, 서울시 은평구에 주소가 있는 사람은 그 주소지의 관할법원이 아닌 서울중앙지방법원에 제출하여야 한다.

신청비용

신청서에는 3만 원의 정부수입인지를 붙여야 하고, 송달료는 기본 10회분 송달료와 이에 추가하여 채권자 수 곱하기, 3회 분의 송달료(1회 3,550원)를 납부하여야 한다. 예를 들어 채권자의 수가 3명인 경우에 드는 송달료는, '기본 송달료 35,550원(10회분 송달료)+(3(채권자 수)×3×3,550원)=총 67,450원'이 된다.

신청서 등 작성요령

개인회생을 신청하고자 하는 채무자는 먼저 개인회생절차 개시신청서를 작성하여야 하는데, 아래 예시와 같이 채무자의 성명, 주민등록번호, 주소 및 신청의 취지와 원인 등을 기재하고, 첨부서류를 제출하여야 한다. 제출서류의 양식과 기재방법은 대법원 전자민원센터(help.scourt.go.kr)에 상세히 나와 있으므로, 이하 개인회생절차 신청 및 개시를 위하여 제출되는 서류들 중 주요서류에 대한 기재방법을 간략히 살펴보도록 하자.

<개인회생절차 개시신청서>

[전산양식 A5420]

개인회생절차 개시신청서

수입인지
30,000원

신청인	성명	홍 길 동	주민등록번호	740914-1234567
	주민등록상 주소	서울 강남구 서초대로 42길 41 8층	우편번호:	123-456
	현주소	위와 같음	우편번호:	
	송달장소	위와 같음	우편번호:	
	전화번호 (집·직장)	02-123-4567	전화번호 (휴대폰)	010-1234-5678

대리인	성	
	사무실 주소	우편번호:
	전화번호 (사무실)	
	이메일 주소	FAX번호

주채무자가(또는 보증채무자가, 연대채무자가, 배우자가) 이미 귀 법원에 파산신청 또는 개인회생절차 개시신청을 하였으므로 그 사실을 아래와 같이 기재합니다

성명		사건번호	

신 청 취 지

「신청인에 대하여 개인회생절차를 개시한다.」라는 결정을 구합니다.

신 청 이 유

1. 신청인은, 첨부한 개인회생채권자목록 기재와 같은 채무를 부담하고 있으나, 수입 및 재산이 별지 수입 및 지출에 관한 목록과 재산목록에 기재된 바와 같으므로, 파산의 원인사실이 발생하였습니다(파산의 원인사실이 생길 염려가 있습니다).

■ 신청인은 정기적이고 확실한 수입을 얻을 것으로 예상되고, 또한 채무자 회생 및 파산에관한 법률 제595조에 해당하는 개시신청 기각사유는 없습니다(급여소득자의 경우).

□ 신청인은 부동산임대소득 사업소득 농업소득 임업소득 그 밖에 이와 유사한 수입을 장래에 계속적으로 또는 반복하여 얻을 것으로 예상되고, 또한 채무자 회생 및 파산에 관한 법률 제595조에 해당하는 개시신청 기각사유는 없습니다(영업소득자의 경우).

2. 신청인은, 각 회생채권자에 대한 채무 전액의 변제가 곤란하므로, 그 일부를 분할하여 지급할 계획입니다. 즉 현시점에서 계획하고 있는 변제예정액은 __60__ 개월간 월 __500,000__ 원씩이고, 이 변제의 준비 및 절차비용지급의 준비를 위하여, 개시결정이 내려지는 경우 __2016.1.12.__ 을 제1회로 하여, 이후 매월 __12__ 일에 개시결정시 통지되는 개인회생위원의 은행구좌에 동액의 금전을 입금하겠습니다.

3. 이 사건 개인회생절차에서 변제계획이 불인가될 경우 불인가결정시까지의 적립금을 반환받을 신청인의 예금계좌는 __농협은행 123-45-6789__ 입니다.

4. 개인회생채권자목록 부본(개인회생채권자목록상의 채권자 수 + 2통)은 개시결정 전 회생위원의 지시에 따라 지정하는 일자까지 반드시 제출하겠습니다.

첨부서류

1. 개인회생채권자목록 1통
2. 재산목록 1통
3. 수입 및 지출에 관한 목록 1통
4. 진술서 1통
5. 신청서 부본 1통(위 1 내지 4의 첨부서류 및 소명방법을 모두 포함한 것)
6. 예납금영수증 1통
7. 송달료납부서 1통
8. 신청인 본인의 예금계좌 사본 1통(대리인의 예금계좌 사본 아님)
9. 위임장 1통(대리인에 의하여 신청하는 경우)

휴대폰을 통한 정보수신 신청서

위 사건에 관한 개인회생절차 개시결정, 폐지결정, 면책결정, 월 변제액 3개월분 연체의 정보를 예납의무자가 납부한 송달료 잔액 범위 내에서 휴대폰을 통하여 알려주실 것을 신청합니다.

■ 휴대폰 번호: 010-1234-5678

신청인 채무자 홍길동 (날인 또는 서명)

※ 개인회생절차 개시결정, 폐지결정, 면책결정이 있거나, 변제계획 인가결정 후 월 변제액 3개월분 이상 연체시 위 휴대폰으로 문자메시지가 발송됩니다.
※ 문자메시지 서비스 이용금액은 메시지 1건당 17원씩 납부된 송달료에서 지급됩니다(송달료가 부족하면 문자메시지가 발송되지 않습니다). 추후 서비스 대상 정보, 이용금액 등이 변동될 수 있습니다.

2016. 1. 4.

신청인   홍길동   (인)

서울중앙지방법원 귀중

한편, 채무자는 개인회생절차신청을 위하여 아래 예시의 채권자목록을 작성하여 제출하여야 한다. 여기서 채권현재액의 산정기준일은 보통 신청일이며 채권의 기재는 우선권이 있는 채권, 담보부 개인회생채권, 무담보 일반개인회생채권, 후순위 채권의 순서로 기재하되 발생일자가 오래된 것부터 기재하여야 한다.

또한 채무자의 채무에 대하여 연대보증인 등이 있는 경우에는, 연대보증인 등을 채권자목록에 기재하고, 채권의 원인은 보증의 구체적인 내역을, 채권현재액란에는 '장래의 구상권'으로, 채권의 내용란에는 '보증채무를 대위변제할 경우 구상금액'이라고 기재하되, 채권번호는 보증한 채권의 채권번호에 가지번호를 붙여 표시하고 보증한 채권 바로 다음에 기재하여야 한다. 아래의 예시를 참조하되 구체적 내용은 법원 신청서에 첨부된 작성 유의사항을 참고하면 어렵지 않게 작성 가능할 것이다.

<개인회생채권자목록>

[신청서 첨부서류 1]

가. 개인회생채권자목록

채권현재액 산정기준일: 2016. 1. 4. 목록작성일: 2016. 1. 4.

채권현재액 총합계	142,000,000원	담보부 회생 채권액의 합계	0원	무담보 회생 채권액의 합계	142,000,000원

※ 개시 후 이자 등: 아래 각 채권의 개시결정일 이후의 이자·지연손해금 등은 채무자 회생 및 파산에 관한 법률 제581조 제2항, 제446조 제1항 제1, 2호의 후순위채권입니다.

채권번호	채권자	채권의 원인	주소 및 연락처	
		채권의 내용		부속서류 유무
		채권현재액(원금)	채권현재액(원금) 산정근거	
		채권현재액(이자)	채권현재액(이자) 산정근거	
1	스타은행	2014. 1. 4. 대출채무	(주소) 서울 서초구 서초대로 42길 (전화) 02-123-4567 (팩스)	
		일반 자금대출 및 완제일까지 연체이율 21% 비율에 의한 금원		☐ 부속서류 (1, 2, 3, 4)
		100,000,000	부채확인서 참조 (신청기준일 2016. 1. 4.)	
		42,000,000	부채확인서 참조	
1-1	심청이	스타은행 대출채무에 대한 한정근보증	(주소) 서울 강남구 서초대로 42길 (전화) 02-234-5678 (팩스)	
		보증채무를 대위변제할 경우 구상금액		☐ 부속서류 (1, 2, 3, 4)
		장래의 구상권		

회생개시결정의 효과

개인회생절차개시결정의 효과

개인회생절차개시결정이 내려져도 채무자는 여전히 개인회생재단을 관리하고 처분을 갖게 된다. 또한 회생채권에 기하여 회생재단에 속하는 재산에 대하여 진행 중인 강제집행 및 가압류 등이 중지되고, 새로이 강제집행 및 가압류 등을 하는 것이 금지된다(법 제600조 제1항 제2호). 그러나 강제집행 등의 절차는 '중지'되는 것이므로, 이에 기하여 본집행으로 이전하는 것이 허용되지 아니할 뿐 보전처분 자체가 실효되는 것은 아니다. 위와 같이 중지된 강제집행 등은 변제계획인가결정이 있은 후 비로소 효력을 상실하게 된다.

특히 개인회생절차개시결정 후 개인회생채권자목록에 기재된 개인회생채권자들은 자신의 채권들을 변제받거나 변제를 요구하는 일체의 행위가 금지된다(법 제600조 제1항 제3호). 개인회생채권자들은 변제계획에 의해서만 변제를 받을 수 있을 뿐(법 제582조), 개별적인 채권실행 행위가 금지되기 때문이다.

회생절차개시결정의 효과

개인회생절차와 달리 회생절차개시의 결정이 있으면 채무자는 자신의 업무수행권과 재산의 관리처분권을 상실하고, 이러한 권한은 선임된 관리인에게 전속하게 된다(법 제56조 제1항). 그러나 개인회생절차와 동일하게 회생채권자들은 자신의 회생채권 또는 회생담보권에 기하여 채무자의 재산에 대한 강제집행 등을 할 수 없으며, 채무자의 재산에 대하여 이미 행한 회생채권 또는 회생담보권에 기한 강제집행 역시 중지된다(법 제58조 제1항, 제2항).

― Chapter 3 ―
개인·법인 파산절차

파산절차

파산절차란 무엇인가

 파산절차는 채무자가 자신의 모든 재산으로도 채무를 변제할 수 없는 지급 불능 상태에 빠지게 된 경우 채권자 또는 채무자의 신청으로 파산선고가 이루어지고 그 후 파산채권의 확정과 파산재단의 관리·환가절차를 거쳐 면책과 복권에 이르는 일련의 과정을 말한다. 채무금액을 기준으로 개인과 일반을 구분하는 회생절차와 달리, 파산절차는 그 주체가 '개인'인지 '법인'인지 여부에 따라 개인파산절차와 법인파산절차로 구분된다.

 파산제도는 채무자의 재정적 어려움으로 인하여 채무 전체의 변제가 불가능해진 상황에서 채권자의 개별적 채권 행사를 금지하고 채무자 재산의 관리처분권을 파산관재인에게 전속하게 하여 채무자 재산을 공정하게 환가·배당함으로써, 채권자들 사이의 적정하고 공평한 만족을 도모하고 파산절차에서 배당되지 아니한 잔여 채권에 관하여는 채무자의 책임을 면제하여 채무자에게 경제적 재기와 갱생의 기회를 부여하고자 하는 데에 그 목적이 있다.[3]

파산제도와 회생제도의 차이

파산제도는 채무자가 자신의 모든 재산으로도 자신의 채무를 감당할 수 없는 지급불능상태에 빠져 있고 장래 반복적인 수입을 얻을 가능성도 없는 경우에 이용되는 반면, 회생제도는 장래 반복적 수입을 얻을 가능성이 있고 현재 채무자의 청산가치보다 앞으로 변제할 수 있는 변제예정액의 가치가 높을 때 이용 가능하다.

구체적으로, 파산제도는 채무자의 재산을 청산하여 변제에 충당한 후 나머지 채무를 면책받는데 주목적이 있는 반면, 회생제도는 재산을 청산하지 아니하고 채무의 전부 또는 일부를 일정기간에 걸쳐 분할하여 변제하는 대신 나머지 채무를 감면받는데 주목적이 있다.

면책제도

개인파산절차의 경우, 파산절차에 의하여 배당되지 아니한 잔여 채무에 관하여 파산법원의 재판에 의해 채무자의 책임을 면제하는 것을 의미한다. 법인의 경우 파산은 법인(회사)의 해산사유에 해당하여 파산절차가 종결되면 법인은 소멸하므로 주체의 존속을 전제로 하는 자연인(사람)에 한하여 인정된다.

---

[3] 헌법재판소 2013.3.21. 선고 2012헌마569 결정.

파산절차 흐름도

< 개인파산, 면책 절차 흐름도 >

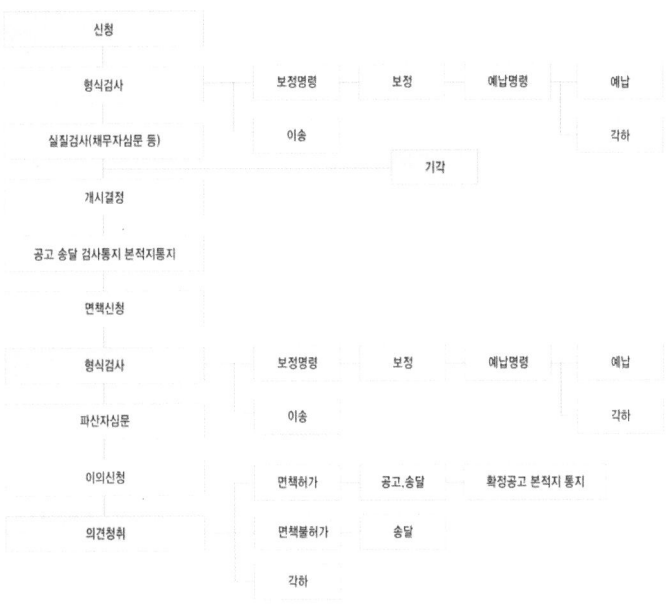

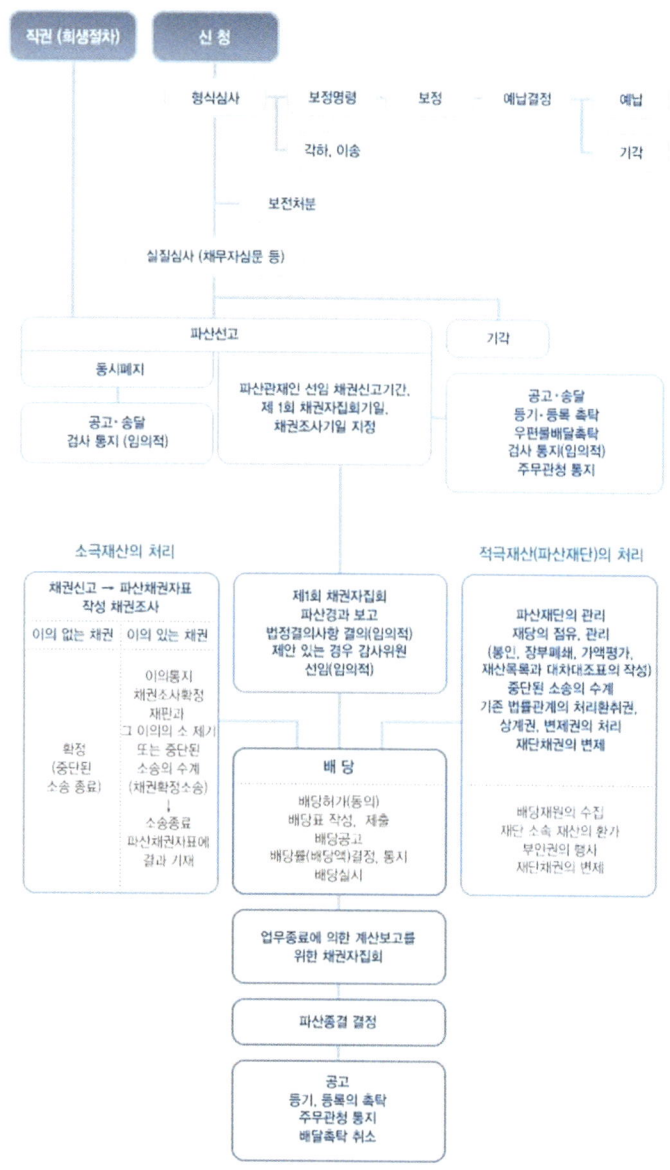

파산선고의 효과

개인(자연인) 또는 법인을 상대로 파산선고가 이루어지면, 파산선고 당시 채무자가 가진 모든 재산은 파산재단에 귀속되고, 채무자는 해당 재산에 대한 관리처분권을 잃게 되며 이 관리처분권은 파산관재인에게 전속된다. 한편, 채무자가 자연인인 경우 채무자가 파산선고 후에 새로이 취득한 재산은 이른바 신득재산으로서 위 파산재단에 귀속되지 않는 자유재산에 해당한다.

특별한 사정이 없는 한, 파산채권자들은 개별적인 권리행사가 금지되고, 파산절차에 참가하여서만 그 만족을 얻을 수 있게 된다. 즉, 채무자의 재산에 대한 강제집행이 금지되고, 이미 개시되어 있던 강제집행과 보전처분 등은 효력을 잃게 되는 것이다.

사례 연구 |
문제 | 회생절차와 파산절차 중 어떠한 절차를 이용하는 것이 좋은가?

해결 | 채무액을 일부 감액해주는 대신 장기에 걸쳐 변제의무를 부담하게 하는 회생절차와 달리 파산절차는 채무자가 가진 재산을 모두 처분하여 채무변제에 활용하고 잔여채무를 면책시켜준다는 장점이 있다.
법인의 경우, 파산을 하게 되면 기계 등의 설비, 부동산 등을 모두 처분하여야 하며 파산절차가 종료되면 법인도 자연스레 소멸(청산)하게 된다. 그러나 회생절차를 거칠 경우 현재 소유하고 있는 설비들을 활용하여 계속적으로 영업을 해나갈 수 있으므로 재기의 가능성을 부여받게 된다.

한편, 개인의 경우 파산을 하게 되면 공무원시험 및 회사취업에 제한을 받게 되고, 채무에 대하여 보증인이 있는 경우 보증인이 모든 채무를 부담하게 된다. 또한 면책결정을 받게 된다고 하더라도 조세, 벌금, 채무자의 피용자에 대한 임금, 퇴직금 등이 면제되는 것은 아니다. 반면 개인이 회생절차를 이용할 경우 장기에 걸쳐 채무를 변제할 의무를 부담하나, 채무자의 소득액을 감안하여 변제 가능한 범위 내로 채무가 감액되며 채무자의 재산이 처분되는 것은 아니므로 지켜야 할 재산(현재 가족과 거주 중인 주택, 선산 등)을 보전할 수 있다는 장점이 있다.

따라서 회생과 파산 중 어느 하나가 절대적으로 좋다고 결론 내리기는 어렵고, 현재 채무자가 보유하고 있는 재산과 앞으로의 재기 가능성 등을 고려하여 상황에 맞는 적절한 절차를 이용하여야 한다.

PART 10

스타트업 선험자의 조언

스타트업의 밝은 미래를 위해서는 세 가지를 주의하자. 반복적으로 애기를 해도 절대 지겨워하면 안 된다. 그럼 세 가지에 대해 다시금 머리에 되새겨 보자.

첫 번째, 계약 주의

스타트업의 경우 남들이 아직 가지 않은 길을 가게 되다 보니 모든 것을 개척해나가는 모습을 보인다. 이런 상황에서는 의도치 않게 비즈니스 파트너를 만나 서로 의지하고 동반성장을 꾀하기도 하는데, 좋은 인연을 오래도록 유지하는 방법으로서 첫째도 둘째도 중요한 것이 계약이다. 계약서는 상호 간 다르게 살아온 인식을 정리하는 형식이며, 이를 통해 서로가 원하는 부분과 앞으로의 미래를 좀 더 명확히 규정할 수 있다. 친구라서 계약서가 필요 없는 것이 아니라 친구라서 더욱 필요한 것이 계약서이다. 이뿐만 아니라 하청 업체나 클라이언트와의 계약서 역시 필수다. 작성해야 하는 계약서는 공급계약일 수도 있고 보안 계약이 될 수도 있다. 샘플은 인터넷에서 찾을 수 있지만, 정확한 것은 변호사와 함께 상담하는 것을 추천한다. 최근 여러 기관에서 스타트업을 위한 무료 법률상담을 제공하고 있으니 꼭 상담을 진행하길 바란다.

두 번째, 사람 주의

스타트업을 하다 보면 필연적으로 다양한 사람들과 만나게 된다. 시간과 자본은 한정되어 있으니 무조건 본인의 사업에 집중하는 것이 좋다. 네트워킹 모임조차도 그 시간을 아껴서 본인의 사업에 집중하는 것이 좋지만, 혼자서 단독적으로 새로운 세상을 만

드는 것은 불가능하다. 여러 종류의 사람들을 만나다 보면 사업에 도움을 주는 사람을 만나기도 하고 피해를 주는 사람도 역시 만나게 된다. 대기업 출신, 고학력자라고 꼭 좋은 사람이라는 보장은 절대 없다. 그렇기 때문에 직접 부딪혀 보면서 사람에 대한 경험을 쌓는 것을 추천한다.

예를 들어 해외기업에서 국내 탐방을 한다고 무턱대고 회사 소개서나 핵심 기술서를 달라고 하는 회사들이 있다. 투자가 너무 필요한 스타트업에게는 영광일 수도 있으나 핵심 기술을 벤치마킹하는 목적이나, 자사의 부품을 팔기 위함일 수도 있으므로 정확한 목적과 상대의 연락처를 정확히 알아야 한다.

세 번째, 욕심 주의

욕심은 항상 화를 부른다. 본인의 역량이나 주변에서 도움받을 수 있는 역량에는 분명 한계가 있다. 야망을 품되 헛된 욕심은 본인뿐만 아니라 본인을 믿고 따라와 준 여러 사람에게 민폐가 될 수 있으니 항상 주변과 소통하며 판단하는 것이 좋다. 본인의 서비스에 대한 자부심만큼 주변 사람들을 돌아본다면 현명한 판단을 할 수 있다.

이렇게 항상 강조를 해도 부족한 세 가지를 마음에 품고 스타트업을 계속한다면 미래는 밝다고 생각한다. 막무가내 스타트업은 미래가 없다. 하지만 몸소 겪으면서 나아가는 스타트업에게는 미래가 있다고 말할 수 있다.

책 제목을 잊지 말자!
『스타트업도 법 없이 살 수 없다』